核心素養下的教師教學設計與實踐

林進材　著

五南圖書出版公司 印行

序

　　國內的課程與教學改革，從課程標準的修訂、九年一貫課程的實施、十二年國民基本教育課程制訂、課綱微調、核心素養的課程改革等，對中小學教師教學設計與實踐，產生相當程度的影響。每一波的課程教學改革，意味著教師的教學設計與實踐，必須隨著課程改革的重點，做教學模式與教學方法的調整，才能回應改革的需求和實際上的需要。

　　在第一線擔任實際教學的教師，對於課程教學的改革，往往因為班級經營與教學管理的負擔重，無法抽出更多的時間，思考教學設計與實踐改變的相關問題，導致課程教學改革工程喊得震天價響，教師的教學活動仍然以不變應萬變的現象。Bruner 指出，「不管教育計畫變得多麼周密，其中一定要留個重要位置給教師。因為，到了最終之處，行動都將在這裡發生。」因此，如何讓教師對於課程教學有感，積極地投入課程教學改革工程，不會有「教改果真像月亮，初一十五不一樣，管他一樣不一樣，教師教學仍照樣」的心理，此為推動任何改革需要積極思考的議題。

　　課程與教學改革工程和教師教學設計與實踐的關係，如同人體的大腦和末梢神經的關係，感覺上既遙遠又疏離，實質上既重要且密切，想要改革收到預期的效果，就需要教師有感、積極、熱情投入革新的行動當中。從教室的教學中出發，反思自己的教學行動，進行實質的教學改變、改革，才能和課程教學改革亦步亦趨，收到預期的效果。

　　本書撰寫的用意，希望透過核心素養下的教師教學設計與實踐，以教師可以理解的方式，說明課程改革的重點和內涵，讓教師了解這些改革在教學上的意義，教師可以做哪些方面的配合，唯有教師了解改革的內涵和意義，願意在教學設計與實踐上密切配合，

課程教學改革的工程，才能達到成功的理想。

　　本書的內容包括八個重要的議題，依序為課程改革的議題與教師教學實踐、新課綱的議題與教師教學實踐、核心素養議題下之教師教學設計與實踐、差異化教學的議題與教師教學實踐、個別化教學的議題與教師教學實踐、新興教學的議題與教師教學實踐、教師觀議課的議題與教師教學實踐、教師活化教學的設計與實踐等。希望這些篇章的呈現，不只是在談高調，而是提供教師教學更多的處方，引領教師做教學設計與實踐上，更多實質的修正與改變。

　　本書的內容無法兼容並包，也無法解決課程改革之下，所有的教學問題。但是期盼本書的出版，可以提供教師教學設計與實踐上，更多專業方面的思考與反思，尤其其中的個別化教學、新興教學議題、教師活化教學等篇章，希望可以提供偏鄉教師在教學當中，更多的教學思考與改變，為偏鄉的教室教學注入更多的教學方法策略，提供學生學習的更多新希望。

　　本書的出版問世，感謝五南圖書出版公司，多年來的厚愛與提攜，黃副總編與編輯群的支持，讓本書可以及早問世，希望這一本書的內容，可以帶給教師教學更多的啟發、更多的熱情、更多的反思、更多的行動力。

臺南大學教育學系

林進材

謹識

2019 年 7 月 20 日

目　錄

第一章

課程改革的議題與教師教學實踐

　　課程改革想要成功，除了調整原有的課程架構與內涵，同時也應該重視教師教學理念的實踐與改變，才能收到預期的效果。忽略了教師教學理念的修正，容易使課程改革淪為高調，而無法落實於教室的教學活動中。本文的重點在於從課程改革的軌跡，論述教師教學理念的實踐與轉變，內文包括課程改革的軌跡與關聯、課程改革與教師教學實踐的關聯、教師教學理論方法運用的理念與實踐、啓發及結論。希望透過本文的論述，可以引發課程改革政策決策者，重視教師教學理念的實踐與轉變，以落實課程改革的成效。同時，論述課程改革與教師教學設計與實踐的關聯性，希望提供教師對於課程改革的正確訊息，進而依循課程改革的步履，修正或調整自己的教學設計與實踐。

一、課程改革與教師教學實踐的關係

　　教育及課程改革運動，是近年來世界各國教育的重要議題之一，各國紛紛提出重要的教育改革方案，要求學校改善教學品質以提高國家的競爭（Kennedy & Lee, 2010）。透過改革運動的推展，強調學校教育目前「存在哪些問題」，需要「改革哪些問題」，這些問題需要從理念、從制度、從實踐、從實務等修正相關人員的行動，才能收到預期的效果。因此，教師的教室教學活動，也應該隨著課程改革運動，修正自己的教學設計與實踐，讓教學活動可以隨著新時代、新理念、新思維，而有新的教學創意。

　　面對接連不斷的教育改革政策，特別是九年一貫課程改革，無論是改革推動者、政策制定者、學者專家、行政人員和家長，都將改革成功的期許，加諸在教學實務第一現場的教師身上，讓許多教師覺得壓力沉重、不知所措。相較於以往的課程，九年一貫課程改革最大的挑戰，來自於將原本分立的學科課程，整合成七大學習領域的教學實務（甄曉蘭，2003）。此種轉變與調整，不僅意味著教師的教學實踐，需要澈底修正改變，才能回應課程改革的需要，眞正落實到教師的教學實踐中；同時也強調教師的教學理念，需要隨著課程改革的理念，進行教學行動的更新。唯有教師願意在教學現場進行新的教學改革，才能讓課程改革運動，眞正落實到第一

線教師的教學設計與實踐當中。

　　我國從 1968 年推動九年義務教育，在教育普及方面的成果有目共睹，確實提升國民素質與國家發展；2001 年頒布九年一貫課程，將小學與國中九年之課程上下貫串起來，是一個具有時代意義的課程變革；2007 年宣布逐年推動十二年國民教育，將來逐步走向免試、免費及就近入學之制度，後期中等教育將是「準義務化」教育，在此情況之下，十二年國民教育應作為培養國民共同資質能力，以成為國家有用人才之規劃。因此在課程規劃方面，前後十二年之課程，甚至加上幼稚園，應使十二年學習課程上下一貫，學習內容前後銜接。教材由統整至逐步分化，另外分化中亦有統整等各種有機之課程整合，是課程規劃之重要方向與必須處理之事項（楊思偉、陳盛賢、江志正，2008）。

　　教師在面對九年一貫課程與十二年國民基本教育改革時，需要透過專業反省與專業成長途徑，將昔日「視為理所當然」的教學實踐方案，與時俱進且去蕪存菁，修正調整傳統的教學方法，從理論與方法的運用、策略與流程的採用等，修正教師教學思考之心智生活，以落實教師教學效能與學生的學習品質。由於，教學本身是人類社會歷史的文化活動，十二年國教改革，活化教學是當紅的新使命，一般教師對於教學的理解，傳統偏向客觀實證觀，將重心置放於教學中的一些經過化約的行為，專注於特定時間內的任務，進行由上而下的改革；因此，教學中持續自我再造的長期歷史面向受到忽略（林佩璇，2019）。

　　然而，教師教學再造與革新活動，是一項相當艱鉅的工程，主要的原因來自於教師對改革的意願問題，同時也要看教師配合改革的動力強弱。如果教師對於課程改革運動，存在各種專業上的疑慮，否定改革對於教學設計與實踐的影響，認為它只是一種標新立異、譁眾取寵剪綵文化的話，教師的冷漠對於改革是沒有多少幫助的，只會讓改革成為一種短暫性的潮流，無法收到預期的效果。

教學語錄 3：讓學生創造出學習的環境。

二、課程改革的議題與教師教學實踐

國內課程改革最主要的發展，包括九年一貫課程與十二年一貫課程改革二個主要潮流。有關課程改革的特性與議題，簡要說明如下：

㈠國民中小學九年一貫課程改革的基本能力特性與問題

在九年一貫課程實施之前，我國「課程標準」所列的目標較為籠統抽象，無法與時俱進，未能明確將學生應該習得的知識與能力列出來；國民中小學九年一貫課程重視學生基本能力，依據教育目標，擬定十項基本能力，是課程改革的一大特色（蔡清田，2008）。

國民中小學九年一貫課程改革的基本能力，是基於社會變遷及未來生活需求所做的評估，基本能力比以往課程標準的教育目標更為具體，但仍需要在個別學習領域中轉化為各學習階段的「能力指標」，一方面既可為課程改革之依據與學習成效評估，進而實施補救或充實教學。

㈡國民中小學十二年一貫課程改革的基本能力特性與問題

十二年一貫課程的改革與實施，宜透過課程研究，進行我國國民基本能力之研究，明確地指出國民應該具備哪些基本能力，規劃建構十二年一貫課程綱要的理論依據與課程目標等「正式規劃的課程」（蔡清田，2008）。在教學活動規劃設計方面，依據基本能力的研究而作為設計實施之參考，並引發學生的學習興趣，期望可以達成學習結果，透過各種方法的運用蒐集學生學習方面的訊息，作為改進或修正教學的依據。

從九年一貫課程的改革實施，到十二年一貫課程的改革與實施，改革的基調都放在課程改革上面，強調學生各學習階段的能力養成，希望透過學校課程內容的實施與教師教學設計的更新，提供學生學習成功的經驗，進而確保學習方面的品質。如同 OECD（2017）從系統性的角度提出幾項創新學習環境的原則（innovation learning environment, ILE），在內容方面包括軟、硬體、教師的信念與教學設計及實施：1. 肯定學習者是核心的參與者，鼓勵學習者積極投入學習，為自己的學習負責任，在學習歷程中

發展理解的能力等；2. 重視並理解學習者的個別差異，包含學習的先備知識；3. 學習本身就是社會化的歷程，引導學生在團體中進行合作與學習；4. 在學習環境中培養學習力，調合學習者之動機、學習成就與態度；5. 設計對學習者具有適當水準挑戰性的學習任務；6. 連結好的學習環境以促進跨領域及真實世界之橫向連結；7. 展現具體之期望，並安排高度支持姓、學習性的評量策略，以及時回饋教與學。

(三) 教師教學設計與實踐的意義

歷年來的教育改革（或課程改革），主要的重點在於針對中小學課程綱要的標準、內容、形式、重點、實施等，進行必要性與需要性的調整改變，然而這些改變對於在教學現場的教師而言，只是一種象徵性的、形式性的改變而已。對教師來說，拿到手上的「教科書」與「教學材料」，才是教師會去關注的部分。

1. 課程改革 & 教科書

歷年來的課程改革，對於中小學課程實施，提出相當多的建議和修正意見，同時也指出教師應該要配合之處。然而，平時忙於班級教學的教師而言，真正需要面對的，是課程改革之後所推出的教科書。這些教科書在教師未來的教學中，需要做哪些方面的教學設計，在教學活動中是否能適應「新教科書」所帶來的挑戰。例如：教師的教學方法是否需要改變？教師的教學型態是否需要調整？教師的教學資源運用有什麼差異？教師的教學策略需要更新嗎？教師對學生的學習策略教學需要更修正嗎？等等方面的問題。

2. 能力指標 & 行為目標

歷次的課程改革運動，強調學生能力指標的重要性，希望透過行為目標與能力指標的調整，可以提供學生在班級學習中，更為重要的元素，激發學生在學習中的動機。九年一貫課程實施前，學校教育強調的是課程標準的重要性，九年一貫課程實施之後，重視的是學生的能力指標，十二年國教以及新課綱，重視的是 OECD 提出來的核心素養，希望讓學生的學

習能夠和日常生活緊密接軌，縮短學習與應用的差距。

3. 教學目標 & 學習目標

在課程改革之後，教師面對的是「教學目標」與「學習目標」的內涵，如何轉化成為班級教學活動的問題，這些教學目標與學習目標的內涵，究竟是從哪裡而來？如何在修正之後，進行教學活動設計與實踐等等。一般的教學設計與實踐，著眼的是教學目標，將教學目標納入教學設計的重點，教師將教學目標擬定之後，依據教學目標進行教學活動設計，選擇教學活動中的理論與方法，並進而轉化成為學生的學習重點。

4. 教學方法 & 學習方法

教師在教學目標與學習目標確定之後，接下來就是教學方法與學習方法的選擇，透過教學方法與學習方法的運用，引導學生進行學習活動。然而，幾次課程的改革，重點在於「課程」而忽略「教學」，更遑論教學方法的改革，第一線的教師只能在課程改革之後，在教室當中思考班級教學如何配合課程改革的步伐，才能因應改革上的需要。

5. 考試領導教學 & 分數領導教學

考試領導教學的弊病，歷經多年的批評與指責，大家都覺得這是改革的重點和方向。然而，歷次的教育改革並未針對這個弊病而提出有力的策略，針對考試與教學之間的關係，究竟是存在怎樣的關係，或是教師教學設計與實踐，如何摒除「考試領導教學」或「分數領導教學」的缺失，這些理念的落實，都需要教師教學設計與實踐中，將這些問題修正且避免產生疑慮。

三、課程改革與教師教學實踐的關聯

學校教育改革的關鍵在於課程與教學，課程與教學實施取決於教師教室層級的教學。只有教師對於課程改革具有高的敏感度，感受到課程改革對教學實施的重要性，教師才願意在教學行動中，將課程改革的理念納入教學設計，從教學實施中，落實課程改革的理念。

(一)課程改革與教師教學實踐知識

課程改革運動的推展，不僅僅代表著課程結構與內容的改變，同時意味著課程實施、課程評鑑、課程改革成效方面的轉變，此正意味著教師在教學方面的改變，是勢在必行的議題。課程改革對教師的啟示，包括「意義」與「情境」是教師改變的兩個重要的因素、專業社群的建立提供教師更大的實踐空間、改革是一種教師實踐知識轉變的過程（黃騰、歐用生，2009）。

教育改革或課程改革，必然涉及教師教學的實踐知識，教師的實踐知識在過去的教學生涯中，已然成為教師「視為理所當然」的憑藉，想要教師在短時間之內，改變實踐知識，會讓教師感到無所適從、感到相當程度的焦慮。因為，這些實踐知識是透過經年累月慢慢淬鍊而成的，是在社會經驗中互動慢慢累積起來的，是一段漫長時間和體驗的沉澱過程。所以，任何的教育改革或課程改革，需要考慮到教師教學改變的問題，了解如：教師教學改變的幅度能有多大？教師教學改變的意願高或低？教師教學改變的可能性有多少？教師教學改變需要的專業能力是否足夠？等等問題。

(二)教師的課程改革意識與教學實踐

教師的課程改革意識與教師教學實踐之間的關係，是相當密切且相輔相成的。只有提高教師對課程改革的意識和敏感度，才能激發教師對課程改革的興趣，進而將各種課程改革的理念，在平常的教室教學中加以融入，在教學實施中回應各種改革的訴求。根據 Freire（1972）對於批判教育學（critical pedagogy）及解放教育（liberating education）的主張，教師的「意識覺醒」（consciousness-awaken）是教師建立主體性、發展自主性、活出「解放教育」理想的重要關鍵。教師必須對自己以及所身處的實務世界有更多的覺知，能夠質疑、挑戰「習以為常」的作法、現象、限制和權力結構，能夠反省「習焉不察」的價值、信念、潛力和知識體系，才能夠敏銳到實務現象背後的潛藏問題和改革需求，也才能判斷改革政策、口號和作法的正當性與合宜性（甄曉蘭，2003）。

教學語錄 7：教學要領「喜歡」比「會」更重要。

　　教師每天面對教學現場的各種狀況，或政策的改變、材料的更新、行政人員的要求、家長的期望、學生的學習需求等等，需要處理許多認知上的兩難（dilemma of knowing），除了要發覺問題、解決問題之外，更需要在兩難的情境中，激盪也有批判力和創意的實踐行動，來超越和凌駕當下的狀況和現存的現象（甄曉蘭，2003）。此正爲教師在課程改革中，需要具備的基本能力，以及願意在平日忙碌的教學生活中，抽空或利用時間更新自己的教學模式，活化自己的教學活動設計。

　　Goodlad（1969）呼籲教育研究應關注到教室層級的課程轉化與教學實踐，應更多了解教材中的意識型態課程（ideological curriculum）與教師的心智課程（mental curriculum）是如何調解的。在教學的過程中，教師從其對學校「正式課程」所詮釋產生的「覺知課程」（perceived curriculum），轉化到教室內實際執行的「運作課程」（operational curriculum）（Goodlad，1979），教師需要處理有關教學目標的訂定、學習機會的選擇、學習機會的組織、教學活動的設計、教學流程的安排及評量方式的決定等等，而這些相關的判斷與選擇，表面上看好像是屬於技術層面的操作，但實際上或多或少都反映出教師的教學信念與課程意識。教師對於課程改革意識的深淺，決定未來課程實施與教學實踐的方向和目標，唯有教師對課程改革充滿憧憬和改變的意願，才能在課程改革中取得教師的同意權，進而落實課程改革的願景。

(三)教師的課程改革詮釋如何回應到教學實踐中

　　在教師面對課程改革時，如何詮釋理解課程改革的必要性和重要性，教師對於課程改革的知覺和信念，容易影響教師的教學行動。若教師能批判自己的教學實踐，不但能覺察到自己的課程詮釋，還能進一步了解在各項教學實踐背後的原因，有助於教師找回自己的主體性。而教學環境與教育政策環境脈絡也影響教師對學校、政策的認同程度與實施。如目前教育政策習於規範教師的責任、義務而非賦予教師主導、參與的權力，也使教師的課程意識難以開展，甚至漠視政策的改革脈絡（林鈺文，2017）。教

師在面對各種課程改革時，需要透過專業能力的開展，了解各個課程改革的核心理念、課程改革的特性，這些理念和特性與教師教室中的教學，究竟存在哪些關係？教師在未來的教學活動中，如何將這些課程理念融入教學設計與教學實踐中？讓班級教學的實施和課程改革的步調相一致，或是收到相輔相成的功效。

㈣ 應用詮釋理解途徑於教學實踐中

教師在面對課程改革時，如何調整教學行動使其符合課程改革的訴求，關係著課程改革成功與失敗的關鍵。相關的研究指出，透過政策分析的詮釋途徑是相對新興的研究取徑，沒有固定的研究方法與研究步驟，其哲學觀點主要受到下列學派的影響：詮釋社會學（interpretive sociology）、Saussure 的結構主義（structuralism）、Bourdieu 和符號宰制（symbolic domination）、Edelman 的符號政治（symbolic politics）、批判理論、Habermas 的溝通行動理論（Theory of Communicative Action）以及 Foucault 的權力觀。其共同特色是認為權力是分散的，行動者在使用符號（包括語言、文字、行為等表意工具）時就是在行使權力（Petković, 2008）。

教師可以透過詮釋理解的途徑，深入了解教育改革或課程改革的各種主張（或訴求），這些改革的重點與教師教學的關聯性究竟如何？可以透過哪些方法（或策略）的運用，連結課程改革與教師教學實踐的關係？教師如何修正現有的教學模式？透過模式的修正與教學行動的調整，使教學實踐歷程和課程改革更貼近。

㈤ 教師的教學設計與實踐上的意義

相關的研究指出，中小學教師如何看待課程改革工程時，就會影響教師在教學設計與實踐上的信念與行為，唯有讓教師了解課程改革的實質意義，以及對於教師教學專業的影響，才能讓教師願意投入課程改革的行動當中。

1. 教師如何看待課程改革影響教師的行動

教師如何看待課程改革，影響教師在改革工程中的行動，如果教師認

教學語錄 9：讓學生所有的感覺器官都在動。

為課程改革是必要的、對教師有正面的幫助、對學生有積極的意義，則教師就會積極地加入改革的行列中，隨時反省反思自己教學如何配合課程改革；如果教師認為課程改革是多餘的，對教師的教學沒有多大幫助，對於學生的學習添加不必要的負擔，則教師就會採消極抵抗的態度。

2. 教師如何詮釋課程改革影響教師的教學

教師對課程改革的觀點，影響教師在教學改變上的行動，教師如何詮釋課程改革，則影響教師在教學方面的作為。如果教師對於課程改革的重點，在詮釋上產生錯誤或是有所偏差，則教師的教學行為就無法配合課程改革的需求。例如：教師如果認為課程改革，是學者專家和學術界的責任，在教學設計與實踐上，就不會配合課程改革的理念，教學行動容易停留在傳統的觀念上面。

3. 教師如何理解課程改革影響教師的行為

課程理解與理解課程改革，是教師教學設計與實踐的重點，同時也是教師教學行為的關鍵，教師在進行教學規劃設計時，要先能了解課程本身的意義、課程的內涵、課程的重點、課程評鑑的重點等等，才能在班級教學中有效的進行課程轉化。如果教師對課程改革的理解是錯誤的、方向有所偏頗時，在課程轉化過程中，就容易導致方向錯誤，無法達到課程改革的預期目標。

4. 教師如何掌握課程改革影響教師的意願

課程改革如果想要達到預期的目標，還需要教師能有掌握課程改革的方向和理想，否則教師在課程改革的工程中，容易缺席或是誤解課程改革的重點，在班級教學活動中，對於改革的理念容易意興闌珊，或是在改革中缺席不願意配合。每一次的課程改革工程，都有其理念和方向，希望針對教育發展的重點，融入新的課程經驗（或課程議題），讓教師的教學設計與實踐，可以「與時俱進」，隨著時代的進展而融入新的教學理念，讓教師的教學與學生的學習可以相互配合。

教學語錄 10：學科學習最好的方法是自己的方法。

四、課程改革中學會教學的理念與實踐

　　「學會教學」和「成為教師」等兩者是極度密切、相互交織的專業發展，而教師的專業學習植基於過去的經驗、現在的目標與未來的憧憬；亦即對經驗的詮釋來建構意義，包括依據新經驗的頓悟與理解來重新建構知（Beattie, 2007）。從教師學習教學的角度，探討教師改變個人教學的情境脈絡，由於國家教室體制以及傳統的教學模式，使得一位教師在進行教學現場時，必須將「師資培育」時代的經驗和「握在手中」的知識，運用在教學現場中，形塑成「教師教學」與「學生學習」的既定模式，此種教師教學模式，影響教師幾十年的教學實踐。

　　Shulman（1987）研究指出，教師必須將學科知識，轉化成為適合不同背景和學生能力的教學形式。知識本位師資培育的課程除了將教師應有的教育知識，透過教師教育教導給職前教師，透過評量的方式了解學生對於知識的學習，但是在知識的轉化歷程，則需要更加以教導，以協助職前教師進行知識的轉化。對於知識本位師資培育的課程，在知識的轉化上可包括以下內涵（林進材、林香河，2012）：1. 從形式課程到實質課程的轉化：課程內容知識傳遞至學習者，學習者經由經驗，加以創造，形成經驗的課程；2. 從教學目標到教學活動的轉化：以學生可以理解的方式，教給學生的專業歷程；3. 從抽象概念到實際經驗的轉化：教師的教學轉化過程中，要將各種抽象概念，轉化成為實際的生活經驗，引導學生將生活經驗內化成為思考方式的過程；4. 從教學知識到學習知識的轉化：在知識的轉化過程，需要教師的口語傳播、經驗傳承、案例講解等；5. 從教學活動到學習活動的轉化：透過教學理論與方法、策略與形式的運用，結合學生的學習理論、方法、策略與形式的結合，形成學習活動，達到預期的教學目標與學習目標。

五、學會學習的理念與實踐

　　學會學習的概念運用，不僅僅限定在教師的教學設計與實施中，同

教學語錄 11：運用學習地圖的概念提升學習成效。

時涉及學生在學習歷程中的思考，只有教師在教學中，了解並運用「學會學習」的實際作法，並且在教學設計時，兼顧學生的學習，才能使教學達到成功的目標。如 Crick（2014）指出，教學的主要目標在於讓學習者全心、明智、成功地處理生命中不確定性及風險，那麼我們就需要重新審視我們的教學工作。為達成上述目標，教學活動的實施就需要超越知識的傳授、聚焦學習的思維與設計，進行教學的活化，重點不在展現教師的教學能力，而應著重於學生學會學習的重點，包括能力的展現與遷移，以及知識、情意、態度方面的養成。

在學會學習的設計中，Crick（2014）指出學會學習的系統觀，一般包括五個重要歷程：

1. 形塑學習認同及意圖（forming a learning identy and purpose）；
2. 建立學習動力（developing Learning power）；
3. 產出知識並了解關鍵要領（generating knowledge and know-how）；
4. 應用學習於真實情境中（applying learning in authentic contexts）；
5. 持續的學習關係（sustaining learning relationships）。

學會學習是一種「由內而外、由外而內」發展的歷程，各種歷程在教學中相互關聯也相互作用。教師應該由學習者的動機和目的驅動，引導學生願意接受挑戰，承擔學習的風險與學習動力，進而運用工具分析並處理知識，培養在真實情境中應用的素養能力，並且與其建立正向的關係；個體在與學習建立關係及真實情境中的應用中，又精進知識技能與理解、促進學習動力，也再次更新了學習認同，建立屬於學習者的目的與動機（Crick, 2014）。

此外，教師的教學設計與實施，也應該顧及學生在學習方面的興趣，將學習動機融入教學設計中，如 Keller（1983）研究指出，依據學習動機的教學模式（ARCS model），想要讓學生對其所學的內容產生興趣，首先必須引起學生的注意（attention），再讓學生本身主動察覺學習內容與本身的關聯性（relation），據以喚起學生學生的內在趨力，相信自己有能力去處理，因而對學生的學習產生信心（confidence）。

六、核心素養的教學理念與實踐

核心素養（key competencies）指的是一位地球村現代公民的基本素養，包括發展主動積極社會參與、溝通互動及個人自我實現等（徐綺穗，2019）。

核心素養的理念，強調的是學習者的主體性，和傳統以「學科知識學習」為學習的唯一範疇有所不同，而是強調與真實情境結合並在生活中能夠實踐例行的特質。核心素養的主要內涵，是個人為適應現在生活及未來挑戰，所應該具備的知識、能力與態度，在於實現終身學習的理念，所以注重學生學習歷程、方法及策略（國家教育研究院課程及教學研究中心，2014）。

核心素養的本質是以個人為中心的多面向發展，內涵包括知識、能力及態度等，所需要的心理功能運作涉及複雜的體系。核心素養的特性包括：1. 跨領域與科技整合的運作；2. 與生活情境的連結與運用；3. 有利於個人社會的發展（蔡清田，2014）。

核心素養的教學策略與一般的教學策略有所不同，傳統的教學策略以學科知識為主要的重點，教師採用一般的教學設計理論與經驗，將學科知識融入教學設計與實施當中，引導學生進行學習活動。核心素養的教學策略，主要在於培養學生核心能力的養成與運用，因此營造學習環境是教學設計的重要關鍵，要提供促進學生積極學習的環境，課堂當中需要提出開放性的問題，激發學生藉由討論、體驗探索和創造來解決問題，以培養各種素養（Cook & Weaving, 2013）。

另外，在核心素養的教學設計方面，可以考慮採用探究主題為核心的專題學習（project-based learning），培養學生的核心素養，讓學生在探究的過程中透過與同儕的合作溝通對話，進行跨領域的知識學習，在學生學習參與的歷程中，有助於統整知識、內化經驗及發展核心素養。在核心素養教學的基本原則方面，包括：1. 任務導向的學習；2. 跨領域的學習；3. 兼顧合作與個別化的學習；4. 兼顧學生引導和教師引導的教學；5. 教學結

教學語錄 13：學科學習重點在於注意、知覺、理解、組織。

合科技；6. 兼顧內部和外部學校教學；7. 學校支持學習者的社會和情緒發展（徐綺穗，2019）。

核心素養的課程與教學設計的原則（陳聖謨，2013；林進材，2019；徐綺穗，2019）：

1. 教學應該從建構新學習文化開始

核心素養的教學應該從建構新學習文化開始，既重視學生的知識學習，也重視培養學生運用各種學習策略來幫助自己的學習；在教師教學方面，應該鼓勵教師改變自己的教學心智生活，鼓勵教師採用創新的方法，嘗試新的教學方法，持續性地進行教學反思與修正自己的教學理論方法。

2. 以素養作為課程垂直與水平統整設計的組織核心

素養導向的教學設計與實施，不僅重視學習領域的核心概念，同時以學生為中心，強調學生重要生活能力與態度的養成。因此，在課程與教學設計方面，需要採用主題式的課程與教學設計，並且在課程與教學內容方面，尋求與核心素養的之對應。

3. 循序漸進式的教學

核心素養的教學設計與實施需要一段長時間，才能培養學生的知識、能力和態度。因此，在課程與教學設計時，應該讓教師有長時間的引導，使學生在探究體驗的歷程中，逐漸養成素養所要求的各種能力。所以教師在教學時應該採取漸進式加廣加深的引導，使學生的各種素養能力逐漸提升。

4. 採取多元評量

核心素養的課程與教學重視主題課程，其內涵是多面向元素組成，教師在進行教學評量時，除了傳統的紙筆測驗外，還需要發展真實性評量、實作評量、檔案評量等多元的評量方式，才能真正了解學生的學習成效。

七、適性教學的理念與實踐

適性教學的理念來自適性教育（adaptive education）概念，主旨在於提供學習者切合其個別特質和需求的學習，以發展個人潛能，進而得以自

我實現。由於學習者的特質極具多樣性，其能力、性向、興趣、經驗、風格、文化等均有所不同，因而具有不同的學習需求，教師必須配合這些差異進行教學，讓每個學生都能成功學習（黃政傑、張嘉育，2010）。

　　適性教學策略在班級教學上的應用，必須顧及學生在學習方面的需求，從教學內容、教學歷程與成果方面加以切入，在課程教學安排方面儘量符合學生的需求，藉由多元的教學程序或策略以因應學生的差異（林進材，2000）。在有效的適性課程與教學策略方面，包括：1. 調整課程難度；2. 安排不同的學習活動；3. 調整學習任務的順序；4. 調整學習步調和時間；5. 配合學生興趣教學；6. 鼓勵多元的表達方式；7. 調整學習者的組成方式；8. 調整教學風格以配合學生學習風格；9. 指導學生主動學習（黃政傑、張嘉育，2010）。

　　教師應該對所有任教的學生充滿積極的期望，對學生懷抱適切的期望，其具體的作法包括鼓勵和支持所有的學生、追蹤學生在學習方面的成就，給予落後的學生協助；在學生學習歷程中，提供有用的回饋及改進的建議；採用差異教學方法；實施異質性分組，讓學生可以在學習歷程中擷長補短：表達對學生能力的肯定；給予學生回答問題的必要等待時間等（Tkatchov & Pollnow, 2008）。

八、差異化教學的理念與實踐

㈠基本理念

　　差異化教學的實施，主要是奠基於：1. 依據學生學習差異及需求；2. 彈性調整教學內容、進度與評量方式；3. 提升學習效果，引導學生適性發展。透過差異化教學的實施，有助於提升教師專業，表達對學生學習方面的關心與支援，增加並提供學生學習歷程中的成功經驗，進而提升學生的學習效果。因此，差異化教學的關鍵，在於學生重視的學習差異情形，並依據學生的學習差異情形，給予學生不同的教學策略與方法，透過不同學習策略與方法的運用，引導學生進行有效的學習。Servilio（2009）認為差異化教學是依據所有學生程度的學習需求所發展出一種獨特的教學模式。

㈡差異化教學的方針

差異化教學的實施，主要是教師應該依據學生的個別差異，以及學習上的需求所實施的教學活動。因此，教師的教學要能積極掌握學生在學習方面的各種差異，並依據學科屬性，做內容的調整，針對各種需求妥善調整教學內容、進度，並採取適切的教學方法，以達到預期的教學目標。因此，差異化教學的實施，必須顧及各類型、各層級的學生需求。

㈢學生的興趣、準備度、學習歷程

差異化教學的實施，在策略的選擇和運用方面，應該考慮學生的興趣、準備度及學習歷程等三方面的特性。在興趣方面，指的是學生對學習本身的偏好、喜歡的事物、善用的策略與方法、對特定主題的喜愛、覺得有關係有吸引力的事物等；在準備度方面，指的是學生學習的舊經驗、先前概念、學科基本技能與認知、對主題的基礎認知等；在學習歷程方面，指的是學生的學習風格、學習類型等。教師透過對學生興趣、準備度、學習歷程的掌握等，依據學生在此三方面的差異情形，選擇適合學生的學習策略，讓學生可以在適性、適度的情形之下學習，提升學生的學習成效（林進材，2018）。

㈣傳統教室和差異化教室的分析比較

差異化教學的主要構想建立在「以學生為中心的」理念之下，在學習環境向度代表教室內的環境安排與調整，與一般傳統的教室安排是有差異的。傳統教室和差異化教室的比較如表 1-1（丘愛玲，2014）。

九、教師教學設計實踐的轉變與挑戰

㈠從教師教學的「變」與「不變」的轉變與挑戰

學校教育改革的關鍵中，教師改變是重要的要件，想要活化教師的教學活動，首要在於改變教師教學的心智生活（mental lives），改變教師的心智生活，才能激發教師在教學設計與教學實施上的改變動機。雖然，心智模式是根深柢固於心中，影響我們如何了解這個世界，以及如何採取行

表 1-1　傳統教室和差異化教室的比較

傳統的教室	差異化的教室
教師中心	學生中心
包含選擇內容、設計作業、實施評量	包含確認標準、診斷學生的學習準備度、興趣、偏好及設計多元的學習和評量方法
語言和邏輯數學智能是最重要的	辨識和尊重多元智能
很少運用學生的興趣	經常運用學生的興趣
全班教學	彈性分組：全班、小組、兩人一組、獨立研究
相同的作業	可選擇作業
使用有限的教學策略	運用多元的教與學策略
教科書為主，輔以補充教材	有多樣化的不同層級教學資源
選擇有限	經常鼓勵學生進行學習和評量的選擇
大部分時間由教師主導學生的行為	教師促進學生自主發展和做決定
建立優秀的共同標準	以個人的成長和進步來定義優秀
全班使用共同的評量	採用多元的學生評量
課程或單元結束後才進行評量	持續進行診斷性、形成性、總結性評量

動的許多假設、成見，甚至於圖像、印象（林進材，2019）。然而，在教學現場的教師不想改變嗎？不是，許多教師在教學現場都在想辦法改變，改變自己的教學，但是改變是件勞心又勞力的事情。如同，改變的歷程有點像習慣靠右邊開車的人，到了英國，突然要靠左邊開車。不但大腦要知道，手腳也要做到。想改變跟真的改變，之間還有很大的距離。我們所生活的社會結構、文化的意識型態就是最大的心智結構，要改變自己，要先反思我們自身所存在的心智結構。這些心智結構的改變，不只是部分的改變，而是整體的改變與修正，需要各種情境脈絡的配合改變，才能收到整體的成效。

　　教師在教學多年之後，由於時間和經驗的累積，導致教學設計與實施淪為固定的模式和流程，教師應該依據現實環境和班級教學情境的需要，改變固有的教學思考和流程，從教師心智生活調整，進而活化教學活動，

透過以「教師為中心」的教學思維調整為「學生為中心」的教學思維，活化教學設計與教學實施，引導學生運用高效能的策略，提升學習成效進而提升教師的教學效能。

(二) 從「教師中心的教學」到「學生中心的教學」的轉變與挑戰

在改變教師的教學思維與情境時，需要了解教師面對教學情境時，教學實務現場複雜又呈現許多矛盾之處，許多現場教師想扮演促成改變，幫助學生及社會成長的角色，自認採取學生中心教學。但實際上，也想扮演維護社會穩定、傳遞重要價值的角色。以致，教師是由教師中心逐漸改變為中間偏學生中心的教學，形成一種混合式教學，其教學存在著許多矛盾現象（宋佩芬，2017）。這些矛盾的現象，形成教師在改變教學時的困惑，進而影響改革的意願。

在教師教學活動的實施中，想要改變教學必須從教師教學型態做改變，才能收到教學活化的效果。教師教學型態的改變工程，需要一段漫長時間的積累。如同 Cuban（2016）指出，在過去的教學歲月中，五十年來雖然有部分的教師採用培養學生學科學習思維能力的「學生中心」教學；然而，對於大部分的教師而言，學校以「教師中心」的教學取向是沒有多大幅度的改變。主要的原因是學校教育的大環境沒有改變，學校的氣氛與機能結構改變幅度不大，仍舊採取年級、教學時數、教學科目等傳統的固定日常組織，教師的教學活動仍是關在自己的課堂內與他人分離，用教科書及考試來決定學生的成績，即使歷經多次的教育改革或課程改革，教師在教學的光譜中仍多數偏向「教師中心取向」那一端，偶爾雖然有些小組討論與安排學生做探究的教學，但學習基本上仍然是以傳遞內容為主的教學，而非做啟發或學生主動探究思考的教學，這些傳統的教學型態，仍舊牢牢地縈繞在教師教學思考與心智生活中，成為牢不可破或無法挑戰的教學信念（林進材，2019）。

⊜ 從「學科教學知識，PCK」到「學科學習知識，LCK」的轉變與挑戰

　　課程改革的理念與作法，需要第一現場教師的配合，而想要教師在教學設計與實施配合，則需要了解教師的知識是從何而來，包括哪些層面？這些層面對於教師教學的影響如何？等，進行教師教學模式方面的改進與調整（林進材，2019）。教師在教學歷程中，需要具備哪些專業的知識，Shulman（1987）將教師的基礎知識結合教師教學知識的理念，教學內容知識包括以下各項：1. 學科知識：包括對學科的整體概念、學科教育的目的、學科內容知識、學科的本質、學科教學信念等；2. 教學表徵知識：多指教學策略和技巧的知識；3. 對學習和學習者的知識：包括對學生和學生知識的了解、預計學生在學習時可能出現的問題，對學習本質的了解等；4. 課程知識：如課程架構、目標、課程計畫和組織，對課本和教材的理解，對課程改革的理解等；5. 一般教學知識：如教學歷程中的知識；6. 教學情境知識：如對教學情境變化的認知；7. 教學理念、個人信念等；8. 內容、教學法與個人實務知識的整合。

　　學科學習知識的主要意涵，是從學習者的立場探討在學科領域學習中，學生需要具備哪些基本的知識。以學習者為本位的教學改變，主要是配合教學活動的改變，從學習者立場出發，關照所有影響教學的學習者因素，進而以學習者為中心進行改革。「了解學生是如何學習」的議題，一直是教學研究中最容易受到忽略的一部分。傳統的教學研究，將教學窄化在教師的教學行為，忽略學生的學習行為。近年來教學研究發展趨勢之一，是從「以教學中心的研究典範」轉向「以學生為中心的典範」。許多的高等教育教學中心，會透過研究的理論與實際分析，提出重要的教學要領與方法，幫助教師更深入了解學生的學習，或是引領教師從各個層面了解學生的學習思考，了解學生的學習風格。以學習者為主體的教學革新，才能在研究與實務之間取得平衡，真正落實教學改革的成效（林進材，2019）。

　　　　　　　　　　　　教學語錄 19：要求學生閱讀之後摘錄重點。

㈣ 從「教學實踐」到「活化教學」的轉變與挑戰

教師在教室中的教學活動，主要是受到教學實踐知識的影響，如同Shulman 提出的教師基礎知識，教師如果想要活化教學，就必須先從學科教學知識的改變做起，了解學科教學知識的內涵，以及對教學活動實施的影響，進而調整自己的教學設計與實施，改變既有的教學模式。缺乏對教師學科教學知識的理解與運用的覺知，則改變教學或活化教學行動，容易導致空洞而缺乏教學的要素（林進材，2019）。

教學改革中，相關的研究指出教師在教學改革運動中，習慣「以不變應萬變」，如同教學理論而言，不否認主體有一些固著程度，但也指出教學此活動系統存在於主體、客觀、人造中介等核心要素中，活動永遠處於歷史之中，而矛盾是發展、轉化與改變的源頭。教學不是單一行為，在多重系統的交織下，必會出現參與者的矛盾與衝突的現象（林佩璇，2019）。

想要引領教師從「教學實踐」到「活化教學」，需要了解教師的教學實踐不僅僅是一種外在教學行為的表象而已，同時也是一種內在課程意識的寫照。在教師教學實踐的框架之下。教師應該將自己視為「轉化型知識分子」，充分將自己發展為積極、專業反省力的實踐者（Giroux, 1988）。換言之，教師應該在教學實踐內涵方面，針對教學前的準備、教材的運用，教學互動中的教學策略、師生互動，教學後的評量與補救教學等，重視教師教學行為的「行動—反省—行動—修正」的循環，以活化教學的實踐模式（林進材，2019）。

歷年來的課程改革中有關教學的改變，如學會教學、學會學習、核心素養的教學、適性教學、差異化教學等方面的重視與轉變，不僅僅代表著教師教學理念的轉變，同時意味著課程改革的主張，同步地影響教師教學理念的改變，唯有教師教學理念的轉變修正，才能使得課程改革的理想同步落實。

教學語錄 20：短期記憶容量有限，長期記憶容量無限。

㈤從「學會教學」到「學會學習」的轉變與挑戰

「學會教學」與「學會學習」感覺上是不同的議題，前者涉及教師的教學，後者涉及學生的學習。在教師的教學方面，一般指的是教師教學理論與方法的運用，教學策略與步驟的選擇，透過教師教學設計與實施，達成教學的目標；在學生的學習方面，一般指的是學生學習理論與方法的運用，學習策略與學習步驟的選擇，透過學生的學習參與和學習投入，達成學習的目標。然而，歷年來的課程改革，都希望透過教師教學方法的改變，影響學生的學習型態（或品質），進而提升學生的學習效能。Crick（2014）指出，教學的主要目標在於讓學習者全心、明智、成功地處理生命中不確定性及風險，那麼我們就需要重新省視我們的教學工作。

課程改革想要達到預期的目標，就必須同時檢視教師的教學，引導教師將「學會教學」與「學會學習」二個重要的概念，在教學設計與實施中做專業上的連結，使教師的教與學生的學能隨著課程改革理念的調整，進而調整二個歷程中的架構、概念、策略、方法等，才能達到預期的效果。歷年來的課程改革，過於偏重「課程改革的架構」而忽略「教學改革的策略」，導致改革者唱高調而忽略第一線教師的教學，無法收到預期的成效。

㈥從「課程改革意識」到「教學革新實踐」的轉變與挑戰

課程改革的實施與問題方面，一般包括課程結構與內容、課程實施、課程評價、課程改革的成效等；在課程結構與內容方面，指的是包括哪些層級的課程，例如國家課程、地方課程、校本課程等，這些課程的內容組成需要包括哪些知識，教師在課程結構與內容方面，擁有哪些決定權等；在課程實施方面，指的是教師教室層級的教學，包括在教學過程中與學生的互動情形，引導學生質疑、調查、探究，促進學生在教師指導下主動地進行學習；在課程評價方面，透過教師各種評價方式的實施，了解課程與教學實施的成效，以及學生學習的成效；在課程改革的成效方面，包括直接影響與間接影響，直接成效指的是教師與學生的改變，間接影響主要是

教學語錄 21：提示學生自己有無進步比分數重要。

重視教師教學方面的改變。

　　每一波課程改革的運動與訴求，都將重點放在課程理念、課程目標、課程綱要、課程實施、課程評鑑等議題上面，希望透過課程結構的改變，修正學校教育活動（或教學活動），進而達到預期的目標。然而，只重視「課程改革」而忽略「教學革新」重點的教育改革，勢必無法在未來的改革運動中，形成強而有力的改革力道，進而達成課程改革的目標。如果教師的課程改革意識與教學革新實踐的關聯性不佳，則容易導致改革與實踐之間的乖離，無法在教學實際行動中，將課程改革的理念落實到教學設計和實踐中，導致課程改革與教學實踐無法亦步亦趨，收到預期的效果。

本章討論與研究議題

1. 課程改革和教師教學實踐有什麼關係？這些關係對教師教學的啟示有哪些？
2. 在課程改革中，教師的教學設計與實踐需要做哪些改變？這些改變對教師有什麼意義？
3. 課程改革中「學會教學」的理念有哪些？教師如何做教學的改變？
4. 課程改革中「學會學習」的理念有哪些？教師如何做教學的改變？
5. 在課程改革中教師教學設計與實踐需要做哪些方面的改變？

第二章

新課綱的議題與
教師教學實踐

　　教育部在 103 年 11 月公布「十二年國民基本教育課程綱要總綱」，並預計在 108 年 8 月 1 日正式實施，又稱之爲「108 課綱」。由於十二年國民基本教育課程綱要總綱，相對於九年一貫課程總要總綱，在課程綱要作了一些幅度的修改，因此稱之爲「課綱微調」。課程改革對於中小學教師的教學而言，是一種課程教學上的改變，其所代表的意義不僅僅是教師教學方法的改變，同時也代表著教學的教學理論的運用，也應該隨著新課綱的實施，而修正改變過去的教學模式。

一、十二年國民基本教育課程綱要總綱修訂的背景

　　我國自民國 18 年訂定國家課程規範，其後歷經數次中小學課程標準修訂，課程標準主要是作爲中小學教育階段，課程與教學實施的依據標準。從 1968 年推動九年義務教育，在教育普及方面的成果有目共睹，確實提升國民素質與國家發展；2001 年頒布九年一貫課程，將小學與國中九年之課程上下貫串起來，是一個具有時代意義的課程變革，稱之爲「九年一貫課程」；2007 年宣布逐年推動十二年國民教育，將來逐步走向免試、免費及就近入學之制度，十二年國民教育應作爲培養國民共同資質能力，以成爲國家有用人才之規劃，因此在課程規劃方面，前後十二年之課程，甚至加上幼稚園，應使十二年學習課程上下一貫，學習內容前後銜接。教材由統整至逐步分化，另外分化中亦有統整等各種有機之課程整合，是課程規劃之重要方向與必須處理之事項（楊思偉、陳盛賢、江志正，2008）。

　　十二年國民基本教育課程綱要總綱修訂，由國家教育研究院、教育部技術及職業教育司進行課程研發，國家教育研究院「十二年國民基本教育課程研究發展會」負責課程研議，教育部「十二年國民基本教育課程審議會」負責課程審議。此次研修係就現行課程實施成效進行檢視，並本於憲法所定的教育宗旨，盱衡社會變遷、全球化趨勢，以及未來人才培育需求，持續強化中小學課程之連貫與統整，實踐素養導向之課程與教學，以期落實適性揚才之教育，培養具有終身學習力、社會關懷心及國際視野的

現代優質國民（教育部，2014）。

　　本章的重點，在於簡要說明「十二年國民基本教育課程綱要總綱修訂」的主要內容和議題，並進而針對教師教學設計與實踐的意義，做簡要的說明。

二、十二年國民基本教育課程綱要修訂的基本理念

㈠課程綱要修訂的基本理念

　　有關課程綱要的基本理念，在教育部（2014）公布的文件當中，指出十二年國民基本教育之課程發展本於全人教育的精神，以「自發」、「互動」及「共好」爲理念，強調學生是自發主動的學習者，學校教育應善誘學生的學習動機與熱情，引導學生妥善開展與自我、與他人、與社會、與自然的各種互動能力，協助學生應用及實踐所學、體驗生命意義，願意致力社會、自然與文化的永續發展，共同謀求彼此的互惠與共好（參見圖2-1）。

　　依此，本課程綱要以「成就每一個孩子——適性揚才、終身學習」爲願景，兼顧個別特殊需求、尊重多元文化與族群差異、關懷弱勢群體，以開展生命主體爲起點，透過適性教育，激發學生生命的喜悅與生活的自信，提升學生學習的渴望與創新的勇氣，善盡國民責任並展現共生智慧，成爲具有社會適應力與應變力的終身學習者，期使個體與群體的生活和生命更爲美好（教育部，2014）。

　　由上述的課程綱要的基本理念內容，不難看出幾個重要的關鍵性改變，其中包括：強調學生自動自發的學習，妥善開展學生在與自我、與他人、與社會、與自然的各種互動能力的培養，尊重多元文化與族群差異，關懷弱勢群體，等等。對教師的教學活動設計與實踐，強調由「教師爲主導」的教學時代，已經逐漸轉移到「學生爲主導」的學習時代。

　　從九年一貫課程到十二年國民基本教育課程綱要的修正與改變，正意味著教師角色的修正和教師教學典範的轉移（參見表2-1）。

表 2-1　課程改革進程對教師與教學意義的典範轉移（教育部，2014）

教育時期 ＼ 教師與教學	舊世代的教育 （70 年代以前）	新世代的教育 （70 年代至 90 年代）	異世代的教育 （90 年代以後）
教師角色	教師是知識的權威 （說與教的年代）	教師角色漸漸轉化： 資訊工具操作或其他角色	教師是百變魔術師：生動、活潑、創意
教學活動	教學是知識的背誦：強調記憶與熟練的重要性	教學的知識來源不一：視訊媒體、網路達人或其他	知識是可質疑與推翻的：真理是此時此刻的準則
考試觀點	考試決勝負，成績定能力：成績好＝成功	考試多元，成績計算不一：例如基本學科、術科	考試只是一種基本門檻：高學歷不一定有用

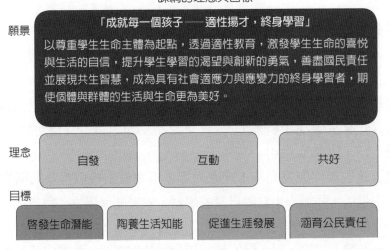

解讀十二年國教

課綱的理念與目標

願景

「成就每一個孩子——適性揚才，終身學習」

以尊重學生生命主體為起點，透過適性教育，激發學生生命的喜悅與生活的自信，提升學生學習的渴望與創新的勇氣，善盡國民責任並展現共生智慧，成為具有社會適應力與應變力的終身學習者，期使個體與群體的生活與生命更為美好。

理念

自發	互動	共好

目標

啟發生命潛能	陶養生活知能	促進生涯發展	涵育公民責任

圖 2-1　教育部公布的十二年國民基本教育課綱的理念與目標（教育部，2014）

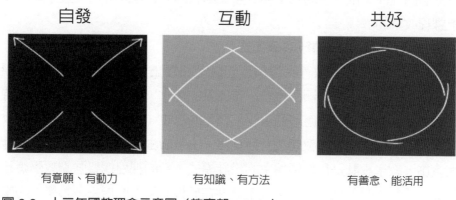

圖 2-2 　十二年國教理念示意圖（教育部，2014）

㈡教師教學設計與實踐的意義

一般的教育改革或課程改革，對於教師的教學設計與實施的影響，感覺上好像相當遙遠，從課綱的擬定修正到教科書的產生，必然歷經相當長的時間因素，第一線的教師才會感受到改革帶來的影響。

1. 教師教學設計與實踐的願景

十二年國民基本教育課綱的公布，在理念方面包括「自動」、「互助」、「共好」三個重要的願景。強調學生是自發主動的學習者，學校教育應善誘學生的學習動機與熱情，引導學生妥善開展與自我、與他人、與社會、與自然的各種互動能力，協助學生應用及實踐所學、體驗生命意義，願意致力社會、自然與文化的永續發展，共同謀求彼此的互惠與共好。因此，教師應該將這個重要理念融入教學設計與實踐中，將理念落實於教學活動中。

2. 教學理念修正與改變的重要

傳統的教師教學角色，重視「教師是知識的權威」、「教學是知識的背誦：強調記憶與熟練的重要性」等，十二年國教課綱重視「知識是可質疑與推翻的：真理是此時此刻的準則」等理念。因此，教師的教學理念應

教學語錄 27：以鼓勵性的語調建立教學環境。

該隨著對知識的不同觀點，而進行修正或改變。如果，教師的教學理念沒有隨著課程改革做適當的修正與改變，則教師的教學設計與實踐，無法跟上課程改革的步伐。

3. 修正改變自己傳統教學模式

十二年國民基本教育課程綱要的訂定和修正，意味著過去的課程標準和課程目標、課程內涵已經有了質與量的變化，這些質與量的變化同時代表著教師的教學，也應該隨著課程綱要的修正，進行教師教學模式的改變。例如：傳統的教師教學設計與實踐，由教師主導整個教學活動的設計與實施，教學設計是以教師為主的設計模式；新的課程綱要強調教學應該轉而以「學生學習為中心」，教學重點在於核心素養的培養，讓學生的學習可以和生活緊密結合，學習的知識可以隨時運用到日常生活中。

4. 教學典範的轉移應用與修正

教師的教學典範，一般包括對教學的觀點、教學設計的模式、教學理論方法的運用、教學策略與步驟的擬定、教學評量的形式與標準等。傳統的教師教學典範，偏向以「教科書為主」、「教師為主的決定權」、「教師中心的教學」等；新的課程綱要重視「生活應用為主」、「學生為主的決定權」、「學生中心的教學」等。因此，教師教學典範的運用，也應該隨著新課程綱要的實施，進行專業上的修正與轉移。

5. 配合課程綱要理念修正教學

每一次的課程綱要改革或修正，都意味著過去的學校課程與教學，需要隨著時代的進展，而有了實質上的改變。這些改變的內容，不只包括學校課程的改變，同時也包括教師的教學模式，需要進行實質上的調整。如果教師謹守著「用過去的經驗、教導現代的學生、適應未來的生活」，則教師的教學設計與實踐，必然無法跟得上時代的步伐。儘管如此，教師應該在課程改革的發展步調上，與傳統的教學活動進行相互調和，透過「相互融合」與「相互驗證」的方式，修正自己的教學活動。

三、十二年國民基本教育課程綱要的課程目標

課程綱要的課程目標，主要是揭櫫整體課程的總目標，後續在課程綱要的詳細內容擬定方面，必須依據課程綱要的目標，進行詳細綱要內容的訂定。在前述基本理念引導下，訂定如下四項總體課程目標，以協助學生學習與發展。有關課程綱要的目標，包括如下（教育部，2014）：

㈠啟發生命潛能

啟迪學習的動機，培養好奇心、探索力、思考力、判斷力與行動力，願意以積極的態度、持續的動力進行探索與學習；從而體驗學習的喜悅，增益自我價值感。進而激發更多生命的潛能，達到健康且均衡的全人開展。

㈡陶養生活知能

培養基本知能，在生活中能融會各領域所學，統整運用、手腦並用地解決問題；並能適切溝通與表達，重視人際包容、團隊合作、社會互動，以適應社會生活。進而勇於創新，展現科技應用與生活美學的涵養。

㈢促進生涯發展

導引適性發展、盡展所長，且學會如何學習，陶冶終身學習的意願與能力，激發持續學習、創新進取的活力，奠定學術研究或專業技術的基礎；並建立「尊嚴勞動」的觀念，淬鍊出面對生涯挑戰與國際競合的勇氣與知能，以適應社會變遷與世界潮流，且願意嘗試引導變遷潮流。

㈣涵育公民責任

厚植民主素養、法治觀念、人權理念、道德勇氣、社區／部落意識、國家認同與國際理解，並學會自我負責。進而尊重多元文化與族群差異，追求社會正義；並深化地球公民愛護自然、珍愛生命、惜取資源的關懷心與行動力，積極致力於生態永續、文化發展等生生不息的共好理想。

教學語錄 29：一個概念講三遍學不會就要換方法。

　　以上課程目標應結合核心素養加以發展，並考量各學習階段特性予以達成，期落實十二年國民基本教育「自發」、「互動」與「共好」的課程理念，以臻全人教育之理想。

四、十二年國民基本教育課程綱要之核心素養的議題

　　「核心素養」是指一個人為適應現在生活及面對未來挑戰，所應具備的知識、能力與態度。「核心素養」強調學習不宜以學科知識及技能為限，而應關注學習與生活的結合，透過實踐力行而彰顯學習者的全人發展（教育部，2014）。

(一)核心素養的涵義

　　核心素養的涵義，主要是強調個體為了適應生活所應該具備的基本能力。有關核心素養的意義，參見表 2-2。由表 2-2 得知，有關核心素養的意義，主要是從學生為中心，所界定的適應未來生活的能力。因此，素養是指在真實的生活情境下，可以用出來的能力；核心素養的定義：係指一個人為適應現在生活及未來挑戰，所應具備的知識、能力與態度（教育部，2014）。

　　為落實十二年國民基本教育課程的理念與目標，茲以「核心素養」做為課程發展之主軸，以裨益各教育階段間的連貫以及各領域／科目間的統整。核心素養主要應用於國民小學、國民中學及高級中等學校的一般領域／科目，至於技術型、綜合型、單科型高級中等學校則依其專業特性及群科特性進行發展，核心素養可整合或彈性納入（教育部，2014）。

　　有關上述核心素養的說明，係教育部在公布十二年國民教育教育課程綱要時，針對該次修正與改革的關鍵要素所做的說明。

(二)核心素養的三大面向與九大項目

　　核心素養的內涵依據相關的論述與研究，在內容方面囊括下列三大面向九大項目：

表 2-2　國際對核心素養意義的主張

核心素養 ＼ 教師與教學	聯合國教科文組織 (UNESCO) -2003	歐盟組織 (EU) -2005	經濟合作與發展組織 (OECD) -2005
主張	1. 學會求知 2. 學會做事 3. 學會共處 4. 學會自處 5. 學會改變	1. 母語溝通 2. 外語溝通 3. 數學與基本科技素養 4. 數位素養 5. 學習如何學習 6. 人際及跨文化與社會 7. 公民素養 8. 創業家精神 9. 文化表達	1. 自律自主的行動 2. 互動地運用工具溝通 3. 與異質性團體互動

1. 三大面向

在以核心素養為改革主軸的十二年國民基本教育之核心素養，強調培養以人為本的「終身學習者」，分為三大面向：「自主行動」、「溝通互動」、「社會參與」。

2. 九大項目

三大面向再細分為九大項目：「身心素質與自我精進」、「系統思考與解決問題」、「規劃執行與創新應變」、「符號運用與溝通表達」、「科技資訊與媒體素養」、「藝術涵養與美感素養」、「道德實踐與公民意識」、「人際關係與團隊合作」、「多元文化與國際理解」。有關十二年國民教育核心素養的內涵，如圖 2-3 所示。

(三) 各教育階段核心素養具體內涵

在各教育階段的核心素養，轉化成為具體的內涵方面，依學生個體身心發展狀況，各階段教育訂有不同核心素養之具體內涵。以下分國民小學教育、國民中學教育及高級中等學校教育等三階段說明，期培養學生在「自主行動」、「溝通互動」與「社會參與」等三大面向上循序漸進，成為均衡發展的現代國民（教育部，2014）。參見表 2-3 所示。

表述的核心素養，將透過各學習階段、各課程類型的規劃，並結合領

教學語錄 31：運用學習記錄提升教學效果。

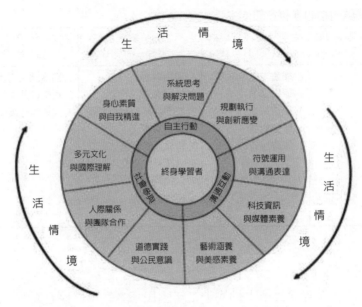

圖 2-3　十二年國民教育核心素養的滾動圓輪意象（教育部，2014）

域綱要的研修，以落實於課程、教學與評量中。各領域／科目的課程綱要研修需參照教育部審議通過的「十二年國民基本教育課程發展指引」，考量領域／科目的理念與目標，結合或呼應核心素養具體內涵，以發展及訂定「各領域／科目之核心素養」及「各領域／科目學習重點」。

五、十二年國民基本教育課程綱要之學習階段的劃分

㈠五個階段的學習

依據教育部在十二年國民基本教育的規劃，十二年國民基本教育依學制劃分為三個教育階段，分別為國民小學教育六年、國民中學教育三年、高級中等學校教育三年。再依各教育階段學生之身心發展狀況，區分如下五個學習階段：國民小學一、二年級為第一學習階段，國民小學三、四年級為第二學習階段，國民小學五、六年級為第三學習階段，國民中學七、八、九年級為第四學習階段，高級中等學校十、十一、十二年級為第五學習階段。

教學語錄 32：不管教什麼都要讓學生學會。

表 2-3　各教育階段核心素養內涵（教育部，2014）

關鍵要素	核心素養面向	核心素養項目	項目說明	核心素養具體內涵		
				國民小學教育	國民中學教育	高級中等學校教育
終身學習者	A 自主行動	A1 身心素質與自我精進	具備身心健全發展的素質，擁有合宜的人性觀與自我觀，同時透過選擇、分析與運用新知，有效規劃生涯發展，探尋生命意義，並不斷自我精進，追求至善。	E-A1 具備良好的生活習慣，促進身心健全發展，並認識個人特質，發展生命潛能。	J-A1 具備良好的身心發展知能與態度，並展現自我潛能、探索人性、自我價值與生命意義、積極實踐。	U-A1 提升各項身心健全發展素質，發展個人潛能，探索自我觀，肯定自我價值，有效規劃生涯，並透過自我精進與超越，追求至善與幸福人生。
		A2 系統思考與解決問題	具備問題理解、思辨分析、推理批判的系統思考與後設思考素養，並能行動與反思，以有效處理及解決生活、生命問題。	E-A2 具備探索問題的思考能力，並透過體驗與實踐處理日常生活問題。	J-A2 具備理解情境全貌，並做獨立思考與分析的知能，運用適當的策略處理解決生活及生命議題。	U-A2 具備系統思考、分析與探索的素養，深化後設思考，並積極面對挑戰以解決人生的各種問題。
		A3 規劃執行與創新應變	具備規劃及執行計畫的能力，並試探與發展多元專業知能、充實生活經驗，發揮創新精神，以因應社會變遷、增進個人的彈性適應力。	E-A3 具備擬定計畫與實作的能力，並以創新思考方式，因應日常生活情境。	J-A3 具備善用資源以擬定計畫，有效執行，並發揮主動學習與創新求變的素養。	U-A3 具備規劃、實踐與檢討反省的素養，並以創新的態度與作為因應新的情境或問題。
	B 溝通互動	B1 符號運用與溝通表達	具備理解及使用語言、文字、數理、肢體及藝術等各種符號進行表達、溝通及	E-B1 具備「聽、說、讀、寫、作」的基本語文素養，並具有生	J-B1 具備運用各類符號表情達意的素養，能以同理心與人溝通互動，	U-B1 具備掌握各類符號表達的能力，以進行經驗、思想、價值與情

表 2-3（續）

關鍵要素	核心素養面向	核心素養項目	項目說明	核心素養具體內涵		
				國民小學教育	國民中學教育	高級中等學校教育
			互動的能力，並能了解與同理他人，應用在日常生活及工作上。	活所需的基礎數理、肢體及藝術等符號知能，能以同理心應用在生活與人際溝通。	並理解數理、美學等基本概念，應用於日常生活中。	意之表達，能以同理心與他人溝通並解決問題。
		B2 科技資訊與媒體素養	具備善用科技、資訊與各類媒體之能力，培養相關倫理及媒體識讀的素養，俾能分析、思辨、批判人與科技、資訊及媒體之關係。	E-B2 具備科技與資訊應用的基本素養，並理解各類媒體內容的意義與影響。	J-B2 具備善用科技、資訊與媒體以增進學習的素養，並察覺、思辨人與科技、資訊、媒體的互動關係。	U-B2 具備適當運用科技、資訊與媒體之素養，進行各類媒體識讀與批判，並能反思科技、資訊與媒體倫理的議題。
		B3 藝術涵養與美感素養	具備藝術感知、創作與鑑賞能力，體會藝術文化之美，透過生活美學的省思，豐富美感體驗，培養對美善的人事物，進行賞析、建構與分享的態度與能力。	E-B3 具備藝術創作與欣賞的基本素養，促進多元感官的發展，培養生活環境中的美感體驗。	J-B3 具備藝術展演的一般知能及表現能力，欣賞各種藝術的風格和價值，並了解美感的特質、認知與表現方式，增進生活的豐富性與美感體驗。	U-B3 具備藝術感知、欣賞、創作與鑑賞的能力，體會藝術創作與社會、歷史、文化之間的互動關係，透過生活美學的涵養，對美善的人事物，進行賞析、建構與分享。
C 社會參與	C1 道德實踐與公民意識		具備道德實踐的素養，從個人小我到社會公民，循序漸進，養成社會責任感及	E-C1 具備個人生活道德的知識與是非判斷的能力，理解並遵守社會道	J-C1 培養道德思辨與實踐能力，具備民主素養、法治觀念與環境意	U-C1 具備對道德課題與公共議題的思考與對話素養，培養良好品德、

表 2-3（續）

關鍵要素	核心素養面向	核心素養項目	項目說明	核心素養具體內涵		
				國民小學教育	國民中學教育	高級中等學校教育
			公民意識，主動關注公共議題並積極參與社會活動，關懷自然生態與人類永續發展，而展現知善、樂善與行善的品德。	德規範，培養公民意識，關懷生態環境。	識，並主動參與公益團體活動，關懷生命倫理議題與生態環境。	公民意識與社會責任，主動參與環境保育與社會公共事務。
		C2 人際關係與團隊合作	具備友善的人際情懷及與他人建立良好的互動關係，並發展與人溝通協調、包容異己、社會參與及服務等團隊合作的素養。	E-C2 具備理解他人感受，樂於與人互動，並與團隊成員合作之素養。	J-C2 具備利他與合群的知能與態度，並培育相互合作及與人和諧互動的素養。	U-C2 發展適切的人際互動關係，並展現包容異己、溝通協調及團隊合作的精神與行動。
		C3 多元文化與國際理解	具備自我文化認同的信念，並尊重與欣賞多元文化，積極關心全球議題及國際情勢，且能順應時代脈動與社會需要，發展國際理解、多元文化價值觀與世界和平的胸懷。	E-C3 具備理解與關心本土與國際事務的素養，並認識與包容文化的多元性。	J-C3 具備敏察和接納多元文化的涵養，關心本土與國際事務，並尊重與欣賞差異。	U-C3 在堅定自我文化價值的同時，又能尊重欣賞多元文化，具備國際化視野，並主動關心全球議題或國際情勢，具備國際移動力。

註：上表中，A、B、C 代表核心素養「自主行動」、「溝通互動」與「社會參與」等三大面向。國民小學、國民中學、高級中等學校所對應之教育階段的各項核心素養，依各階段的教育特質加以衍生，並加上階段別之編碼；其中 E 代表國民小學教育階段、J 代表國民中學教育階段、U 代表高級中等學校教育階段。

教學語錄 35：教學上最久的效果來自內心的動機。

表 2-4　依學生之身心發展區分為五個學習階段（教育部，2014）

國民小學	一年級、二年級	第一學習階段
	三年級、四年級	第二學習階段
	五年級、六年級	第三學習階段
國民中學	七年級	
	八年級	第四學習階段
	九年級	
高級中等學校	十年級	
	十一年級	第五學習階段
	十二年級	

㈡ **各階段的學習重點**

依據教育部公布的各階段學習重點，五個學習階段重點如下（教育部，2014）：

1. 國民小學

(1) **第一學習階段**

第一階段係學生學習能力的奠基期，應著重生活習慣與品德的培養，協助學生在生活與實作中主動學習，並奠定語言與符號運用的基礎。

(2) **第二學習階段**

持續充實學生學習能力，發展基本生活知能與社會能力，開發多元智能，培養多方興趣，協助學生能夠透過體驗與實踐，適切處理生活問題。

(3) **第三學習階段**

應協助學生深化學習，鼓勵自我探索，提高自信心，增進判斷是非的能力，培養社區／部落與國家意識，養成民主與法治觀念，展現互助與合作精神。

2. 國民中學

第四學習階段是學生身心發展的快速期，也是自我探索與人際發展的關鍵期，應持續提升所有核心素養，以裨益全人發展。尤其著重協助學生建立合宜的自我觀念、進行性向試探、精進社會生活所需知能，同時鼓勵

教學語錄 36：透過小說教學培養豐富的想像力。

自主學習、同儕互學與團隊合作，並能理解與關心社區、社會、國家、國際與全球議題。

3. 高級中等學校

第五學習階段係接續九年國民教育，尤其著重學生的學習銜接、身心發展、生涯定向、生涯準備、獨立自主等，精進所需之核心素養、專門知識或專業實務技能，以期培養五育均衡發展之優質公民。第五學習階段包括四種類型的高級中等學校，其重點如下：

(1) 普通型高級中等學校

提供一般科目為主的課程，協助學生試探不同學科的性向，著重培養通識能力、人文關懷及社會參與，奠定學術預備基礎。

(2) 技術型高級中等學校

提供一般科目、專業科目及實習科目課程，協助學生培養專業實務技能、陶冶職業道德、增進人文與科技素養、創造思考及適應社會變遷能力，奠定生涯發展基礎，提升務實致用之就業力。

(3) 綜合型高級中等學校

提供一般科目及專精科目的課程，協助學生發展學術預備或職業準備的興趣與知能，使學生了解自我、生涯試探，以期適性發展。

(4) 單科型高級中等學校

提供特定學科領域為主課程，協助學習性向明顯之學生持續開發潛能，奠定特定學科知能拓展與深化之基礎。

六、十二年國民基本教育課程綱要之課程的架構

㈠課程類型與領域科目

十二年國民基本教育課程類型區分為二大類：「部定課程」與「校訂課程」，如表 2-5 所示。

1. 「部定課程」：由國家統一規劃，以養成學生的基本學力，並奠定適性發展的基礎。

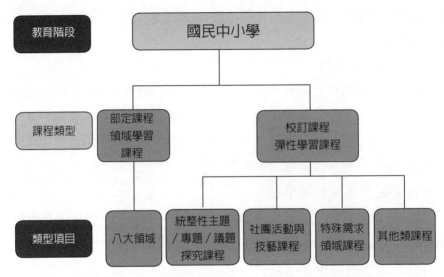

圖 2-4　十二年國民教育中小學課程架構圖（教育部國家教育研究院）

表 2-5　各教育階段課程類型

教育階段＼課程類型		部定課程	校訂課程
國民小學		領域學習課程	彈性學習課程
國民中學			
高級中等學校	普通型高級中等學校	一般科目 專業科目 實習科目	校訂必修課程 選修課程 團體活動時間 彈性學習時間
	技術型高級中等學校		
	綜合型高級中等學校		
	單科型高級中等學校		

(1)在國民小學及國民中學為培養學生基本知能與均衡發展的「領域學習課程」。

(2)在高級中等學校為部定必修課程，其可包含達成各領域基礎學習的「一般科目」，以及讓學生獲得職業性向發展的「專業科目」及「實習科目」。

2. 「校訂課程」：由學校安排，以形塑學校教育願景及強化學生適

性發展。

(1)在國民小學及國民中學爲「彈性學習課程」，包含跨領域統整性
主題／專題／議題探究課程，社團活動與技藝課程，特殊需求領
域課程，以及本土語文／新住民語文、服務學習、戶外教育、班
際或校際交流、自治活動、班級輔導、學生自主學習、領域補救
教學等其他類課程。

(2)在高級中等學校則爲「校訂必修課程」、「選修課程」、「團體
活動時間」（包括班級活動、社團活動、學生自治活動、學生服
務學習活動、週會或講座等）及「彈性學習時間」（包含學生自
主學習、選手培訓、充實（增廣）／補強性課程及學校特色活
動）。其中，部分選修課程綱要由領域課程綱要研修小組研訂，
作爲學校課程開設的參據。

㈡領域／科目劃分

依據教育部（2014）公布的十二年國民基本教育課程依據全人教育之
理念，配合知識結構與屬性、社會變遷與知識創新及學習心理之連續發展
原則，將學習範疇劃分爲八大領域，提供學生基礎、寬廣且關聯的學習內
涵，獲得較爲統整的學習經驗，以培養具備現代公民所需之核心素養與終
身學習的能力。

部分領域依其知識內涵與屬性包含若干科目，惟仍需重視領域學習
內涵。國民小學階段，以領域教學爲原則；國民中學階段，在領域課程架構
下，得依學校實際條件，彈性採取分科或領域教學，並透過適當的課程設計
與教學安排，強化領域課程統整與學生學習應用；高級中等學校教育階段，
在領域課程架構下，以分科教學爲原則，並透過跨領域／科目專題、實
作／實驗課程或探索體驗等課程，強化跨領域或跨科的課程統整與應用。

㈢各教育階段領域課程架構

十二年國民基本教育各教育階段共同課程之領域課程架構，如表 2-6
所示。

教學語錄 39：選擇容易理解有趣的教學方法。

表 2-6　各教育階段領域課程架構

教育階段		國民小學			國民中學	高級中等學校
階段年級		第一學習階段	第二學習階段	第三學習階段	第四學習階段	第五學習階段（一般科目）
領域		一　二	三　四	五　六	七　八　九	十　十一　十二
部定課程	語文	國語文	國語文	國語文	國語文	國語文
		本土語文 / 新住民語文	本土語文 / 新住民語文	本土語文 / 新住民語文		
			英語文	英語文	英語文	英語文
						第二外國語文（選修）
	數學	數學	數學	數學	數學	數學
	社會	生活課程	社會	社會	社會	社會
	自然科學		自然科學	自然科學	自然科學	自然科學
	藝術		藝術	藝術	藝術	藝術
	綜合活動		綜合活動	綜合活動	綜合活動	綜合活動
	科技				科技	科技
	健康與體育	健康與體育	健康與體育	健康與體育	健康與體育	健康與體育
						全民國防教育
校訂課程	彈性學習必修 / 選修 / 團體活動	彈性學習課程				校訂必修課程 選修課程 團體活動時間 彈性學習時間

㈣ 課程規劃及說明

在課程規劃及說明方面，依據教育部對學習階段的劃分，包括國民小學、國民中學、高級中等學校教育三個階段，茲將課程規劃及說明，詳加說明如下（教育部，2014）。

・國民小學及國民中學教育階段

1. 課程規劃

國民小學及國民中學部定課程及校訂課程之規劃，如表 2-7 所示。

表 2-7　國民小學及國民中學課程規劃

單位：每週節數

教育階段			國民小學					國民中學		
階段年級 領域／科目			第一學習階段		第二學習階段		第三學習階段		第四學習階段	
			一	二	三	四	五	六	七	八	九
部定課程	領域學習課程	語文	國語文(6)		國語文(5)		國語文(5)		國語文(5)		
			本土語文／新住民語文(1)		本土語文／新住民語文(1)		本土語文／新住民語文(1)				
					英語文(1)		英語文(2)		英語文(3)		
		數學	數學(4)		數學(4)		數學(4)		數學(4)		
		社會	生活課程(6)		社會(3)		社會(3)		社會(3)（歷史、地理、公民與社會）		
		自然科學			自然科學(3)		自然科學(3)		自然科學(3)（理化、生物、地球科學）		
		藝術			藝術(3)		藝術(3)		藝術(3)（音樂、視覺藝術、表演藝術）		
		綜合活動			綜合活動(2)		綜合活動(2)		綜合活動(3)（家政、童軍、輔導）		
		科技							科技(2)（資訊科技、生活科技）		
		健康與體育	健康與體育(3)		健康與體育(3)		健康與體育(3)		健康與體育(3)（健康教育、體育）		
		領域學習節數	20 節		25 節		26 節		29 節		

表 2-7（續）

教育階段			國民小學						國民中學		
階段 年級 領域／科目			第一 學習階段		第二 學習階段		第三 學習階段		第四 學習階段		
			一	二	三	四	五	六	七	八	九
校訂課程	彈性學習課程	統整性主題／專題／議題探究課程	2-4 節		3-6 節		4-7 節		3-6 節		
		社團活動與技藝課程									
		特殊需求領域課程									
		其他類課程									
學習總節數			22-24 節		28-31 節		30-33 節		32-35 節		

2. 規劃說明

(1) 領域學習課程

①學校需依照上表各領域及彈性學習的學習節數進行課程規劃。每節上課時間國民小學 40 分鐘，國民中學 45 分鐘。但各校得視課程實施及學生學習進度之需求，經學校課程發展委員會通過後，彈性調節每節分鐘數與年級、班級之組合。

②在符合教育部教學正常化之相關規定及領域學習節數之原則下，學校得彈性調整或重組部定課程之領域學習節數，實施各種學習型式的跨領域統整課程。跨領域統整課程最多占領域學習課程總節數五分之一，其學習節數得分開計入相關學習領域，並可進行協同教學。

③每週僅實施 1 節課的領域／科目（如第二學習階段的英語文與本土語文／新住民語文）除了可以每週上課 1 節外，經學校課程發展委員會通過後，可以隔週上課 2 節、隔學期對開各 2 節課的方式彈性調整。

④英語文於第二學習階段每週 1 節課，若學校在實際授課安排上有困難，在不增加英語文第二、三學習階段總節數的前提下，

教學語錄 42：教學前先將知識做系統性的整理。

經學校課程發展委員會通過後，可合併於第三學習階段實施。
上述實施方式，將同時增加第二學習階段彈性學習課程節數 1
節，減少第三學習階段彈性學習課程節數 1 節。

⑤第四學習階段之自然科學、社會、藝術、綜合活動、健康與體
育等領域，均含數個科目，除實施領域教學外，經學校課程發
展委員會通過後，亦得實施分科教學，同時可在不同年級彈性
修習不同科目，不必每個科目在每學期都修習，以減少每學期
所修習的科目數量，但領域學習總節數應維持，不得減少。

⑥教師若於領域學習或彈性學習課程進行跨領域／科目之協同教
學，提交課程計畫經學校課程發展委員會通過後，其協同教
學節數可採計為教師授課節數，相關規定由各該主管機關訂
定之。

⑦領域課程綱要可以規劃跨科統整型、探究型或實作型之學習內
容，發展學生整合所學運用於真實情境的素養。

(2) 彈性學習課程

①彈性學習課程由學校自行規劃辦理全校性、全年級或班群學習
活動，提升學生學習興趣並鼓勵適性發展，落實學校本位及特
色課程。依照學校及各學習階段的學生特性，可選擇統整性主
題／專題／議題探究、社團活動與技藝課程、特殊需求領域課
程或是其他類課程進行規劃，經學校課程發展委員會通過後
實施。

②彈性學習課程可以跨領域／科目或結合各項議題，發展「統整
性主題／專題／議題探究課程」，強化知能整合與生活運用
能力。

③「社團活動」可開設跨領域／科目相關的學習活動，讓學生依
興趣及能力分組選修，與其他班級學生共同上課。

④「技藝課程」部分，以促進手眼身心等感官統合、習得生活所
需實用技能、培養勞動神聖精神、探索人與科技及工作世界的

關係之課程為主，例如可開設作物栽種，運用機具、材料和資料進行創意設計與製作課程，或開設與技術型高級中等學校各群科技能領域專業與實習科目銜接的技藝課程等，讓學生依照興趣與性向自由選修。

⑤「特殊需求領域課程」專指依照下列特殊教育及特殊類型班級學生的學習需求所安排之課程：A. 特殊教育學生（含安置在不同教育情境中的身心障礙或資賦優異學生）其特殊學習需求，經專業評估後，提供生活管理、社會技巧、學習策略、職業教育、溝通訓練、點字、定向行動、功能性動作訓練、輔助科技應用、創造力、領導才能、情意發展、獨立研究或專長等特殊需求領域課程。B. 特殊類型班級學生（含體育班及藝術才能班的學生）依專長發展所需，提供專長領域課程。

⑥「其他類課程」包括本土語文／新住民語文、服務學習、戶外教育、班際或校際交流、自治活動、班級輔導、學生自主學習等各式課程，以及領域補救教學課程。

⑦國民中學得視校內外資源，於彈性學習課程開設本土語文／新住民語文，或英語文以外之第二外國語文課程，供學生選修；其教學內容及教材得由學校自行安排。

⑧原住民族地區及原住民重點學校應於彈性學習課程，規劃原住民族知識課程及文化學習活動。

⑨國民小學及國民中學實施彈性學習課程，應安排具備專長的教師授課，並列為教師授課節數。

⑩彈性學習課程規劃為學校課程發展委員會之權責，應依學校需求開課，各該主管機關負監督之責。

(3) 本土語文／新住民語文課程

①國民小學階段本土語文／新住民語文的課程實施，應依學生實際需求，選擇閩南語文、客家語文、原住民族語文或新住民語文其中一項進行學習。

教學語錄 44：教學要常引導學生理解。

②國民中學階段本土語文／新住民語文，學校應調查學生之選修意願，學生有學習意願，即於彈性學習課程開課。另爲保障原住民籍學生民族教育之權益，應於彈性學習課程開設原住民族語文課程至少每週一節課，供學生修習。以上各種語文課程，得於假日或寒、暑假實施。

③學校得依地區特性（如連江縣）及學校資源，開設閩南語文、客家語文、原住民族語文以外之本土語文供學生選習。

④新住民語文課程的開設內容以來自東南亞地區的新住民語文爲主。爲尊重多元文化及增進族群關係，學校得聘請專長師資，開設新住民語文課程。

⑤學校本土語文／新住民語文課程的師資養成、資格與聘任，以及學生選習方式，依教育部相關規定辦理。

⑥本土語文／新住民語文課程可結合其他領域，實施跨領域主題統整課程教學。

‧ 高級中等學校教育階段

1. 課程規劃

高級中等學校的整體課程規劃，如表 2-8 所示：

表 2-8　高級中等學校教育階段各類型學校課程規劃

課程類別＼學校類型		普通型高級中等學校	技術型高級中等學校	綜合型高級中等學校	單科型高級中等學校
部定必修	一般科目（包含高級中等學校共同核心 32 學分）	118 學分	66-76 學分	48 學分	48 學分
	專業科目實習科目	—	45-60 學分	—	—
	學分數	118 學分	111-136 學分	48 學分	48 學分

表 2-8（續）

課程類別 ＼ 學校類型		普通型高級中等學校	技術型高級中等學校	綜合型高級中等學校	單科型高級中等學校
校訂必修及選修	一般科目 專精科目 專業科目 實習科目	校訂必修	44-81 學分（各校須訂定2-6 學分專題實作為校訂必修科目）	校訂必修	
		4-8 學分		4-12 學分 一般科目	45-60 學分 核心科目
		選修		校訂選修	選修
		54-58 學分		120-128 學分	72-87 學分
	學分數	62 學分	44-81 學分	132 學分	132 學分
應修習學分數（每週節數）		180 學分（30 節）	180-192 學分（30-32 節）	180 學分（30 節）	180 學分（30 節）
每週團體活動時間		2-3 節	2-3 節	2-3 節	2-3 節
每週彈性學習時間（六學期每週單位合計）		2-3 節（12-18 節）	0-2 節（6-12 節）	2-3 節（12-18 節）	2-3 節（12-18 節）
每週總上課節數		35 節	35 節	35 節	35 節

2. 規劃說明

(1)學年學分制：高級中等學校實施學年學分制。每學期每週修習 1 節，每節上課 50 分鐘，持續滿一學期或總修習節數達 18 節課，為 1 學分。

(2)總學分與畢業條件：高級中等學校學生三年應修習總學分數為 180-192 學分，普通型及單科型高級中等學校學生畢業之最低學分數為 150 學分；技術型及綜合型高級中等學校學生畢業之最低學分數為 160 學分。

(3)每週上課節數：學生在校上課每週 35 節，其中包含「團體活動時間」及「彈性學習時間」。

(4)團體活動時間：包括班級活動、社團活動、學生自治活動、學生服務學習活動、週會或講座等。

①普通型高級中等學校：班級活動、社團活動、學生自治活動、

學生服務學習活動、週會或講座等每週 2-3 節。

②技術型高級中等學校：班級活動每週 1 節；社團活動、學生自治活動、學生服務學習活動、週會或講座等每週 1-2 節。

③綜合型高級中等學校：班級活動每週 1 節；社團活動、學生自治活動、學生服務學習活動、週會或講座等每週 1-2 節。

④單科型高級中等學校：班級活動每週 1 節；社團活動、學生自治活動、學生服務學習活動、週會或講座等每週 1-2 節。

⑤上述各類型學校社團活動每學年不得低於 24 節。

(5)彈性學習時間：依學生需求與學校條件，可安排學生自主學習、選手培訓、充實（增廣）／補強性教學或學校特色活動等。充實（增廣）／補強性教學採全學期授課者，高一、高二每週至多 1 節。

①普通型及單科型高級中等學校：每週 2-3 節。

②技術型高級中等學校：每週 0-2 節，六學期每週單位合計需 6-12 節。

③綜合型高級中等學校：每週 2-3 節。

七、十二年國民基本教育課程綱要之教師教學實施

十二年國民基本教育課程綱要的修正，在教師教學實施方面，依據教育部（2014）的頒布，主要的原則如下（教育部，2014）：

為實踐「自發、互動和共好」的理念，教學實施要能轉變傳統以來偏重教師講述、學生被動聽講的單向教學模式，轉而根據核心素養、學習內容、學習表現與學生差異性需求，選用多元且適合的教學模式與策略，以激發學生學習動機，學習與同儕合作並成為主動的學習者。

㈠教學準備與支援

1. 教師應於每學期開學前做好教學規劃，並準備教學所需資源及相關事項。

2. 教師備課時應分析學生學習經驗、族群文化特性、教材性質與教學目標，準備符合學生需求的學習內容，並規劃多元適性之教學活動，提供學生學習、觀察、探索、提問、反思、討論、創作與問題解決的機會，以增強學習的理解、連貫和運用。

3. 教師宜配合平日教學，進行創新教學實驗或行動研究，其所需之經費與相關協助，各該主管機關應予支持。

(二) **教學模式與策略**

1. 教師應依據核心素養、教學目標或學生學習表現，選用適合的教學模式，並就不同領域／群科／學程／科目的特性，採用經實踐檢驗有效的教學方法或教學策略，或針對不同性質的學習內容，如事實、概念、原則、技能和態度等，設計有效的教學活動，並適時融入數位學習資源與方法。

2. 為促進本土語文／新住民語文課程之學習，其教學語言應以本土語言／新住民語言的單語為主，雙語為輔，並注重目標語的互動式、溝通式教學，以營造完全沉浸式或部分沉浸式教學。其他領域／群科／學程／科目之課程學習，在可結合情境與能理解的前提下，應鼓勵教師使用雙語，以融入各領域教學，結合彈性學習課程及各項活動；日常生活應鼓勵學生養成使用雙語或多語的習慣。

3. 為能使學生適性揚才，教師應依據學生多方面的差異，包括年齡、性別、學習程度、學習興趣、多元智能、身心特質、族群文化與社經背景等，規劃適性分組、採用多元教學模式及提供符合不同需求的學習材料與評量方式等，並可安排普通班與特殊類型教育學生班交流之教學活動。

4. 教師指派學生作業宜多元、適性與適量，並讓學生了解作業的意義和表現基準，以提升學習動機、激發學生思考與發揮想像、延伸與應用所學，並讓學生從作業回饋中獲得成就感。

5. 教師應建立有助於學習的班級規範，營造正向的學習氣氛與班級

教學語錄 48：讓學習加深加廣的方法在於全方位的學習。

文化，並加強親師生溝通與合作等，以提升學生學習成效。

　　6. 教師宜適切規劃戶外教育、產業實習、服務學習等實地情境學習，以引導學生實際體驗、實踐品德、深化省思與提升視野。

　　7. 為增進學生學習成效，具備自主學習和終身學習能力，教師應引導學生學習如何學習，包括動機策略、一般性學習策略、領域／群科／學程／科目特定的學習策略、思考策略，以及後設認知策略等。

八、對教師教學設計與實踐的意義

　　　　「不管教育計畫能變得多麼周密，其中一定要留個重要位置給教師。因為，到了最終之處，行動都將在這裡發生。」（Bruner, 1996）

　　　　「我們的孩子從踏入教室的那一刻起，決定他們未來成就的關鍵因素不是膚色、出身、家世背景或財富，而是他們的老師！」（美國總統歐巴馬）

　　　　「今日那些教學凌駕我們的國家，明日的競爭力將凌駕於我們之上。」（美國總統歐巴馬）

　　十二年國民基本教育課程綱要的擬定和微調，在中小學現有的課程當中，融入新的教育理念，從課程的角度出發，希望透過課程綱要的修正，從核心素養的內涵到學生基本能力的培養等等，新的課程改革與傳統的教師教學彼此之間存在緊密的專業關係。隨著課程改革與 108 課綱在 108 學年度展開的新紀元，教師在教學設計與實踐上應該及早因應，以利循著課程改革的步伐，更新自己的教學設計與實踐。

㈠教師角色典範的修正與更新

　　十二年國民基本教育課程綱要在 108 學年度要正式上路了，相對於九年一貫課程的實施，教師在角色方面已經有很大的改變。從傳統的教師主導教學，到教師引導教學、教學決定權轉移到學生身上等等，意味著教師

角色典範的修正，是未來的教學當中需要關注的議題。任何的教育改革與課程改革，最後都需要回到教師教室的教學轉化中，唯有教師的教學理念改變了，教師的教學活動能配合改革的理念，教育改革的理想才能在教室當中落實；如果第一線的教師教學，悖離了課程教學改革的理想，無法配合課程改革的理念，則課程教學的改革註定是要失敗的。

㈡ 從九年一貫課程到十二年國民基本教育的差異

中小學的課程教學，從九年一貫課程到十二年國民基本教育課程，其中的差異情形，請參見表 2-9。由表 2-9 可以得知，九年一貫課程重視的是「能力導向」的課程理念，十二年國民基本教育重視的是「素養導向」的課程理念；其次，在課程架構上，九年一貫課程與十二年國民基本教育在領域、學科學習、彈性學習方面有調整的現象。另外，十二年國民基本教育課程當中，新設有「新住民語文」課程教學。

㈢ 十二年國民基本教育課程類型改變的意義

十二年國民基本教育課程，在類型方面包括「部定課程」與「校定課程」二種。在部定課程方面，重點是由中央統一規定，強調不同學習階段間縱向的連貫、不同領域學科之間的橫向統整功能，主要在於深植基本學

表 2-9 從九年一貫課程與十二年國民基本教育

	九年一貫課程	十二年國民基本教育
課程理念	能力導向	素養導向
課程架構	1. 七大領域 2. 自然與生活科技合一 3. 節數採彈性比例制 4. 彈性學習「節數」，其使用無明確規範 5. 重大議題設置課綱 6. 低年級「生活課程」與「綜合活動」分設 7. 各領域學習階段劃分不一	1. 八大領域 2. 分為「自然科學」與「科技」領域 3. 節數採固定制 4. 彈性學習「課程」，其使用有明確規範 5. 重大議題融入各領域 6. 低年級「綜合活動」融入「生活課程」 7. 各領域學習階段統一劃分 8. 增設「新住民語文」

校訂（彈性學習）課程

由學校安排
提供跨領域、多元、生活化課程
功能：
形塑學校願景
提供學生適性發展機會

部定（領域學習）課程

由國家統一規定
不同學習階段間注重縱向連貫
不同領域（科目）間注重橫向統整
功能：
深植基本學力

圖 2-5　十二年國民基本教育課程類型

資料來源：國家教育研究院

力；在校定課程方面，主要理念在於彈性學習的實施，課程內容由學校進行安排，提供跨領域、多元、生活化的課程，進而落實學校教育願景，提供學校學生各方面的適性發展機會。因此，教師的課堂教學設計與實踐，需要配合二種課程類型的內容與需求，修正過去的教學模式，依據課程與教學的需要，採用適當的教學策略方法。

㈣ 教學設計與實踐重視核心素養的培養

　　九年一貫課程實施，要求教師重視學生基本能力的培養，希望透過基本能力的培養，提供學生未來生活適應能力，讓這些培養的基本能力成為「帶得走的能力」；十二年基本國民教育課程實施，要求教師重視學生核心素養的培養，透過核心素養的培養，能應用在日常生活中。因此，教師在教學設計與實踐中，教師備課時應分析學生學習經驗、族群文化特性、教材性質與教學目標，準備符合學生需求的學習內容，並規劃多元適性之教學活動，提供學生學習、觀察、探索、提問、反思、討論、創作與問題解決的機會，以增強學習的理解、連貫和運用。

教學語錄 51：教學應該將知識和生活事件結合起來。

㈤教學設計與實踐模式的修正與應用

由於十二年國民基本教育課程的改革與更新，教師在教學設計與實踐方面，需要配合課程教學上的需要，進行模式的修正與應用。例如：教師應依據核心素養、教學目標或學生學習表現，選用適合的教學模式，並就不同領域／群科／學程／科目的特性，採用經實踐檢驗有效的教學方法或教學策略，或針對不同性質的學習內容，如事實、概念、原則、技能和態度等，設計有效的教學活動，並適時融入數位學習資源與方法。這些教學策略的改變，正代表著教師教學設計與實踐模式上的修正，透過部分修正讓教師的教學活動，可以配合改革的理念，讓學生的學習可以跟得上外界的變化，進而培養適應現在與未來活上的需要。

㈥教學應該正視差異並縮短差異現象

十二年國民基本教育課程的理念，強調要讓學生適應揚才。因此教師的教學設計與實踐，應該要能正視學生學習差異的現象，並且透過各種有效學習的策略方法，讓每一位學生都能在教室教學中，積極參與學習並樂於學習。例如：教育部公布的學習要點當中，為能使學生適性揚才，教師應依據學生多方面的差異，包括年齡、性別、學習程度、學習興趣、多元智能、身心特質、族群文化與社經背景等，規劃適性分組、採用多元教學模式及提供符合不同需求的學習材料與評量方式等，並可安排普通班與特殊類型教育學生班交流之教學活動（教育部，2014）。

本章討論與研究議題

1. 十二年國民基本教育課程與九年一貫課程的異同有哪些？這些對教師的教學設計與實踐有什麼意義？

2. 十二年國民基本教育課程綱要修訂的基本理念有哪些？這些對教師的教學設計與實踐有什麼意義？

3. 十二年國民基本教育課程綱要之核心素養是什麼？這些對教師的教學設

計與實踐有什麼意義？

4. 十二年國民基本教育課程綱要之課程架構有哪些？這些對教師的教學設計與實踐有什麼意義？

5. 十二年國民基本教育課程綱要對教師教學設計與實踐有哪些意義？

教學語錄 54：每一節課都要讓學生有成功的機會。

核心素養議題下之
教師教學設計與實踐

核心素養（key competencies）指的是一位地球村現代公民的基本素養，包括發展主動積極社會參與、溝通互動及個人自我實現等（徐綺穗，2019）。

核心素養的理念，強調的是學習者的主體性，和傳統以「學科知識學習」為學習的唯一範疇有所不同，而是強調與真實情境結合並在生活中能夠實踐力行的特質。核心素養的主要內涵，是個人為適應現在生活及未來挑戰，所應該具備的知識、能力與態度，在於實現終身學習的理念，所以注重學生學習歷程、方法及策略（國家教育研究院課程及教學研究中心，2014）。本篇的主旨在於論述核心素養議題下之教師教學設計與實踐，內容包括核心素養的意義和內涵、核心素養與領域／科目的關係、核心素養下的學習表現與學習內容、核心素養下的教師教學設計與實踐等。

一、核心素養的意義和內涵

核心素養的本質是以個人為中心的多面向發展，內涵包括知識、能力及態度等，所需要的心理功能運作涉及複雜的體系。核心素養的特性包括：1. 跨領域與科技整合的運作；2. 與生活情境的連結與運用；3. 有利於個人社會的發展（蔡清田，2014）。有關核心素養的意義和內涵，簡要說明如下：

㈠核心素養的意義

核心素養的意義，依據教育部國家教育研究院課程及教學研究中心（2014）指出，包括下列四項：

1. 「核心素養」是指一個人為適應現在生活及未來挑戰，所應具備的知識、能力與態度。

2. 核心素養較過去課程綱要的「基本能力」、「學科知識」涵蓋更寬廣和豐富的教育內涵。

3. 核心素養的表述可彰顯學習者的主體性，不以「學科知識」為學習的唯一範疇，強調其與情境結合並在生活中能夠實踐力行的特質。

4. 核心素養強調「終身學習」的意涵，注重學習歷程、方法及策略。

從上述對核心素養的意義說明，在內容方面包括知識、能力與態度的部分，以及學科知識及基本能力的培養，同時也強調個體在終身學習與學習方法策略運用的重要性。

㈡核心素養的內涵

十二年國民基本教育課程的擬定與修正，主要在於核心素養的培養。因此，十二年國民基本教育之核心素養係強調培養以人為本的「終身學習者」，包括「自主行動」、「溝通互動」、「社會參與」三大面向，以及「身心素質與自我精進」、「系統思考與解決問題」、「規劃執行與創新應變」、「符號運用與溝通表達」、「科技資訊與媒體素養」、「藝術涵養與美感素養」、「道德實踐與公民意識」、「人際關係與團隊合作」、「多元文化與國際理解」九大項目（國家教育研究院課程及教學研究中心，2014）。

十二年國民基本教育課程的實施，希望能以學生的核心素養為主，培養可以適用生活的能力，以解決生活上的各種問題。

二、核心素養、基本能力、核心能力三者的關係

核心素養、基本能力和核心能力三者的意義，有其相同與差異之處。國家教育研究院課程及教學研究中心（2014）指出，三者之間的關係說明如下：

㈠核心素養

核心素養是指一個人為適應現在生活及未來挑戰，所應具備的知識、能力與態度。素養是一種能夠成功地回應個人或社會的生活需求，包括使用知識、認知與技能的能力，以及態度、情意、價值與動機等；核心素養的內涵涉及一個成功的生活與功能健全社會對人的期望。

㈡三者之間的關係

「素養」要比「能力」更適用於當今臺灣社會，「核心素養」承續過去課程綱要的「基本能力」、「核心能力」與「學科知識」，但涵蓋更寬廣和豐富的教育內涵。核心素養的表述可彰顯學習者的主體性，不再只以學科知識爲學習的唯一範疇，而是關照學習者可整合運用於「生活情境」，強調其在生活中能夠實踐力行的特質。

三、核心素養與領域／科目的關係

十二年國民基礎教育課程的理念，是建立在「核心素養」導向之上。因此，課程教學的規劃設計與實施，是建立在核心素養之上。在核心素養與領域學科的關係，簡要說明如下（國家教育研究院課程及教學研究中心，2015）：

㈠核心素養的作用

核心素養是培育能自我實現與社會健全發展的國民與終身學習者的「素養」，可作爲各領域／科目垂直連貫與水平統整課程設計的組織「核心」。

㈡核心素養與領域／科目的對應關係

核心素養可以引導各領域／科目內容的發展，各教育階段領域／科目的課程內涵應具體呼應、統整並融入核心素養，但各領域／科目各有其特性，因此，毋需勉強將所有核心素養內容全部納入其課程內涵中。

㈢核心素養的培養原則

核心素養的培養需秉持漸進、加廣加深、跨領域／科目等原則，可透過各教育階段的不同領域／科目的學習達成。

㈣核心素養與領域／科目的連結方式

各教育階段領域／科目的規劃應包括該「領域／科目核心素養」及「領域／科目學習重點」，並視需要發展補充說明。

教學語錄 58：語言快慢的使用有助於提升學習成效。

　　教師在班級教學活動實施中，應該針對核心素養和學科之間的關聯性，調整自己的教學設計與實踐。例如：在不同領域學科的教學活動中，透過核心素養的聯繫，進行學科領域的橫向聯繫與垂直連貫。

四、領域／科目核心素養之發展與對應

　　依據國家教育研究院課程及教學研究中心（2014）提出，領域／科目核心素養之發展與對應的關係，詳加說明如下：

㈠發展領域／科目核心素養
1. 確認領域／科目核心素養項目

　　各領域／科目應依照其基本理念及課程目標，以確認三面九項核心素養及各教育階段核心素養與該領域／科目核心素養之關係。

(1) 某一項核心素養，可以透過不同領域／科目來促進與培養

　　例如「C3. 多元文化與國際理解」可透過社會、國語文、藝術領域來貫串統整。

(2) 同一領域／科目的學習也可以促進不同的核心素養的培養

　　例如：自然科學領域的學習，應該有助於「A2. 系統思考與問題解決」、「A3. 規劃執行與創新應變」、「B2. 資訊科技與媒體素養」養成。但是，一個領域／科目，未必要呼應所有的九項核心素養。

2. 以普通型高中數學領域為例

　　若認為本領域的學習較有助於某些素養項目的養成，那麼領綱研修小組可透過討論、諮詢，先確認有關的項目是哪幾項。詳如表 3-1 所示：

表 3-1 確認與領域／科目有關的核心素養項目

九項核心素養	高級中等教育階段核心素養具體內涵	普通型高中數學領域之核心素養
□ A1： 身心素質與自我精進	□ U-A1： 提升各項身心健全發展素質，發展個人潛能，探索自我觀，肯定自我價值，有效規劃生涯，並透過自我精進與超越，追求至善與幸福人生。	
□ A2： 系統思考與解決問題	□ U-A2： 具備系統思考、分析與探索的素養，深化後設思考，並積極面對挑戰以解決人生的各種問題。	數 S-U-A2
□ A3： 規劃執行與創新應變	□ U-A3： 具備規劃、實踐與檢討反省的素養，並以創新的態度與作為因應新的情境或問題。	
□ B1： 溝通表達與符號運用	□ U-B1： 具備精確掌握各類符號表達的能力，以進行經驗、思想、價值與情意之表達，能以同理心與他人溝通並解決問題。	數 S-U-B1
□ B2： 科技素養與媒體資訊	□ U-B2： 具備適當運用科技、資訊與媒體之素養，進行各類媒體識讀與批判，並能反思科技、資訊與媒體倫理的議題。	數 S-U-B2
□ B3： 藝術生活與美學涵養	□ U-B3： 具備藝術感知、欣賞、創作與鑑賞的能力，體會藝術創作與社會、歷史、文化之間的互動關係，透過生活美學的涵養，對美善的人事物，進行賞析、建構與分享。	數 S-U-B3
□ C1： 道德實踐與公民責任	□ U-C1： 具備對道德課題與公共議題的思考與對話素養，培養良好品德、公民意識與社會責任，主動參與環境保育與社會公益活動。	
□ C2： 人際關係與團隊合作	□ U-C2： 發展適切的人際互動關係，並展現包容異己、溝通協調及團隊合作的精神與行動。	
□ C3： 多元文化與國際理解	□ U-C3： 在堅定自我文化價值的同時，又能尊重欣賞多元文化，拓展國際化視野，並主動關心全球議題或國際情勢，具備國際移動力。	數 S-U-C3

㈡領域／科目核心素養的編碼及發展具體內涵

1. 進行領域／科目核心素養編碼

領域／科目核心素養編碼方式，分為三項編碼類別：

(1) 第 1 碼：「領域／科目別」

例如：數學、自然科學：數、自。如有需要，再標示高級中等學校類型，例如：普通型高中（S）、技術型高中（V）等進行編碼。

(2) 第 2 碼：「教育階段別」

包含：E. 國小、J. 國中、U. 高級中等教育。

(3) 第 3 碼

「核心素養九大項目」包括：A1、A2、A3、B1、B2、B3、C1、C2、C3。

以下分國小、國中、高級中等教育三階段的編碼加以說明：

(1)國小領域／科目核心素養編碼方式例如：數-E-B1、自-E-A2

(2)國中領域／科目核心素養編碼方式例如：數-J-B1、社-J-B2

(3)普通型高中領域／科目核心素養編碼方式例如：社 S-U-C1、藝 S-U-C1

(4)技術型高中領域／科目核心素養編碼方式例如：自 V-U-A2、數 V-U-C1

2. 發展領域／科目核心素養具體內涵

以普通型高中數學領域為例，在九項核心素養中可指出與其中的五項較為密切關係。因此，進一步則以普通型高中數學領域之基本理念與課程目標，發展該階段領域／科目核心素養具體內涵（如：數 S-U-A2、數 S-U-B1、數 S-U-B2、數 S-U-B3、數 S-U-C3）。詳如表 3-2：

表 3-2　發展領域／科目核心素養之具體內涵（以數學領域為例）

本表係依循總綱各教育階段核心素養，結合數學領域之基本理念與課程目標後，在數學領域內的具體展現。

總綱核心素養面向	總綱核心素養項目	總綱核心素養項目說明	數學領域核心素養具體內涵（舉例）		
			國民小學教育（E）	國民中學教育（J）	高級中等學校教育（U）
A 自主行動	A1 身心素質與自我精進	具備身心健全發展的素質，擁有合宜的人性觀與自我觀，同時透過選擇、分析與運用新知，有效規劃生涯發展，探尋生命意義，並不斷自我精進，追求至善。			
	A2 系統思考與解決問題	具備問題理解、思辨分析、推理批判的系統思考與後設思考素養，並能行動與反思，以有效處理及解決生活、生命問題。	數-E-A2 能執行基本的算術操作，能指認基本的形體與相對關係，並在日常生活的情境中，用數學表述與解決問題。	數-J-A2 能執行基本的有理數、根式、平面坐標系之操作，能以符號代表數或幾何物件，執行基本的運算與推論，並在生活情境或可理解的想像情境中，用數學表述與解決問題。	數 S-U-A2 認識以數學模型解決現實問題的基本模式，知道建立數學模型的基本工具，並能用以解決典型問題。知道數學在觀察歸納之後還須演繹證明的思維特徵，認識此思維的價值。
	A3 規劃執行與創新應變	具備規劃及執行計畫的能力，並試探與發展多元專業知能、充實生活經驗，發揮創新精神，以因應社會變遷、增進個人的彈性適應力。			

表 3-2（續）

總綱核心素養面向	總綱核心素養項目	總綱核心素養項目說明	數學領域核心素養具體內涵（舉例）		
			國民小學教育（E）	國民中學教育（J）	高級中等學校教育（U）
B 溝通互動	B1 符號運用與溝通表達	具備理解及使用語言、文字、數理、肢體及藝術等各種符號進行表達、溝通及互動，並能了解與同理他人，應用在日常生活及工作上。	數-E-B1 能熟練地在日常語言與數字、算術符號之間轉換，認識日常使用之度量衡時間並熟練地操作，認識日常經驗中的幾何形體，能以符號表示公式。	數-J-B1 能熟練地操作代數式，認識數量或幾何中的數學關係，並用以描述情境中的現象。在經驗範圍內，以數學語言表述平面與空間的基本關係和性質。理解生活中的不確定性，並以基本的統計量與機率描述其程度。	數 S-U-B1 知道描述狀態、關係、運算的數學符號，認識這些符號與日常語言的輔成價值；能根據此符號執行操作程序，能用以陳述情境中的問題，並能用以呈現數學操作或推論的過程。
	B2 科技資訊與媒體素養	具備善用科技、資訊與各類媒體之能力，培養相關倫理及媒體識讀的素養，俾能分析、思辨、批判人與科技、資訊及媒體之關係。		數-J-B2 知道計算器的數學運算功能，知道其適用性與限制，認識其與數學知識的輔成價值，並能用以執行數學程序。	數 S-U-B2 知道計算器或計算機軟體的數學運算功能，知道其適用性與限制，認識其與數學知識的輔成價值，並能用以執行數學程序。
	B3 藝術涵養與美感素養	具備藝術感知、創作與鑑賞能力，體會藝術文化之美，透過生活美學的省思，豐富美感體驗，培養對美善的人事物，進行賞析、建構與分享的態度與能力。	數-E-B3 在適當的課題與時機，能辨認藝術作品的數學形體或式樣。	數-J-B3 在適當的課題與時機，能辨認藝術作品中的幾何形體或數量關係。	數 S-U-B3 在適當的課題與時機，知道數學作為藝術創作原理或人類感知模型的範例。

表 3-2（續）

總綱核心素養面向	總綱核心素養項目	總綱核心素養項目說明	數學領域核心素養具體內涵（舉例）		
			國民小學教育 （E）	國民中學教育 （J）	高級中等學校教育 （U）
C 社會參與	C1 道德實踐與公民意識	具備道德實踐的素養，從個人小我到社會公民，循序漸進，養成社會責任感及公民意識，主動關注公共議題並積極參與社會活動，關懷自然生態與人類永續發展，而展現知善、樂善與行善的品德。			
	C2 人際關係與團隊合作	具備友善的人際情懷及與他人建立良好的互動關係，並發展與人溝通協調、包容異己、社會參與及服務等團隊合作的素養。			
	C3 多元文化與國際理解	具備自我文化認同的信念，並尊重與欣賞多元文化，積極關心全球議題及國際情勢，且能順應時代脈動與社會需要，發展國際理解、多元文化價值觀與世界和平的胸懷。	數-E-C3 在適當的課題與時機，知道其他文化或語言的數學表徵，並與自己的語言文化比較。	數-J-C3 在適當的課題與時機，知道數學發展的全球性歷史與地理背景。	數 S-U-C3 在適當的課題與時機，知道數學觀念或工具跨文化傳承的歷史與地理背景，以及它促成技術發展或文化差異的範例。

㈢彙整領域／科目在各階段的核心素養項目

經上述發展歷程，便可將領域／科目在各階段的核心素養項目加以彙整。例如：數學領域核心素養：

```
㈠國小教育階段
  數-E-A2：～
  數-E-B1：～
  數-E-B2：～
  數-E-B3：～
  數-E-C3：～
㈡國中教育階段
  數-J-A2：～
  數-J-B1：～
  數-J-B2：～
  數-J-B3：～
  數-J-C3：～
㈢高級中等教育階段
  數 S-U-A2：～
  數 S-U-B1：～
  數 S-U-B2：～
  數 S-U-B3：～
  數 S-U-C3：～
  數 V-U-A2：～
  數 V-U-B1：～
  數 V-U-B2：～
  數 V-U-B3：～
```

五、各領域／科目學習重點

十二年國民基本教育課程，各領域／科目學習重點由「學習表現」與「學習內容」兩個向度所組成，各領域／科目學習重點用以引導課程設計、教材發展、教科書審查及學習評量等，並配合教學加以實踐。

各領域／科目學習重點係由該領域／科目理念、目標與特性發展而來，但各領域／科目學習重點應與「各領域／科目核心素養」進行雙向檢

教學語錄 65：有計畫的教學才有好的成效。

核，以了解二者的對應情形。亦即領域／科目學習重點需能展現及呼應該領域／科目的核心素養具體內涵。領域／科目學習重點的架構提供各領域／科目教材設計的彈性，在不同版本教材中，學習表現與學習內容可以有不同的對應關係（國家教育研究院課程及教學研究中心，2014）。

六、核心素養下的學習表現與學習內容

十二年國民基礎教育課程，在核心素養下的學習，包括學習表現與學習內容二個重要的部分。

學習表現是強調以學習者為中心的概念，學習表現重視認知歷程、情意與技能之學習展現，代表該領域／科目的非具體內容向度，應能具體展現或呼應該領域／科目核心素養。例如：能運用一手資料，進行歷史推論。根據上述，學習表現的內涵在性質上非常接近先前九年一貫課程中的分段能力指標，及高中職課綱的核心能力之非具體內容部分（國家教育研究院課程及教學研究中心，2014）。

㈠學習表現
在學習表現方面包含：
1. 認知向度
認知向度包括記憶、理解、應用、分析、評鑑、創造等層次。
2. 情意向度
情意向度接受、反應、評價、價值組織、價值性格化等層次。
3. 技能向度
技能向度包括感知、準備狀態、引導反應（或模仿）、機械化、複雜的外在反應、調整、獨創等層次。

㈡學習內容
學習內容需能涵蓋該領域／科目之重要事實、概念、原理原則、技能、態度與後設認知等知識。學習內容是該領域／科目重要的、基礎的內容，學校、地方政府或出版社得依其專業需求與特性，將學習內容做適當

的轉化，以發展適當的教材。

　　根據上述，學習內容的內涵非常接近先前九年一貫課程中各領域的「基本內容」、「分年細目」、「教材內容」，或是高中的「教材綱要」、高職的「教材大綱」概念，但學習內容應只是基本的、重要的部分，既毋須列出所有教材，也藉此保留教師補充教材的彈性空間（國家教育研究院課程及教學研究中心，2014）。

七、核心素養下的教師教學設計與示例

㈠教師教學設計的內涵

　　教學設計是教師的教學規劃與未來發展的方向，因此在撰寫教學設計時，需要掌握與教學有關的因素，才能擬定完善的教學設計。教案的撰寫，除了要符合一般教學計畫的格式和規範之外，也要了解一般的教案內容，必須包含哪些重要的項目。教案的主要目的，在於提醒教師單元教學（或課教學）的目標在哪裡，讓教師了解教學活動的實施，需要哪些重要的步驟，確認教學目標的達成。一般教案在內容方面，大略分成課程與教學研究、學生的學習經驗、引起動機、教學理論與方法的採用、教學目標的擬定、教學活動與流程、教學資源的運用、教學時間管理、教學評量方法與標準的擬定等。茲將一般教案的內容，簡要說明如下（林進材、林香河，2016）：

1. 課程與教學研究

　　課程與教學研究主要目的，在提供教師有關單元教學活動，在課程與教學方面的研究，有哪些重要的結論、哪些重要的經驗、對本單元（或課）的教學有哪些重要的意義。教師在撰寫教案時，有關課程與教學研究方面的訊息，可以參考採用的參考書版本，出版社所附贈的教師手冊中（或教學指引），都會提供課程與教學研究方面的訊息。

(1) 教案中課程研究的意義

　　在教案撰寫歷程中，課程研究的定義通常指的是該學科領域中，有關該單元的課程內容分析、課程組成的分析、課程實施的分析等方面的訊

息。課程的概念是由幾個單元（或幾節課）組成的，透過各單元的組成，形成該學科領域的課程研究。例如：國小五年級上學期數學領域的教學，在課程方面的研究，指的是五年級上學期數學領域所有單元教學的總和。在課程研究中，針對每一個單元教學設計，在教案中會提供該單元（例如分數的除法）的課程意義，以及在該單元教學前，教師教過哪些相關的概念，未來的教學會教哪些相關的概念。換言之，課程研究提供該單元概念的過去、現在與未來方面的課程與教學訊息。

(2) 教案中教學研究的意義

在教案撰寫中，教學研究與課程研究的意義相當接近。課程研究通常囊括所有的教學研究，教學研究指的是該單元在課程實施上的意義。一般教學研究的內容，大略包括教材分析、教材的地位、學生經驗分析、教材準備等與教學有關的性質和內容，通常會在教案中的教學研究標示出來。教師可以在教師手冊與教學指引等相關簿冊中，了解單元教學教案的教學研究資料。

2. 學生的學習經驗——連結新舊經驗

在教案撰寫項目中所指的學生學習經驗，一般指的是在單元教學前，學生與單元知識概念有關的經驗。教師在撰寫教案時，應該要先了解學生如何學習，以及學習歷程中，個體所產生的各種變化與心理歷程，才能確定教學進行程序，有效引導學生學習。

3. 引起動機的實施——點燃學習熱情

引起動機是教學活動的起始階段，透過引起動機的運用，點燃學生的學習熱情，英文名詞譯為（warm up）。引起動機通常會放在「準備活動」階段，透過 3 至 5 分鐘的教學活動，提升學生對單元教學的興趣。

4. 教學方法的採用——教學要用對方法

教學方法的採用，影響教師教學實施的成效。透過教學方法的採用，可以引導教師在教學活動實施時的專業思考，教學方法在於系統地提供學生各種概念的學習，以及經驗的驗證。

教學語錄 68：教學的三大基本原則：講解、理解、練習。

5. 教學目標（或學習目標）的擬定

教學目標是教學計畫的指引方針，使教師對教學內容與程序有更清楚的了解。教學目標是教師選擇教學活動及組織教學資源的依據，可用來研擬評鑑學生的方法。

6. 教學活動與流程──掌握活動掌握流程

教學活動與流程在教案撰寫時，指的是準備活動、發展活動與綜合活動三個階段的教學活動與流程。教師在教學設計階段，要先了解教學目標或單元目標的主要內涵，結合教材來源、教學資源等，做系統化、科學化的教案設計。將教學活動中的教學目標、教學方法、教學理論、教學策略、教學資源、教學評量等，在教學活動與流程中呈現。讓使用教案的教學者，可以了解教案中的教學活動與流程所代表的意義。

7. 教學資源的運用──怎樣讓教學左右逢源

教學資源的運用，有助於教學效果與學習效能的提升，在教學設計階段，教師應該針對教學目標，規劃教學資源的運用。教學資源的內容是相當廣的，舉凡對教師的教學活動進行與學生學習活動進行，有任何幫助或有輔助作用的，都是教學資源的內容。

8. 教學時間的管理──多少時間做多少事

教學時間的運用，在教學活動計畫中，是屬於比較彈性的一環。教師可以依據教學實際上的需要，決定單元教學時間的多寡。目前國小階段的教學活動，一節課為 40 分鐘；國中階段的教學活動，一節課為 45 分鐘；高中及大學階段的教學活動，一節課為 50 分鐘。教師在設計教學活動時，可以依據教學活動內容，以及單元教學目標上的需要等，決定教學時間的管理與運用。

9. 教學評量方法與標準的決定──確定教學目標的達成

教學評量活動是在完成每個教學單元時，評鑑學生以確定教學是否成功達成該單元的目標。教學評量協助教師了解學生的學習變化情形，同時引導教師反省教學活動的實施情形，作為改進教學的參考，並據而形成新的教學計畫（林進材，2013）。

教學設計（又稱教學計畫、教案、教學規劃）可以讓教師在教學活動實施時，有一個明確的心理參考架構，讓教師的教學有方向感，可以確保教學目標的達成和教學品質的提升。

(二)**教師教學設計的功能**

教學設計的主要目的，在於提供教師教學活動實施的參考和依據，引導教師考慮與教學目標、教學過程、理論、方法、材料及評量等有關的各項事宜。

教學設計的功能，主要包括下列功能（林進材，2018）：

1. 教學目標

教學設計的首要功能，在於使教學目標明確周全，提供教師在教學活動實施的心理參考架構，確實具體達成教學目標。教學目標的擬定提供教師教學活動實施的具體方針，教師在教學活動實施時，應該不斷依據教學目標調整教學活動。

2. 教材準備

教學設計有助於教師在教學前針對學習議題，選取合適的教材，以適應在教學活動中的需求。教材準備的完整性有助於教學活動進行時，提高學生的學習興趣和動機，媒觸教學效果以達成目標。

3. 教學方法

教學設計引導教師依據教學目標、教材性質及學習者的特性（例如舊經驗、學習風格、學習成效），採取適當的教學方法，配合充分的教學策略、教學器材，安排合適的教學活動。

4. 教學時間

教學設計有助於教師在教學時間的安排方面，依據教學過程分配時間，以提高教學校率。在教學活動實施過程中，教學時間的安排與運用，影響教學活動的進行，教師如果缺乏教學時間的有效管理，教學活動的進行就無法達成預期的目標。

5. 教學對象

教學設計活動讓教師了解學生的起點行為、舊經驗、學習興趣、學習

成就、能力及需要，作為教學上的因應。教師對教學對象的了解，可以提供教師各種學習者心理歷程的相關訊息，作為調整教學計畫的參考。

6. 教學評量

教學設計可以用來記錄班級的教學活動，以及教師各種觀念的運作，作為未來教學活動修正與調整，提供教師教學與評量關係的參考架構。例如：教師在教學活動進行時如何運用各種評量，包括形成性評量、總結性評量，以確定教學目標的達成情形。

7. 教學行政

在教學行政方面，教學設計的功能有助於迎合教師個人在教學過程中，立即性的心理需求，降低教師對教學的焦慮，增加信心與安全感。此外，可以提供其他人員對教師教學活動的構想、藍圖及運作，當教師無法親自擔任教學工作時，代理教師可以透過教學設計的內容，掌握教師對教學活動的規劃設計。

㈢九年一貫課程下的教學設計

1. 能力導向的課程教學設計

九年一貫課程的擬定與實施，課程設計的理念建立在「能力導向」之上。因此，教師的教學設計與實踐，主要是以學生的基本能力與能力指標的內涵，作為教學設計的依據。教師的教學設計，主要是圍繞在教師教學之上。十二年國民基本教育的課程，課程設計的理念建立在「核心素養」之上。此種轉變，並非代表著教師教學設計需要全盤否定，而是教學活動的設計與實踐，需要做局部的修正調整，以符合新課程改革的需要，真正落實學習與生活結合的理想。

2. 九年一貫課程下的教學設計格式與實例

在九年一貫課程下的教師教學設計（如表 3-3），主要的教學設計內容包括基本資料、能力指標、教學重點、學生學習表現、教學前準備、教學活動流程等幾個部分。教學設計的重點，偏向教師教學的重點，其次為學生的學習重點。

教學語錄 71：透過教學反思更新教學技巧。

表 3-3　臺南 106 學年度第二學期「自然與生活科技領域」教案設計

教學領域	自然與生活 科技領域	單元 名稱	1-1 大氣中的水	單元 節數	6(1)
教學班級	六年七班	教材 來源	翰林出版社　國民小學　自然與生活科技 第七冊六年級上學期		
教學者		指導者		教學日期	
能力指標					

能力指標	1-3-1-2 察覺一個問題或事件，常可由不同的角度來觀察而看出不同特徵。 1-3-5-4 願意與同儕相互溝通，共享活動的樂趣。 2-3-4-3 知道溫度高低不同，使水的存在形態改變，是形成霜、露、雲、雨、雪的原因。

	單元教學目標		具體行為目標
知識	1-1 了解水的基本性質		1-1-1 了解水的形態如何產生，因為環境因素而產生變化 1-1-2 了解天氣型態可由一種或一種以上的水形態組合而成
	1-2 了解水是如何循環與運作		1-2-1 能區辨不同形態水的差異
技能	2-1 能辨識日常生活中水的形態		2-1-1 能說出 6 種不同形態水的名稱 2-1-2 能分辨日常生活中不同地形的水資源
情意	3-1 培養學生合作與的能力		3-1-1 能接納他人意見並且有效的進行溝通

教學重點	學生學習表現
1. 本課程採用問題導向學習。問題導向學習指教師在教學過程中，以實務問題為核心，鼓勵學生進行小組討論，以培養學生主動學習、批判思考和問題解決能力。 2. 了解水蒸發後變成水蒸氣，水蒸氣存在大氣中。 3. 了解雲、霧、露和霜的形成過程。 4. 了解水存在地球的許多地方。	在三下的時候，學生學過水的變化，對水的三態有一定的認識。這個單元主要在介紹水的常見現象，這些現象，有些包含兩種以上水的形態。 學生可能知道水的形態有液態的水、氣態的水蒸氣以及固態的冰。但對於雲或是霧這種包含兩種以上不同形態的水不夠認識。 在知道水的常見現象之後，對於之後學習水的循環有很大的幫助。

教學前準備	
教師準備事項	學生準備事項
1. 教學資源與教具準備： 　兩個杯子、熱水、冰水、雲、霧、露、霜、雪、雨圖片。 2. 教室布置： 　黑板前擺放一張桌子。 3. 座位安排：一桌 4-6 人一組。	1. 課前預習與資料蒐集： 　複習先前學過的知識。 2. 學習材料：課本。

表 3-3（續）

目標 代號	教學活動流程		
	教學活動	時間 分配	教學資源	評量方式與 表現標準
	〈教學前準備〉 一、教師： 　　1. 準備雲、霧、露、霜、雪和雨水的形態圖片 　　2. 準備 2 個杯子、熱水與冰水 二、學生： 　　1. 課堂前預習 　　2. 複習先前學過的內容 　　　　　　　　6(1)			
	壹、引起動機 　　1. 教師將其中一個杯子倒滿熱水，另一個杯子倒滿冰水。 　　2. 請每一組輪流上來觀察這兩個杯子。	5 分	杯子 熱水 冷水	
3-1-1	**貳、發展活動** 　　1. 教師請各組討論這兩個杯子有何不同，適時引導學生從不同面向思考並巡視。	5 分		能正確接納他人意見並且有效的進行溝通
2-1-1	2. 教師請各組派代表上臺進行分享。	5 分	課本	能正確說出 6 種不同形態水的名稱
2-1-2	3. 教師將上述的概念連結到日常生活中，請學生回憶舊有的經驗，說一說自然界中有哪些形態？存在哪些地方？	5 分	課本 圖片	能正確分辨日常生活中不同地形的水資源
1-1-1	4. 教師根據環境氣候的不同，介紹露（當地面溫度下降，在大氣中的水蒸氣會凝結在地面成小水滴）與霜（夜晚 0℃ 時，水蒸氣凝結附著在物體上）的形成過程。	5 分	課本 圖片	能正確了解水的形態如何產生
1-1-2	5. 教師依序介紹雲（水蒸氣飄到空中遇冷形成液態的小水滴或固態的冰晶）與霧（飄浮在地面上的液態小水滴或固態的冰晶）的形成過程。	5 分	課本 圖片	能正確了解天氣型態可由一種或一種以上的水形態組合而成
1-2-1		5 分		

表 3-3（續）

6. 教師運用上述雲的概念，介紹雨（雲中的水滴重量太重時，會由高空掉落至地面）與雪（雲中的低溫使得水蒸氣結成冰晶）的形成過程。	5 分	課本 圖片	能正確區辨不同形態水的差異
參、綜合活動 1. 教師總結這堂課的重點。 2. 教師說明下堂課會教學水的循環。 3. 教師指派學生完成習作第 3 頁。		課本	
6(1)			

（本教案感謝高雄市路竹國小鄭進斛校長提供）

㈣ 核心素養課程下的教學設計

1. 核心素養的課程教學設計

十二年國民基本教育的課程理念是建立在「核心素養」的培養理念之上，透過課程與教學的實施，讓學生可以從學校所學的知識，有效運用在日常生活當中，解決生活上的問題。

2. 十二年國民基本教育課程教學設計格式

十二年國民基本教育課程與教學方面的設計，和九年一貫課程的教學設計，在內容和格式方面，稍微有所不同。十二年國民基本教育的課程，強調學生學習的重要性。因此，在教學設計格式方面，包括基本資料、設計依據（學習重點、核心素養、議題融入、其他領域的科目連結、教材來源、教學設備等）、各單元學習重點與學習目標（學習表現、學習內容）、教學單元設計等，教師可以依據教學實際上的需要，做增減的工作（參見表 3-4 和表 3-5）。

表 3-4　十二年國民基本教育課程教學設計參考格式

領域／科目			設計者	
實施年級			總節數	共＿＿＿節，＿＿＿分鐘
主題名稱		或單元名稱		
設計依據				
學習重點	學習表現			
	學習內容			
核心素養	總綱			
	領綱			
議題融入	實質內涵			
	所融入之單元			
與其他領域／科目的連結				
教材來源				
教學設備／資源				
各單元學習重點與學習目標				

單元名稱	學習重點		學習目標
單元一 單元名稱	學習表現		
	學習內容		
單元二 單元名稱	學習表現		
	學習內容		
單元三 單元名稱	學習表現		
	學習內容		
單元四 單元名稱	學習表現		
	學習內容		

表 3-5　教學單元設計：單元一設計（單元二、三、四……可自行增列）

教學單元活動設計				
單元名稱	或節數名稱	時間	共＿＿＿節，＿＿＿分鐘	
主要設計者				
學習目標				
學習表現				
學習內容				
領綱核心素養				
核心素養呼應說明				
議題融入說明				
教學活動內容及實施方式			備註	
試教成果或教學提醒	（非必要項目）			
參考資料	（若有請列出）			
附錄				

　註：教學案例撰寫原則說明：

　　1.各示例與前面章節如何相互配合，以利讀者了解案例發展的脈絡。

　　2.此章節選取各案例的理由與重要性。

一、課程設計原則與教學理念說明

請加一段說明，針對此案例之教學設計理念，敘寫重點可包括：

(一)總體學習目標。

(二)學生學習特質與需求（起始行為或先備知識）。

(三)核心素養的展現（如整合知識、情意、能力，學習歷程與方法，學習情境與脈絡，實踐力行的表現）。

(四)學習重點（表現與內容）的概述與銜接。

(五)議題融入與跨科／領域統整。

(六)重要教學策略與評量。

二、教學案例（填寫示例）

領域／科目			設計者	各單元設計團隊或主要設計者
實施年級			總節數	共＿＿＿＿節，＿＿＿＿分鐘
主題名稱		或單元名稱		
設計依據				
學習重點	學習表現	• 列出本主題所使用之相關的學習表現，且能具體表現在學習目標上。 • 學習表現與學習內容需能明確地連結。 • 可連結項次「參、核心素養與學習重點的呼應說明」、項次「伍、素養導向教材編寫原則」所使用之「學習表現及學習內容雙向細目表」，提供更完整的素養導向編寫原則與示例的連結。		
	學習內容	• 列出本主題所使用之相關的學習內容，且能具體表現在學習目標上。 • 學習表現與學習內容需能明確地連結。 • 可連結項次「參、核心素養與學習重點的呼應說明」、項次「伍、素養導向教材編寫原則」所使用之「學習表現及學習內容雙向細目表」，提供更完整的素養導向編寫原則與示例的連結。		
核心素養	總綱	• 羅列出本主題所使用之總綱核心素養。		
	領綱	• 羅列出本主題所使用之領綱核心素養。 • 應為高度相關之領綱核心素養精神與意涵		
議題融入	實質內涵	• 以總綱十九項議題為考量，並落實議題核心精神，建議列出將融入的議題實質內容。 • 議題融入不是必要的項目，可視需要再列出。		
	所融入之單元	• 若有議題融入再列出此欄。 • 說明上述議題融入於哪一個單元／節次中。		

與其他領域 / 科目的連結	• 與其他領域 / 科目的連結不是必要的項目，可視需要再列出。		
教材來源			
教學設備 / 資源			
各單元學習重點與學習目標			
單元名稱	學習重點		學習目標
單元一 單元名稱	學習表現		• 以淺顯易懂文字說明各單元學習目標。 • 建議配合「學習表現及學習內容雙向細目表」之內容，提供更完整的素養導向編寫原則與示例的連結。
	學習內容		• 可參考「素養導向教材編寫原則之學習表現與學習內容雙向細目表」之編寫方法。 • 應以學生為中心敘寫。
單元二 單元名稱	學習表現		
	學習內容		
單元三 單元名稱	學習表現		
	學習內容		
單元四 單元名稱	學習表現		
	學習內容		

三、單元一設計

教學單元活動設計			
單元名稱	或節數名稱	時間	共＿＿＿節，＿＿＿分鐘
主要設計者			
學習目標	• 請參閱上表。		
學習表現	• 請參閱上表，但必須保留完整學習表現編碼及實質內容。		
學習內容	• 請參閱上表，但必須保留完整學習內容編碼及實質內容。		
領綱核心素養	• 僅列舉出高度相關之領綱核心素養精神與意涵。		

教學語錄 78：教學包括教師的教與學生的學。

核心素養呼應說明	<ul><li>請搭配課程手冊項次「參、核心素養與學習重點的呼應說明」敘寫。其相關建議包含：<ol><li>應以學生學習的角度出發，敘寫學習重點與核心素養的關係。</li><li>可舉出學生達成核心素養的可能途徑，例如：學習素材、學習方法及教學引導等。</li></ol></li><li>例如：在日常生活的消費情境中，學生應培養正確的消費態度、獲得重要的消費資訊，並建立符合個人需求的消費習慣。透過消費案例及經驗分享，學生能覺知消費與健康安全的關聯性，體會消費行為的利益與障礙及其帶來的後果。藉由決策與批判技能的演練，正確判讀並思辨媒體資訊的合理性，學習搜尋相關資訊並透過合宜管道選擇適切的產品與服務，表現理性負責任的消費行為。</li></ul>
議題融入說明	<ul><li>若有議題融入再列出此欄。</li></ul>

教學活動內容及實施方式	備註
<ul><li>摘要學習活動內容即可，呈現合乎素養導向教學的內涵。</li><li>學習活動略案可包括引起動機、發展活動、總結活動、評量活動等內容，或以簡單的教學流程呈現。</li><li>教學流程需落實素養導向教學之教材教法，掌握整合知識情意技能、結合生活情境與實踐、突顯學習策略與學習過程等。 前述之各個次單元不必全部列出，可挑選部分合適的次單元進行說明，重點在於完整說明各活動的組織架構，不必窮盡敘述。</li></ul>	可適時列出學習評量的方式，以及其他學習輔助事項，原則如下：<ul><li>簡要說明各項教學活動評量內容，提出可採行方法、重要過程、規準等。</li><li>發展核心素養、學習重點與學習目標三者結合的評量內容。</li><li>檢視學習目標、學習重點／活動與評量三者之一致關係。</li><li>羅列評量工具，如學習單、檢核表或同儕互評表等。</li></ul>

試教成果或教學提醒	（非必要項目） 試教成果不是必要的項目，可視需要再列出。可包括學習歷程案例、教師教學心得、觀課者心得、學習者心得等。
參考資料	（若有請列出） 若有參考資料請列出。
附錄	列出與此示案有關之補充說明。

（本表格示例感謝高雄市路竹國小鄭進斛校長提供）

3. 核心素養下的課程教學設計實例

核心素養下的課程教學設計，主要是以學生的學習作為設計的重點，和傳統的教學設計，有不同的地方。以下舉二個教學設計，提供作為參考。

(1) 小學數學教學單元設計案例

數學【乘法奠基】教學單元案例設計表

一、單元名稱：兩步驟乘法

二、設計理念

1. 以學生生活中自己肢體的數量開始數數，再結合日常生活中的汽車輪子、麥當勞雞塊為倍數開始，讓學生複習九九乘法表作為操作基礎。

2. 學生在二年級上學期已學過九九乘法表，在此單元設計中，以九九乘法表為學生先備經驗，並藉此複習倍數的概念，從倍數的概念中，再發展多一些與少一些的概念。並以數棒的具體操作，讓學生從表徵的實物到算則的結合。

3. 總結的綜合活動則是以數棒為布題，讓學生自行設計題目與自行解題試試看，進一步了解學生從操作的具體物命題，到形成題目的半具體自我表述，來了解學生認知狀況。

4. 最後以課本題目當作自行練習的作業（或是回家作業），讓課本也成為自學的一環，成為一種嘗試。

三、學習內容分析

過去學過的	現在要學的

⊙一年級：

N-1-2

加法和減法的意義與應用。含「添加型」、「併加型」、「拿走型」、「比較型」等應用問題。加法和減法算式。

⊙二年級（上學期）：

N-2-6

乘法：乘法的意義與應用。在學習乘法過程，逐步發展「倍」的概念。

⊙九九乘法表／十十乘法表

◎二年級（下學期）：

N-2-8

兩步驟應用問題（加、減、乘）。加與乘、減與乘之應用解題（不含併式、不含連乘）。

四、教學活動設計

領域／科目	數學		設計者	朱麗玲	
實施年級	二年級		總節數	共 1 節，40 分鐘	
單元名稱	兩步驟的乘法（基礎）				
設計依據					
學習重點	學習表現	• n-I-5 在具體情境中，解決簡單兩步驟應用問題。	核心素養	• 數-E-A2 具備基本的算術操作能力、並能指認基本的形體與相對關係，在日常生活情境中，用數學表述與解決問題。	
	學習內容	• N-2-6 乘法的意義與應用。（複習倍的概念）。 • N-2-8 兩步驟應用問題（加、減、乘）。加與乘、減與乘之應用解題（不含併式、不含連乘）。			
議題融入	學習主題	• 無			
	實質內涵	• 無			

與其他領域／ 科目的連結	• 無
教材來源	康軒
教學設備／資源	古氏積木、小白板

學習目標

- 數-E-A2-1. 學生透過古氏積木的操作與解說，奠基乘法倍數的概念。
- 數-E-A2-2. 學會利用實務（古氏積木）操作，建立乘與加的二步驟運算。
- 數-E-A2-3. 學生能透過具體操作達成從數字到數學文字的表述。

教學活動設計

教學活動內容及實施方式	時間	備註
N-2-6 乘法的意義與應用。（複習倍的概念）（加入學習內容） • 引起動機： 1. 九九乘法表 2. 一個人有 2 隻腳；二個人就會有 4 隻腳；三個人呢？……，複習 2 的乘法。（結合數棒） 3. 一部車有 4 個輪子；兩部車子有 8 個輪子；三部車子有……，複習 4 的乘法。（結合數棒） 4. 一盒麥當勞雞塊有 6 個；兩盒雞塊有 12 個；三盒雞塊……。（結合數棒） • 發展活動： 1. 學生分類古氏積木，並觀察、說明積木的不同。（積木分類與聽課規範約定） （有 1、2、3、4 個……，不同顏色） 2. 藉由遊戲進行古氏積木操作：倍數練習與操作。 老師與學生共同**命名**：1 條（根、個、隻）3，3 的有 1 條（根、個、隻）；請學生觀察在九九乘法表裡，這表示什麼？$3×1＝3$，3 的 1 倍嗎？那 $3×2$ 倍呢？請以數棒表示……，取出 5 的有 2 條（根、隻，說出 $5×2＝10$）。 2-1 師：**給定一數字，限定同一顏色**：如 12；15；24。 　　生：操作，並說明如何排列與想法，寫下算式。（小白板或練習簿） 　　【引導與觀察】：【取出 3 的，有 4 條，$3×4＝12$……】，發現低成就學生，促成高成就學生協助低成就學生。 2-2 師生角色互換，由學生當小老師給定數字【20、……】，檢核其他同學是否正確。	5 分 20 分	複習學生舊經驗 評量（一） 1. 使用教具規則約定。 2. 以教具為學生學習的獎勵，搭配下課的益智遊戲。 評量（二） 數-E-A2-1（加入學習目標） 1. 學生能正確操作，並能說出與列出倍數算式 2. 觀察與找出低成就學生，由高成就學生協助指導。 3. 檢核學生的學習單（練習簿） 評量（三） 數-E-A2-2

2-3 師：**給定一數字，限定同二種顏色**：如 12；15；24。 　　生：操作，並說明如何排列與想法，寫下算式。（小白 　　　　板或練習簿） 　　【引導與觀察】：【取出 2 個的，有 4 條，4 個的 1 條； 　　$2 \times 4 = 8$；$8 + 4 = 12 \cdots \cdots$】，發現低成就學生，促成高 　　成就學生協助低成就學生。 2-4 師生角色互換，由學生當小老師給定數字【22、……】， 　　檢核其他同學是否正確。 • 總結活動：布題與課本題目連結 n-I-5 在具體情境中，解決簡單兩步驟應用問題。（加入學 習表現）		1. 學生能正確操作，並 　能說出與列出乘與加 　的算式 2. 檢核學生的學習單 　（練習簿）
老師拿出 1. 　讓學生擬題，寫在小白板（或 　　　　　　　　　　　　練習簿） 【8 個的有 3 條，再多 1 條 6 個；$8 \times 3 = 24$，$24 + 6 = 30$】 2. 老師拿出 　　　　　　　　　　讓學生擬題，寫在小 　　　　　　　　　　白板（或練習簿） • 習作：康軒課本第（　　）頁	15 分	評量（四） 數-E-A2-3 1. 數棒與實際題型運算 　的轉化應用 2. 語文應用與同儕互評

試教成果：（非必要項目）
• 學習者心得：（整理學生學習後童言童語）
• 教師教學心得：
• 觀課者心得：

參考資料：（若有請列出）
若有參考資料請列出。

附錄：列出與此示案有關之補充說明。

（本單元教學設計感謝高雄市燕巢國小朱麗玲校長提供）

(2) 十二年國民基礎教育校定課程設計

高雄市燕巢區燕巢國小樂動主題校訂課程教學設計

● 單元名稱：丟丟樂～樂擲

一、教學設計理念說明

二、教學活動設計

統整領域	國語文、生活課程	設計者	朱麗玲
實施年級	一年級（上學期）	總節數	3 節（彈性）
單元名稱	丟丟樂		

設計依據

核心素養

總綱核心素養	領綱核心素養
A1 身心素質與自我精進 E-A1 具備身心健全發展的素質，透過選擇、分析與運用新知，不斷自我精進。 C2 人際關係與團隊合作 E-C2 具備理解他人感受，樂於與人互動，並與團隊成員合作之素養。 B1 符號運用與溝通表達 具備理解及使用語言、文字、數理、肢體及藝術等各種符號進行表達、溝通及互動，並能了解與同理他人，應用在日常生活及工作上。	• 健體-E-A1 具備良好身體活動與健康生活的習慣，以促進身心健全發展，並認識個人特質，發展運動與保健的潛能。 • 健體-E-C2 具備同理他人感受，在體育活動和健康生活中樂於與人互動、公平競爭，並與團隊成員合作，促進身心健康。 • 健體-E-B1 具備運用體育與健康之相關符號知能，能以同理心應用在生活中的運動、保健與人際溝通上。

核心素養呼應說明
本單元是藝術領域課程延續至體育課程的肢體動作學習主題課程，並融入環境教育——「資源回收再利用、玩具 DIY」的內涵，採用樂趣化體育教學，配合【紙飛機擲遠】、【紙球投接】、【丟沙包】等寓教於樂的學習歷程，訓練學生擲遠、擲準、拋與甩的肢體動作，以奠基未來中、高年級體育課程中投球與接球的基本動作。此單元主要應用探索、觀察、模仿等學習策略，透過自我摸索、觀察同伴、老師基本動作，進而調整與改進自我肢體技能，並透過競賽遊戲方式，讓學生主動參與、體驗與互動，發展五官及肢體動作協調技巧，提升自我動作技能，以呼應「身心素質與自我精進」、「人際關係與團隊合作」的核心素養學習。

學習重點	學習表現	健體- 1c-I-1　認識身體活動的基本動作。 2d-I-1　專注觀賞他人的動作表現。 3d-I-1　應用基本動作常識，處理練習或遊戲問題。	學習內容	健體- Ga-I-1　走、跑、跳與投擲遊戲 Hc-I-1　標的性球類運動相關的簡易拋、擲、滾之手眼動作協調、力量及準確性控球動作。

議題融入	實質內涵	1. 環 E16 了解物質循環與資源回收利用的原理。 2. 環 E17 養成日常生活節約用水、用電、物質的行為，減少資源的消耗。
	所融入之學習重點	1. 廣告紙、回收紙、舊衣服布料再利用，製成簡易又童趣的玩具。 2. 培養學生愛物惜物的觀念，減少資源的消耗。

與其他領域／科目的連結	藝術 健康與體育
教材來源	自編
教學資源（教師）	1. 造飛機歌曲影片，網址：https://www.youtube.com/watch?v=Vk0K6WAPAB0 2. 水桶或呼拉圈。 3. 軟式樂樂棒球。
教學資源（學生）	1. 學生準備藝術課完成的紙飛機成品。 2. 學生準備舊衣或舊布料。 3. 學校或家裡回收舊報紙或廣告用紙。

學習目標

1. 健體-E-A1-1. 能說出擲遠時，身體的基本動作（認知）。
2. 健體-E-A1-2. 認識身體活動的基本動作，並進行練習投擲動作（技能）。
3. 健體-E-A1-3. 能專注觀賞他人的動作表現，進而學習，增進自我的動作技能（態度）。
4. 健體-E-C2-1. 從投擲遊戲中，樂於與人互動、公平競爭，並與團隊成員合作，促進身心健康（態度與情意）。
5. 健體-E-B1-1. 能具備運用體育與健康之相關符號，應用在生活中的運動與人際溝通上，達成彼此間的合作默契（認知與技能）。

教學重點

1. 第一節：透過紙飛機遊戲，讓一年級學生進行拋擲動作基本練習，以訓練學生肢體動作協調性。
2. 第二節：讓學生從紙球到軟球熟練拋、執、接動作技能，並能進行小組團體合作傳接遊戲。
3. 第三節：藉由樂樂棒球，進行學生手、眼專注、協調性技巧，並進而習練拋、接安全的基本動作，並進而發展出團隊進行球類活動時，隊員間的溝通互動法則。

教學活動內容及實施方式	時間	評量
主題一：紙飛機擲遠（1 節） **準備活動（課前準備）** 1. 造飛機歌曲影片（結合生活課程已教過的律動）。 　（youtube 影片，網址：https://www.youtube.com/ 　watch?v=Vk0K6WAPAB0） 2. 水桶或呼拉圈。		評量（一） 健體-E-A1-1. 認識身體活動 的基本動作，並進行練習投 擲動作。
一、引起動機 Ga-I-1 走、跑、跳與投擲遊戲。 環 E16 了解物質循環與資源回收利用的原理。 1. 造飛機歌曲律動複習 　（造飛機、造飛機飛到你家去，蹲下去、蹲下去……） **二、發展活動** 1. 師問：紙飛機要怎麼飛？ 　（射、丟、投……） 　（學生練習，自行想辦法讓紙飛機飛翔。） 2. 師問：要怎麼讓紙飛機飛得最遠？練習看看？ 　（學生練習後發表：用力、全身出力甩、順著風……） 3. 兩個一組比一比，看誰的飛機飛得遠？請飛得遠的人 　告訴你他如何辦到的。 　（學生互相討論） 4. 學生彼此個別指導與練習。	5 分 15 分 15 分	1. 學生能正確操作，並能說 　出讓紙飛機飛的技巧。 　（口頭發表） 2. 能從欣賞與學習他人技能 　中，精進自我。（實際操 　作） 3. 觀察找出無法完成的學 　生，請同伴（或老師）協 　助指導。（同儕合作） 評量（二） 健體-E-C2 具備同理他人感受，在體育 活動和健康生活中樂於與人 互動、公平競爭，並與團隊 成員合作，促進身心健康。
三、綜合活動 1c-I-1 認識身體活動的基本動作。 2d-I-1 專注觀賞他人的動作表現。 1. 紙飛機射擊遊戲： ※(1)擲準：學生將紙飛機瞄準擲入標的物（圓圈／桶 　子）。 〔將班上學生分組，由學生將紙飛機瞄準擲入圓圈（桶 子），計分決勝負。〕 ※(2)遠＋準：將標的物（圓圈／桶子）距離拉遠，再 　進行比賽。 （視學生能力狀況而定） 2. 指導低成就學生（由小老師或老師協助）。 　　　　　～第 1 節課結束～	5 分	1. 學生能正確操作，並能與 　其他同儕產生合作。 2. 檢核學生投擲基本動作。 　（實際操作） 3. 進行低成就學生個別練習。

教學活動內容及實施方式	時間	評量
主題二：紙球 接接樂（1 節） **準備活動（課前準備）** 1. 廢紙揉成的 紙球（結合藝術課程的紙藝學習） 2. 軟式 樂樂棒球	6 分	評量（一） 健體-E-A1-3. 能專注觀賞他人的動作表現，進而學習，增進自我的動作技能（態度）。 1. 學生觀察影片，發表接好球的看法。
一、引起動機 2d-I-1 專注觀賞他人的動作表現。 1. 觀看馬戲團（小丑）的拋球表演影片。 2. 師問：表演的○○要接好球，應該注意哪些？ 3. 讓小朋友自由發表答案，先不給予肯定與否定，讓小朋友探索學習、發表與聆聽他人意見。 **二、發展活動** Ga-I-1 走、跑、跳與投擲遊戲。 （一）戶外接、投練習～紙球→軟球我在行 1. 取出生活課學生製作的 紙球，學生自己個別練習拋與接動作。 　（師檢核學生動作，個別指導。） 2. 師取出軟式網球，讓學生個別練習拋與接技能。 （二）你、我、他接接樂～個人→雙人→三人拋接遊戲 1. 學生兩兩一組，分組進行短距離拋、接 紙球 遊戲。 2. 依學生程度，將兩人拋接距離拉長（學生能接到之距離）。 3. 將紙球換成軟式 樂樂棒球。 4. 三人分成一組傳拋、接球練習。 　（師觀察學生動作，並加以指導，記錄高低成就學生。）	10 分	評量（二） 健體-E-A1-2. 認識身體活動的基本動作，並進行練習投擲動作（技能）。 健體-E-C2-3. 從投擲遊戲中，樂於與人互動、公平競爭，並與團隊成員合作，促進身心健康（態度與情意）。 1. 學生能正確操作，並能與其他同儕產生合作。 2. 檢核學生投擲基本動作。 3. 進行低成就學生個別練習。
三、綜合活動 1c-I-1 認識身體活動的基本動作。 2d-I-1 專注觀賞他人的動作表現。 1. 歸納統整：集合學生，請動作正確與技巧較佳的小組示範，並引導學生說明要拋與接球須注意哪些技巧。 2. 請高成就學生指導低成就學生。 　（低就學生模擬與再次練習基本動作） 　　　　　～第 2 節課結束～	20 分	評量（三） 健體-E-A1-3. 能專注觀賞他人的動作表現，進而學習，增進自我的動作技能（態度）。 1. 學生能以自己語言說出拋接球技巧。 2. 高成就學生能協助指導低成就學生。

教學活動內容及實施方式	時間	評量
主題三：樂樂球同樂會（1 節）		評量（一）
準備活動（課前準備）	10 分	健體-E-A1-1. 認識身體活動
1. 軟式樂樂棒球。		的基本動作，並進行練習投
一、引起動機		擲動作。
1. 請學生發表之前投接紙球與軟式樂樂棒球技巧。		1. 學生能正確說出並進行肢
2. 手臂與身體軟身口訣（舉手─跨步轉身─投）。		體活動操作。（口頭發表與
二、發展活動		身體動作）
Ga-I-1 走、跑、跳與投擲遊戲。		
（一）定點接與投		
1. 學生兩兩一組進行，一人投球，一人負責接，再互	5 分	評量（二）
換，由近而遠（5 步─10 步─15 步），距離依學生		健體-E-A1-2. 認識身體活動
個別能力而定。		的基本動作,並進行練習投
（注意學生肢體動作的正確性，並加以導正。）		擲動作。
（二）跑動中的接與投	10 分	1. 學生能進行跑動中投與接
1. 老師提問：距離不固定下，怎麼接到球？		球動作。
（要跑來接；要跑到位置接……）		2. 學生能正確練習接球動作。
2. 老師示範投，由學生接。		
*學習任務一：請 2-3 組學生出來示範。		
3. 兩人一組分別練習。		評量（三）
三、綜合活動		健體-E-B1-1. 能具備運用體
1. 老師提問：如果改成四人一組時，要怎樣進行在過程	15 分	育與健康之相關符號，應
中才能順利完成投接球，你要怎樣將球傳給對方？對		用在生活中的運動與人際溝
方怎麼知道你要傳球給他呢？		通上，達成彼此間的合作默
（叫名字；叫座號；有沒有更簡便的代號來稱呼？）		契。
2. 四人分別編號，再進行投接練習（投球給對方時，要		1. 學生能透過討論，建立共
喊出接球人的編號）。		識，善用符號進行彼此間
3. 改成六人時，請學生討論後進行投接遊戲。	10 分	的默契溝通。
4. 請學生發表與歸納。		2. 學生能與同儕產生團體合
（兩人以上玩與多數人以上玩時，要注意什麼才可安		作。
全又正確完成這個投接的遊戲。）		
～第 3 節課結束～		

（本教學設計表感謝高雄市燕巢國小朱麗玲校長提供）

※評量指標：

（一）量化——個別性

1. 擲／拋遠

距離	得分	瞄準度（射中目標）	得分
5 步以上			
10 步以上			
15 步以上			
20 步以上			

2. 接住

次數	得分	
10 次以上		
15 次以上		
20 次以上		
25 次以上		

3. 拋擲與接連續動作

動作	標準		
1. 轉身扭腰	精熟 （　）	熟練 （　）	尚未合格 （　）
2. 過肩拋擲	精熟 （　）	熟練 （　）	尚未合格 （　）
3. 接球動作	精熟 （　）	熟練 （　）	尚未合格 （　）

（二）量化——合作性

評分準則	評分				
	5 分	4 分	3 分	2 分	1 分
1. 學習中能專注聆聽他人發表					

評分準則	評分				
	5 分	4 分	3 分	2 分	1 分
2. 能協助 / 幫助低成就學生					
3. 能與同學共同完成指定動作					
4. 能配合小組規則進行學習					

4. 教師觀課使用的核心素養教學設計

十二年國民基本教育核心素養下的課程與教學設計，強調以學生的學習重點爲主，教師的教學設計與實踐，必須從傳統的教師教學轉移到學生學習上面。爲了提升教師的專業能力，因此每一位教師都需要進行觀議課活動，在每一個學期當中提出觀議課的書面資料，提供同儕教師作爲相互學習成長的參考。有關教師觀議課使用的核心素養教學設計，觀課用的教學設計，內容包括設計理念、教學對象、教學時間、課程實施流程、教材分析、能力指標、師生任務、教學設計內容等。教師可以依據教學實際上的需要，考慮內容的增減。

八、核心素養議題下的教師教學設計與實踐

近年來的課程與教學改革，從九年一貫課程到十二年國民基本教育課程的轉變，課程理念從「能力指標」到「核心素養」的修正，代表學校教育中課程教學實施的典範轉移，這些修正轉變和教師的教學設計與實踐之間的關係，相當密切且息息相關。唯有教師的教學與實踐，積極配合課程改革的步伐，才能在教室的教學中，透過新教學理念的運用，提供學生適當、適時、適性的學習機會。

㈠ 從官方的課程改革到教師教學革新

教師在第一線當中的班級教學設計與實踐，往往採用的是基於師資培育階段對教學的想像，加上進入教學現場之後的經驗積累，形成日後的班級教學行動。因此，一般的教師教學行爲，大部分是屬於封閉的系統，官

方的教育改革（或課程改革）對教師的教學影響不大，如同人體的大腦與末梢神經之間的關係，感覺上關係疏遠，可是彼此卻有相依相存的關聯。因此，課程改革的理念和實施，要能激起教師對改革的興趣，願意加入課程教學改革的行列，縮短從官方的課程改革到教師教學革新之間的距離，任何的改革才能收到風行草偃的效果。

□ 從握在手中的理論到教學實踐行動

教師的教學設計與實踐，意味著教師將「握在手中的知識」轉化成為「使用中的知識」，以形成「班級教學實踐的行動」。此種轉化的歷程，需要教師運用專業方面的知能，配合教學理論方法的運用，才能將各種理論融入教學行動中，提供學生優質的學習機會。如果教師無法將各種學科教學知識，做有效的轉化運用，就容易在教學設計與實踐當中，循著傳統的教學行動，以依賴教科書、舊有傳統、照本宣科等方式，進行班級教學活動。這樣，對於學生的學習成長是沒有幫助的，對於課程改革的理念無法收到預期的效果。唯有教師從專業知能進行澈底的反思，透過反思的行動檢視自己的教學活動，配合課程教學改革典範與取徑，進行教學革新行動才能收到預期的效果。

□ 從能力指標到核心素養的教學轉變

課程改革的理念軌跡，從九年一貫課程到十二年國民基本教育，從能力指標到核心素養，其所代表的意義不在於全盤推翻教師的教學設計與實踐，而在於課程教學基本理念的轉移和改變。二次的課程教學改革，其實實質的差異性不大，重點在於課程設計與實施方面的微調。例如：從能力指標到核心素養、從教師教學到學生學習、從知識的學習到知識的運用、從學科學習知識的學習到學科學習知識的運用等，這些改變代表著教師教學活動設計與實踐，需要做部分的調整修正。教師教學活動設計與實踐，不應該在停留在傳統時期的依賴教科書，而是要思考教科書中的知識，如何落實到日常生活中，解決生活中遇到的各種問題。

教學語錄 91：教學活動要考慮適合與否的問題。

㈣ 從課程改革理念到教學設計與實踐

課程改革工程從擬定、規劃、設計、宣導、共識、落實等，需要經過一段漫長的歷程。從課程改革理念到教室中的教學活動設計與實踐，也需要從宣導、說明、研習、試辦、落實、評價等漫長的時程。因此，課程改革如果需要真正落實到教師教學設計與實踐中，則需要第一線教學的教師積極的配合，才能收到課程教學改革的預期效果。教師對於課程教學改革工程的知覺，往往因為平日教學與班級經營的負擔重，而無法顧及課程教學改革的呼籲，秉持著「船到橋頭自然直」或「壁上觀」的心態，導致每一個階段的課程教學改革失敗的命運。從中央單位察覺課程教學改革的重要性起，一直到教師教學設計與實踐的落實，需要掌握的是二個階段之間的距離有多遠，需要採用什麼方法才能激起教師對課程改革期望的「千層浪」，讓教師願意加入改革的行列中，以落實課程教學改革的理念。

㈤ 從課程改革理念到教室教學的落實

國內的課程教學改革，如果從階段來分，可以分成課程標準的改革、九年一貫課程的改革、十二年國民基本教育課程的改革三個重要的階段，儘管主政者在課程教學改革到一個段落之後，會透過各種研究機制的實施，提出課程教學改革「得與失」的檢討報告。然而，這些檢討報告的提出，很少從「教師本位」出發進行實質上的訊息分析，導致實施與檢討乖離的現象。其實，從課程改革理念到教室教學的落實，雖然需要一段漫長的歷程，只要改革之初將第一線教師納入改革的重要成員，請擔任教學的教師針對自身教學的需要，提出改革的「實質建言」，則課程教學改革的工程與教室教學的落實，就不致於因此產生多大的距離，改革工程的規劃實施不至於脫離教學現場太遠。此外，教師教學設計與實踐，應該做例行性的反思活動，檢討反省自己的教學活動，哪些地方是需要保留的？哪些地方是需要修正的？這些保留或修正所代表的積極意義是什麼？教師從日常教學例行工作做反思，進而隨時調整自己的教學活動，則對於每一波的改革工程，就不會產生恐懼或抗拒的心理。

教學語錄 92：教學活動要讓學生有表現的機會。

本章討論與研究議題

1. 核心素養和能力指標、核心能力三者的意義和內涵有哪些？這些對教師教學設計與實踐有什麼意義？

2. 核心素養下的學習表現與學習內容有什麼意義？這些對教師教學設計與實踐有什麼意義？

3. 課程教學理念建立在核心素養之上，相對於傳統教學有什麼意義？這些對教師教學設計與實踐有什麼意義？

4. 以「核心素養為主」的教學設計與「能力指標為主」的教學設計有何差異？這些對教師教學設計與實踐有什麼意義？

5. 核心素養的教學活動實施和能力指標的教學活動實施差異何在？對教師教學設計與實踐有什麼意義？

教學語錄 93：想要提升教學效果就需要研究教學。

教學語錄 94：用學生可以理解的方式進行教學。

第四章

差異化教學的議題與
教師教學實踐

　　「重視差異而不是形成差異。」

　　「學習的差異往往不是來自個別差異，而是來自教師教學形成的差異。」

　　「差異來自教師的教學，就應該從教師教學縮短差異。」

　　在課堂教學改革的過程中，最為重要的是教師「學習如何教學」，學生「學習如何學習」的議題，透過相互學習的進行，提升課堂教學與學習的效能和品質，將課堂教學模式圍繞在人才培養的模式，才能成功地為社會、為國家培養好的人才。本文的主旨在於說明個別差異教學理念及其在課堂教學中的實踐，內容包括個別差異的教學意義與模式（包括適性教學與差異化教學）、個別差異的概念納入教學與實踐、個別差異在教學上的應用與理想、透過個別差異教學提升學習效能。

一、適性教學與差異化教學的概念

　　適性教學與差異化教學的概念，源自於教學中重視學生個別差異的理念，教師在班級生活中，可以了解學生因為個別的生活經驗、家庭社經地位、社會文化經驗、父母教養態度等，而形成不同的個別差異現象，導致學習成就與學習成效的差異現象。

　　適性教學活動的實施，是依據學習者在學習方面的需求、學習狀況、學習表現、學習性向，教師設計符合學習者學習的情境、有效的策略，以達到教學目標和精熟程度。適性教學是以學生為主軸，教學為輔助的教學法。在特色方面，教師提供比較多的活動，讓學生完成學習目標，教師在教學歷程中擁有比較多的自由空間，自主性比較大。並且擁有比較多的時間觀察學生的學習情形，以便從事學習診斷和補救教學的工作，以協助學習困難的學生。

　　差異化教學活動的實施，主要是依據學習者在學習方面產生的差異現象，針對學習者的學習準備度、學習興趣、學習風格等，教師設計符合學習者特質的學習情境，讓學習可以在因應差異情境下而達到最高的成效。

二、個別差異的教學意義與模式

一般而言，個別差異的教學主要在於強調學習者在課堂學習中的差異，包括個別差異與群體差異。個別差異的教學，主要包括適性教學與差異化教學二個重要的教學模式。有關適性教學與差異化教學的理念與應用，詳加以說明如下：

㈠適性教學的意義與模式

1. 適性教學的意義

適性教學（adaptive instruction）的主要意義，是為了因應學生在學習方面的個別差異（例如不同的學習成就、學習才能、學習模式、學習經驗、學習風格等），可以達到一致性的教學方式。因此，適性教學的主要意義，在於教師的教學，從教學設計、教學實施到教學評量階段，都應該針對學生的個別差異，進行適當的教學活動，才能在符合學生的學習需求之下，進行教學活動達到預期的教學目標。

2. 適性教學的模式

適性教學的實施和一般的個別化教學不同，適性教學的實施，重視個別學生不同的學習差異，在教學活動實施中，可以針對不同學生給予不同的教學策略；個別化教學的實施，教師必須依據學生的個別情形，做不同的教學設計（例如以分組的方式）。適性教學的模式，依據相關的文獻指出，包括補救式教學方式與補償性教學方式，教師可以在教學中考慮採用此二種模式，因應學生的個別差異情形。

(1) 補救性教學方式

補救性教學方式（remediation approach），是教師透過教學方式，提供學生必須具備的先前概念或知識、技巧，透過教學活動學習應該具備的能力。例如：學生在上數學四則運算前，應該要先具備加減乘除的先前概念，如果學生在此方面有所欠缺的話，教師就應該實施補救性教學，先了解學生的概念學習，哪些先前概念有所不足，哪些基本的學科知識需要補充，哪些語文字彙需要加強，哪些英文單字需要背誦等，在正式教學展開

教學語錄97：不是每一個學生都需要同一教學法。

前，先透過補救性教學方式，強化學生的學科知識與學科能力。一般而言，補救性教學方式的實施，當學生的學科學習產生「斷層現象」時，就需要透過補救性教學方式，給予學習者額外的補救教學。

(2) 補償性教學方式

補償性教學方式（compensatory approach）指的是，當學生缺乏某些訊息、技巧或能力，教師選擇以避開或補償不足條件的方式來教學（吳清山，2014a）。教師在運用補償性教學方法時，可以考慮變更教學內容，避開學生的弱點，或是加強利用學生的學習優勢，進行教學活動以提高學習效能。

適性教學的實施，主要用意在於教師針對學生的個別差異，引導學生一起學習，並且透過「共同學習」的方式，達到教學預期的目標。透過補救性教學方式與補償性教學方式的實施，讓學生從教學中得到更大的效益，並且補救學生學習知識上的不足。

(二)差異化教學的意義與模式

1. 差異化教學的意義

差異化教學（differentiated instruction）是一種針對同一班級之不同程度、學習需求、學習方式及學習興趣之學生，提供多元性學習輔導方案的教學模式。因此，差異化教學強調的是學生的學習程度、需求、方式等在學習上的特殊性。

差異化教學的主要理念，是希望教師透過對學生個別差異及需求的了解，彈性地調整教學的內容、進度和教學評量的方式，透過策略與方法的應用，提升學生的學習效果，並且從教學中引導學生適性的發展。差異化教學的實施，除了考慮學生的需求之外，也顧及教師教學上的需要。建立在下列的三個理論基礎上：

(1) 腦力研究（brain-based research）

透過腦力研究可以幫助我們了解到哪些的因素會影響學生的學習，了解愈多，愈能有助於教師提供學生更有效學習。

(2) 學習風格與多元智能（learning styles and multiple intelligences）

了解學生運用視覺、聽覺或動覺接收訊息的偏好，以及學生多元智慧，可以幫助教師採取適切的教學。

(3) 真實性評量（authentic assessment）

經過測量之後，能夠了解學生是否學到老師所教的內容，所以課程必須與學生學習結合，教學策略必須配合學生需求，評量必須是多元、彈性和適切的，且能評估學生持續的表現（吳清山，2014b）。

在差異化教學的運用方面，教師應該要深入了解學生學習的知識體系，了解學生在學習知識歷程中，究竟是欠缺哪一類型的知識，了解學生在學習方面的不利情形，透過學科教學知識策略的運用，彌補學生在學習方面的不足。

2. 差異化教學的理念與實施

(1) 基本理念

差異化教學的實施，主要是奠基於：①依據學生學習差異及需求；②彈性調整教學內容、進度與評量方式；③提升學習效果，引導學生適性發展。透過差異化教學的實施，有助於提升教師專業，表達對學生學習方面的關心與支援，增加並提供學生學習歷程中的成功經驗，進而提升學生的學習效果。因此，差異化教學的關鍵，在於學生重視的學習差異情形，並依據學生的學習差異情形，給予學生不同的教學策略與方法，透過不同學習策略與方法的運用，引導學生進行有效的學習。

(2) 差異化教學的方針

差異化教學的實施，主要是教師應該依據學生的個別差異以及學習上的需求，所實施的教學活動。因此，教師的教學要能積極掌握學生在學習方面的各種差異，並依據學科屬性，做內容的調整，針對各種需求妥善調整教學內容、進度，並採取適切的教學方法，以達到預期的教學目標。因此，差異化教學的實施，必須顧及各類型、各層級的學生需求。

(3) 學生的興趣、準備度、學習歷程

差異化教學的實施，在策略的選擇和運用方面，應該考慮學生的興趣、準備度及學習歷程等三方面的特性。在興趣方面，指的是學生對學習本身的偏好、喜歡的事物、善用的策略與方法、對特定主題的喜愛、覺得有關係有吸引力的事物等；在準備度方面，指的是學生學習的舊經驗、先前概念、學科基本技能與認知、對主題的基礎認知等；在學習歷程方面，指的是學生的學習風格、學習類型等。教師透過對學生興趣、準備度、學習歷程的掌握等，依據學生在此三方面的差異情形，選擇適合學生的學習策略，讓學生可以在適性、適度的情形之下學習，提升學生的學習成效。

三、個別差異的概念納入教學與實踐

(一)個別差異的概念

教師在進行教學設計思考時，應該針對學生的個別差異現象，分析此種差異現象，在教學實施時可能產生的現象，進而在教學活動實施中，考慮學生的個別差異（林進材、林香河，2012）。個別差異的理念融入教學中，包括適性教學與差異化教學的意義和模式。教師如何將個別差異的概念納入教學中，下列幾個要點提供教師參考：

1. 了解學生的個別差異現象有哪些；
2. 分析這些個別差異可能對教學（或學習）的影響；
3. 釐清這些影響有多深遠，能否透過教學設計修正之；
4. 探討因應個別差異教學設計的相關理論與研究；
5. 將上述的理論與研究納入教學設計考慮中；
6. 擬定因應個別差異的教學策略與方法；
7. 將教學策略與方法付諸教學活動中；
8. 評估教學策略與方法的效果；
9. 修正適應個別差異的教學策略與方法；
10.修正教師的教學計畫；
11.形成教師的教學模式。

㈡個別差異在教學上的應用與理想

1. 個別差異的教學理想

教師在面對學生的個別差異時，如同面對手之五指，從大拇指、食指、中指、無名指到小拇指，每一個都有不同的功能和特徵，不能因為各種因素而有所偏廢，必須給予適當、適切的對待。修指甲時力度要適當，上指甲油時分量需有差異，剪指甲時方向要對，清潔手指時方法要適度。

2. 在教學上的改變

適性教學與差異化教學的概念，差異性不大，且都針對學生不同的個別差異而設置（林進材，2013）。教師在面對個別差異與學生學習需求時，應該思考哪一種策略對教學的成效比較高，或是針對學生的實際需求，做策略與方法的調整，需要教師依據實際的教學情境，做專業上的修正。優質的教師教學活動，應該將個別差異的理念融入教學實施中，使學生可以從教學中獲得最大的成效。教學策略與方法的應用，不再受到「傳統教學框架」的限制，應開展「嶄新教學模式」，將教學奠基於教師對學生學習成效的負責，以及對教學目標達成的責任感。

3. 適性教學的應用

「適性教學」（adaptive instruction）的定義來自於教育機會均等理念的延伸。教育機會均等的理念是提供每一位學生適性教育的機會，讓每個學習者在學習過程中，不會因為各種先天的條件和後天的環境而造成學習上的不平等現象。

適性教學法的實施步驟分成四個基本步驟：(1) 工作分析與科目分析；(2) 單元工作分析和主題分析；(3) 知識和技能的分析；(4) 學習行為及問題的分析。

㈢透過個別差異教學提升學習效能

教師的教學活動，包括教師的「教」與學生的「學」，唯有教學活動與學習活動密切的配合，才能在課堂教學中，提升教學成效（林進材，2013）。課堂改革主要的關鍵，在於教育心靈的革命。如果教師在課堂教

學中，一直堅守著傳統的觀念，缺乏對教育新觀念的想法，以及新作法的認知，在課堂教學改革的進行中，很容易導致「新瓶裝舊酒」的迷失概念。課堂教學改革的基本原則和模式，在於改變傳統學校教育的策略與方法，才能使教師的教學效能提升，學生的學習品質提高。

教師在課堂教學中，從教學目標的決定、教學設計的規劃、教學活動的擬定、教學評價的實施等，都要以學習者為中心，關心「學習者」和「如何學習」的問題，學校因為有學生，才有老師；有了老師，才有學校領導階層，才有整個學校。因此，學校是為了學生而存在的，學校的各種教育活動，各種教育措施，都應該一切以「學生為中心」，一切以學生為出發點，學校的各種存在，都應該考慮學生喜歡不喜歡、願意不願意、擁護不擁護、答應不答應、發展不發展，這是教育工作的出發點。新課堂的「預習」和「展示」兩個環節體現著以人為本教育觀念。

在課堂教學中，透過個別差異教學理念的融入與實施，在教學中掌握學生的學習變化情形，從適性教學與差異化教學的實踐與落實，提供學生在課堂學習中的各種機會和策略，激發學生的學習動機與學習參與，才能讓學生對教師的教學有興趣、感興趣，積極地學習而提升學習效果。

四、差異化教學的教師角色

差異化教學的實施和一般傳統的教學實施，是有所不同的。一般的傳統教學，教師扮演的是設計與決定者的角色；差異化教學的實施，教師扮演的是設計與輔導者的角色。教師實施差異化教學時，首先必須改變教學的思維模式（a paradigm shift）（張碧珠等譯，2018）。

在教室中實施差異化教學，教師所要扮演的角色，不再是「知識的傳遞者」或「儲存者」，而是「學習機會的組織者」。因此，教師需要培養下列基本能力（張碧珠等譯，2018）：

1. 透過不同方式評估學生的學習準備度；
2. 「讀懂」並理解學生的各種線索，包含其學習興趣與學習偏好；
3. 創造出不同途徑，讓學生可以獲取資訊或想法；

4. 發展出不同方式讓學生去探索、去擁有那些觀點；

5. 提供不同途徑讓學生可以表達並拓展他們所學的知識。

　　教師在班級教學活動當中，如果想要實施差異化教學，在教師的角色方面就必須作適當的調整，尤其是在教學與學習方面的角色。尤其是在差異化教學實施中，教師必須了解教學活動本身的設計與實踐，需要進行哪些反思活動，改變教學的架構才能符合每一位學生的學習需要。

　　在差異化教學的理念之下，教師的教學設計與實踐，可以參見表 4-1（張碧珠等譯，2018）：

表 4-1　與差異化教學相關的最佳教學實踐策略

最佳教學實踐：在這些條件之下，學習者之學習可以達到最佳效果：	差異化教學：我們必須留意學生的差異性，主要原因是……
1. 所學到的內容對個人而言深具意義。	1. 由於學生不同的背景與興趣，無法保證每個人都能對同樣事物感到具有意義。
2. 所學的內容具有挑戰性，而且他們接受這些條件。	2. 因為學生的學習步調不同，對某些學生來說，具有挑戰性的教學速度、教科書，或是學習任務都有可能讓其他學生感到挫折或無聊。
3. 所學的內容與他們發展階段相對應。	3. 在每一個階段，總是有的學生可以具體性思考，有的偏向抽象性思考，有的學生喜歡與同伴合作思考，而有的則傾向獨自思考。
4. 他們能按自己的學習風格學習，能自由選擇，能自主控制。	4. 學生的確不能選擇以相同方式來學習，也不會做同樣抉擇，更不可能在相同變數下，都還能感受到自己能夠自主控制。
5. 他們運用所知的內容來建構知識。	5. 因為學生不可能以同等能力理解同樣的學習內容，所以他們建構知識的方式會有所不同。
6. 他們有機會進行社交活動。	6. 學生會選擇所需的團隊合作方式，並選擇不同類型可以一起合作的夥伴。
7. 他們得到有用的回饋。	7. 有助於某生的回饋，不一定對其他人一樣有用。
8. 他們習得並會運用策略。	8. 每位學生皆習得新的策略，並能運用在他們覺得有用的地方。

表 4-1（續）

最佳教學實踐：在這些條件之下，學習者之學習可以達到最佳效果：	差異化教學：我們必須留意學生的差異性，主要原因是……
9. 他們體驗了正向的學習氣氛。	9. 課堂氣氛對有些學生而言是相當正面，然而對有些學生則顯然不是。
10. 環境能支持預設性的學習。	10. 學生需要不同的鷹架輔助來達成群體目標與個人目標。

五、差異化教學的教學策略

差異化教學在策略的選擇方面，由於學生在學習興趣、學習風格與準備度的不同，教師可以選用下列策略，作為差異化教學上的參考（臺灣師範大學教育研究與評鑑中心，2013）：

1. 多元智能

多元智慧的教學理論，來自於教學生了解多元智慧，是幫助他們加強這些智慧、運用這些智慧，在推動多元智慧策略教學，除了遵循四步驟：喚醒智慧、擴展智慧、實施教學、遷移智慧，更要注意學童的理解與學習。

例如小學教師在進行綜合活動「生命教育」單元教學時，可以運用多元智慧教學的方式，尊重學生的多元智慧發展，將教學內容分成「生、老、病、死」幾個小單元，讓學生自行選擇適合自己或自己有興趣的主題，進行這個單元的學習。

2. 拼圖法

拼圖法的運用，是教師在教學設計階段，分析學生的學習特質與興趣，設計單元教學活動，透過「完整、部分、完整」形式的學習方式，引導學生學習活動。

例如「中國地理」單元的教學，教師可以將中國地圖設計採用拼圖玩具進行教學，引導學生進行學習，讓學生可以從拼圖過程中，了解中國地理的位置、各省市的分布、各省的天氣雨量等等概念。

3. 錄音

教師在教學設計與實踐階段，因爲學科性質的教學需要，可以將教學內容和學生學習歷程，透過「錄音」方式記錄下來。將教師的教學歷程錄音，可以讓學生反覆聽講，教師可以同時進行教學反思工作；學生可以從教師的錄音和學習錄音中，對照教學與學習之間的差異，提供學生反覆練習的學習機會。

4. 錨式活動

教學的錨式活動，是指教師在教學設計階段，針對教學目標設計持續性的活動，以因應課堂內學生不同學習節奏或進度的需要。透過錨式活動可以讓提早完成學習工作要求的學生，在課堂的教學時間內，以獨立或小組形式持續進行學習。學生可以選擇任何一個自己有興趣的探究活動，或是和課題有關係的延伸學習。

例如：(1) 設置資源角，提供切題、具挑戰性而有趣的學習資料；(2) 提供實作經驗，如模型的製作；(3) 提出具挑戰性的問題，如每週語文學習難題；(4) 整理學習歷程檔案，管理自己的學習進度；(5) 提供多樣英文學習選擇：詞彙、句法或段落寫作、創意寫作、戲劇製作等；(6) 運用資訊科技融入學習，如製作各種多媒體、學習知識建構等；(7) 撰寫學習日誌：學習成效紀錄、學習方面的反思；(8) 設置學習成效中心；(9) 進行同儕學習輔導等。

5. 多元組織策略

教學的多元組織策略，指的是教師在教學設計與實踐階段，有關概念的教學，應該運用多元化的教材，進行教學活動。

例如：小學數學的單元教學「問題解決策略」，其中的「雞兔同籠」、「買不同水果」、「買 3 元與 5 元郵票」等問題，教師在教學設計階段，應該針對這個單元的教學，設計各種策略以符合教材的需要。

6. 多元文本

教學的多元文本策略，指的是教師在相同的教學內容，設計成各種多樣化的教材，提供教學活動實施之用。

教學語錄 105：用對策略就可以教學輕鬆。

7. 多元輔助材料

多元輔助教材的理念，就是教師依據教學目標，以及教學上的實際需要，選擇多樣的補充教材，提供學生學習上的需要。

8. 文學圈

例如：運用文學作品賞析的方式，進行語文方面的教學。

9. 分層式課程

例如：運用多階梯式課堂，將課程依據程度或深度，進行分層的學習，因此需要教學之前，事先將學生依據學習特性（或成就）進行分組分層的學習規劃。

10. 分層中心

例如：運用階梯中心的策略。

11. 分層式教學成果

例如：階梯式的產品，產出型的產品。

12. 學習合約

例如：和學習者依據學習特性和教學特性，簽訂學習合約。

13. 小組教學

依據學生的屬性（或學習成就差異），進行分組小組教學。例如強弱搭配，兩兩練習時，強的學生先，有做示範的功能。

14. 團體探究

採用分組合作學習的團體探究方式。

15. 分軌研究

依據主題不同，進行研究。

16. 獨立研究

進行個別性的獨立研究。

17. 4MAT

McCarthy 所提出的 4MAT 教學系統著重於主動的學習和思考，是一種應用於左右腦運作的教學系統，它被稱做「全腦教學系統」（whole-brain instruction system）。包含了「連結」、「檢視」、「想像」、「傳

授」、「練習」、「延伸」、「精鍊」、「整合」等八大步驟。

18. 多元詢問策略

例如：採用多種的問題教學法。

19. 興趣中心

例如：上課的分組可以依據學生不同的興趣為主。

20. 興趣團體

例如：興趣分組的策略。

21. 多元作業

例如：依據不同的學生程度，給予不同的家庭作業。

22. 壓縮課程

例如：有些課程必須做濃縮，或是和其他課程合併。

23. 多元提示策略

採用多種的概念提示策略。

24. 複雜指示

採用多元、多種策略指示教學。

六、依據學習者特質設計的差異化教學

　　教師在差異化教學的設計與實踐，需要以學生的學習特質為基礎，包括學習準備度、學習興趣與學習風格，作為教學設計與實施的參考。學習準備度指的是學生在該單元教學前的先備知識、起點行為、舊經驗、先前概念等與學習有關的條件；在學習興趣方面，指的是學生對於該單元的教學，是否具備相當程度的興趣、學習動機、學習參與等與學習有關的事宜；「學習風格」係指每個人最佳的學習方式，因此無論是每個人、每位學生都有不同的學習風格，教師設計教學內容時，無論是教材、課程、相關作業，皆需考量學生適合的學習模式進行，可能以多感官方式呈現教材，以符合學生不同的學習情況。最終目的是希望能讓學生了解自己的學習風格，並能打造出合適的學習環境（林思吟，2016）。

　　教師在依據學習者特質設計的差異化教學，主要是以學生的學習歷

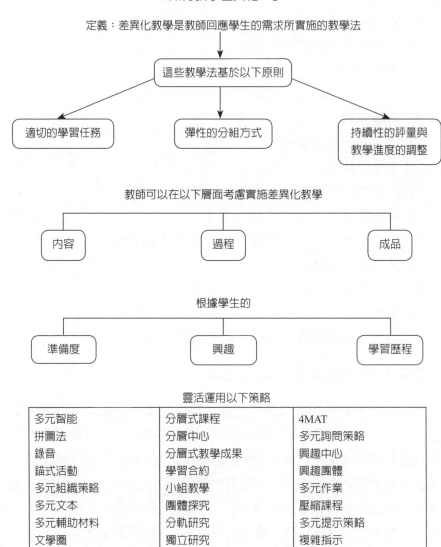

「如何教學差異化？」

定義：差異化教學是教師回應學生的需求所實施的教學法

這些教學法基於以下原則

適切的學習任務　　彈性的分組方式　　持續性的評量與教學進度的調整

教師可以在以下層面考慮實施差異化教學

內容　　過程　　成品

根據學生的

準備度　　興趣　　學習歷程

靈活運用以下策略

多元智能	分層式課程	4MAT
拼圖法	分層中心	多元詢問策略
錄音	分層式教學成果	興趣中心
錨式活動	學習合約	興趣團體
多元組織策略	小組教學	多元作業
多元文本	團體探究	壓縮課程
多元輔助材料	分軌研究	多元提示策略
文學圈	獨立研究	複雜指示

圖 4-1　差異化教學概念圖（國立臺灣師範大學教育研究與評鑑中心，2013）

程中，與學習成效有關的學習特質為重點，進行教學設計與實踐。一般而言，教師在依據學習者特質的差異化教學，需要考慮下列幾個重要的因素：

㈠ 從基本能力學習到精進學習

　　教學活動設計與實踐時，教師應該先將單元教學的知識，做專業上的處理分類，了解這些知識的學習，對學生來說是否有學習上的困難，或是了解這些知識和舊經驗之間的連結情形，將單元知識的內容從基本能力的學習，到精進階段的學習，分成幾個小單元（或工作分析單元），以利學生進行學習。

　　例如小學數學單元「四則運算」教學前，教師應該先了解學生在這個單元當中，需要具備哪些基本的能力，這些基本能力每個學生都具備了嗎？如果學生的基本能力沒有具備的話，教師在進入單元教學前，需要做哪些教學的「補救工作」？這些工作在正式的教學活動中，最需要哪些的安排？此外，對於已經熟練的學生，需要提供哪些精進的活動？對於基礎不穩固的學生，又需要提供哪些補強活動，讓學生可以從練習中穩固數學基本能力？

㈡ 從具體事物學習到抽象概念的學習

　　Bruner 提出的「認知發展理論」強調，人類的學習順序是由具體、半具體到抽象的過程。任何學科知識的教學，都是將感覺材料有系統地加以組織，而後運用簡單的形式呈現出來，使學習者可以認知的方式加以了解（林進材，2013）。教師在進行差異化教學時，教學的步驟應該依據上述的理念，將學科學習的順序，從具體事物到抽象概念的學習，依據順序排列，並進行教學，以符合學生的學習特性。

　　例如：下圖有關小學數學表面積的計算方法，教師應該先將主體表面積的概念教學分成：1. 面積的概念；2. 面積的計算方法；3. 長方形面積的計算方法；4. 梯形面積的計算方法；5. 柱體的概念；6. 柱體面積的計算方法；7. 例題的計算演練等步驟，提供學生學習步驟上的參考。如果學習速

度快的學生，可以將柱體表面積直接算出來；學習速度慢的學生，將各個表面積算出來，也算是學習的成功。

下面柱體的表面積是幾平方公分？

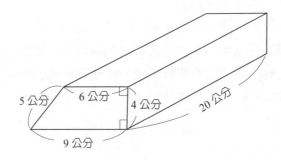

(三) 從簡單概念的學習到複雜概念的學習

任何有效學習的實施，需要教師在教學設計時，將複雜概念的教學進行系統化的分析，細分成不同複雜程度的概念，再配合適當的教學方法（或學習方法），提供學生學習上的應用。教師在進行差異化教學時，應該要先了解學生的學習特質。例如有些學生習慣看知識的整體，有些學生習慣看知識的部分；有些學生在學習時容易忽略細節，有些學生在學習時容易忽略大方向。

差異化教學的設計，應該將學科單元學習的知識，區分成簡單概念的學習到複雜概念的學習，並且將知識分成幾個簡單的小單元學習，讓學生選擇會的地方開始學習，從學習的成功中得到學習上的成就感。例如「小學如何解題」單元中的例題（參見下題）。這一道題目和「雞兔同籠」相類似，主要用意在於教導學生如何解決問題。因此，教師在實施差異化教學時，應該將下列題目，分成幾個簡單的概念，包括「80元可以買幾張1元郵票」、「80元可以買幾張5元郵票」、「買一張1元郵票和買一張5元郵票相差幾元」、「80元全部買5元郵票」等概念的教學，讓學生可以選擇自己比較熟悉的地方，解出這一道題目的答案。

「1 元郵票和 5 元郵票共有 20 張，合起來是 80 元，1 元郵
票和 5 元郵票各有幾張？」

㈣ 從單一面向的學習到多面向的學習

依據相關的研究指出，學生學習歷程的形成，一般都是舊經驗的喚
起，到新經驗的連結。因此，教師在教學設計與實施階段，要運用活動讓
學生從舊經驗的學習到新單元的學習相連結。學生在學習歷程中，要能達
到學習成功的程度，需要將新單元和以前的學習經驗，進行有效的連結之
外，也要透過各步驟的完成，才能在學習中到達成功的標準。

教師在進行差異化教學設計時，應該將所要學習的複雜概念，設計
從單一面向的學習到多面向的學習，才能提供學生高效能的學習機會。此
外，單一面向的學習到多向面的學習，應該規劃設計學生可以理解的活
動，透過活動的實施才能引發學生的學習興趣。

㈤ 從教師引導式的學習到開放式的學習

差異化教學的設計與實施，應該要設計教師引導的學習，也要設計由
學生獨立學習的開放式學習活動。例如：小學生學習「圓規的使用」，剛
開始需要教師引導示範，讓學生了解圓規的使用，進而了解圓規運用的數
學原理；學習汽車駕駛課程，一開始需要由教練講解汽車的基本構造，再
而說明汽車駕駛的步驟和流程；進而示範汽車駕駛。

開放式學習活動的實施，需要教師先從引導式的學習開始，等到一段
時間精熟之後，再實施開放式的學習。例如：學生學習電腦的操作，剛開
始時需要教師講解電腦的操作，等到學生對電腦的操作熟悉之後，再由學
生自行練習。

㈥ 從獨立性低的學習到開放性高的學習

由於學生在學習過程中，有些學生的學習速度快，有些學生的學習
速度慢，有些學生可以從複雜的地方學習，有些學生需要從簡單的地方學

習，有些學生可以從抽象的概念學習，有些學生需要從具體的概念學習。因此，教師在進行差異化教學設計時，需針對學生的學習特性設計「獨立性低的學習」與「開放性高的學習。

獨立性低的學習，需要教師的指導，在教師的指導之下進行學習活動；開放性高的學習，需要教師指導的時間比較不多，教師只要針對單元學習，做簡要的說明引導就可以。教師差異化教學的設計，在獨立性的學習方面，一般分成四個階段（張碧珠等譯，2018）：1. 技能建構階段；2. 引導式獨立階段；3. 分工式獨立階段；4. 自動導向式獨立階段。

㈦ 從思考性低的學習到思考性複雜的學習

教師教學活動的實施，除了教師教學思考與決定之外，同時也是學生學習思考與決定的配合。有些學生在學習歷程中，習慣於思考性低的學習，需要更多的學習時間才能達到精熟的程度；有些學生在學習歷程中，習慣從思考性複雜的學習開始，不必太多的學習時間就可以達到精熟的程度。

因此，教師在實施差異化教學設計與實踐時，需要將學科單元教學活動，依據學習順序設計原則，從思考性低的學習到思考複雜的學習，提供學生學習選擇的機會。同時，讓學生依據自己的學習情形，選擇適合自己的學習活動。

㈧ 從慢速的學習到快速的學習

從學習成效速度而言，每一位學生在學習上所需要的時間和速度不同，教師無法在課堂上提供學生不同速度的教學。因此，教師在教學設計實踐階段，應該先考慮學生的學習速度問題，了解每一位學生在學習中，需要多少時間和提供多少的機會，再針對學生的學習速度，做教學活動的設計。

實施差異化教學活動，教師需要先分析教學目標的內涵，這些內涵需要多少的學習時間，分析這些時間對學生學習的意義。其次，教師應該針對學科教學單元目標和內涵，計算學生需要的學習時間。將教學活動規劃

設計，從慢速的學習到快速的學習，依據順序進行教學設計，以便在教學活動中可以提供學生不同的學習活動。

七、依據學習者學習風格設計的差異化教學

每位學生皆具有獨特性，教師不應將學生當成是標準作業流程下的產物，學校更不是工廠，將學生統一放入固定的模具中產出相同的製品（吳清山，2014a）。因此，教師的教學設計與實踐，應該針對學生的獨特性，作為規劃設計教學的參考，而不是以統一的形式或標準，要求每一個學生都要達到教師的標準。

在差異化教學設計與實踐中，學生的學習風格是教師需要考慮的另一個重要因素。一般而言，學習風格是指人們在學習時所具有的或偏愛的方式，換言之，就是學習者在研究和解決其學習任務時，所表現出來的具有個人特色的方式。例如：有些學生的學習是場地依賴型，有些學生的學習是場地獨立型，有些學生的學習是屬於衝動型的，有些學生的學習是屬於外控型的，有些學生是屬於內控型的等等。

依據學習者學習風格設計的差異化教學，可以考慮下列幾個差異而進行教學設計：

㈠ 依據不同的學習方式而定

在學習方式方面，學習風格會因為不同的環境或個人因素，而有不同的展現方式。有些學生適合在安靜的環境學習，有些學生適合在吵雜的環境學習，有些學生適合在充滿各種色彩的事物下學習，有些學生適合在單純簡潔的事物下學習，每一個學生所展現出來的學習方式有所不同。因此，教師在差異化教學設計與實踐中，應該先考慮班級學生的學習方式，作為教學設計的參考。如果條件允許的話，教師可以針對不同學習方式的學生，提供適合學生的學習情境，以激發個別學生在學習上的學習動機。

㈡ 依據多元智能的內涵而定

Gardner 在 1983 年提出多元智能的概念，認為每一個人成長過程中，

智慧是用來學習、解決問題及創造的工具，智慧的構成應該包括下列七種：語文智慧、數學邏輯思考智慧、空間智慧、運動性智慧、音樂智慧、人際智慧、內省智慧。

多元智慧理論對於人類認知歷程的描述，採用更多元的途徑，承認每個個體在認知方面的文化差異，指出每個個體都是獨特的，具有各種發展的潛能和可能性，此種發展和學習上的無限性，提供教育學者更多思考的方向，在教育歷程中應該以更寬廣的方式，指導學生依據個體的獨特性進行適性的學習（林進材，2013）。

教師在進行差異化教學設計與實踐時，應該針對學生的多元智能發展情形，做適當的教學活動設計，以引導學生運用不同的大腦區塊達到最好的學習成效，或是達到預定的精熟程度。例如：教師可以在教學活動中，提供豐富的語文學習，讓學生可以從語文智能方面的開展，強化學習的效果；教師可以透過教學的背景音樂之設計，讓學生可以從音樂智慧中強化學習的效果，增加學習的興趣與動機；教師可以經由肢體活動，讓學生透過運動性智慧加強對學科學習的印象。

(三)依據不同的文化背景而定

班級學生來自不同的家庭背景，擁有不同的文化資本，對學生學習的影響是相當深遠的（林進材，2013）。來自不同文化背景的學生，對於學習的觀點差異性相當大，同時也影響學生在課堂中的學習思考。例如：來自不同社經地位家庭的學生，對於學習的觀點以及學習方法的運用，顯然會因為家庭的背景，而有觀念上的差異。來自高社經地位家庭的學生，擁有比較豐富的社會資本，會認為學習是一件很重要的事，透過學校的教育可以改變一個人的社會地位，對於未來的生活扮演著重要的關鍵；來自低社經地位家庭的學生，由於家庭背景和經濟條件的關係，比較偏向忽略學習的重要性。

基於不同文化背景學生的學習需要，教師在進行差異化教學設計與實踐時，應該依據班級學生的主要組成，進行適性的教學設計，並且將當地

的社區文化容入教學活動中，提供學生不同的學習活動。在差異化教學實施中，並不是要求教師刻意規定學生採用哪一種學習方法，而是應該以更開闊、更彈性的方式，接納各種不同文化背景的學生，在學習歷程中採用不同的思考方式，鼓勵學生可以在教學活動中，找到並選擇適合自己的學習方式。

㈣ 依據不同的性別而定

不同性別差異的學生，在各學科領域上的學習，因為性別因素而出現不同的差異現象。例如，男生比女生比較偏向喜歡競爭性的活動，女生比較偏向喜歡文靜式的活動，有部分的男生偏愛合作學習的開展，有部分的女生喜愛單獨完成學習工作。

不同性別的學生，在學習過程中需要的條件有所不同，需要教師在規劃設計教學時，給予特別的重視。教師可以在適當的單元設計時，依據不同性別學生的學習需求，提供適合性別差異的學習活動。例如：在教導學生「生理構造」單元時，教師可以依據不同性別的學生，設計適合學習的活動。男生方面，可以提供對女生身體構造的概論；女生方面，應該針對身體構造提供更為深入的知識。

㈤ 依據各種的差異而定

學生學習差異的形成因素，往往是由多種的因素交互作用而成，導致影響學生的學習成效。這些因素包括不同學習方式、多元智能發展、文化背景、不同性別等，或是二種以上的因素交互作用而成。

教師在進行教學設計與實踐時，應該針對學生的學習差異因素，具有高度敏感反應，將影響學生學習差異的因素，納入教學設計與實施當中，以降低學生學習的影響因素，提高學生的學習成效。

八、依據學習者興趣設計的差異化教學

「學科教學要領，喜歡比會更重要。」

「學科學習要領在動機，學習動機關鍵在興趣。」

　　教學設計與實踐階段，教師需要掌握學生的學習興趣，才能激發學生在學習中的動機和學習態度。如果教學活動設計，遠離學生的學習興趣，就容易讓學生在學習中成為「客人」或「旁觀者」。

　　一個好的教學關鍵在於，教師是否能創造設計出吸引學生的主題，若是學生對於學習主題具有好奇心，便更能促使他們自主學習（林思吟，2016）。教師可利用學生已有的興趣作為設計課程的基礎，和關鍵的課程內容相結合；在此同時，教師也須保持開放的態度來看學生的學習興趣，並且設法維持並保有學生的這份興趣與好奇心，相較於教師持續澆灌知識的雨水，不如悉心呵護學生所建立起的興趣種子，更具有長遠的價值（林思吟，2016）。

㈠將興趣因素納入課程與教學設計中

　　教師在進行課程與教學設計時，應該將學生的學習興趣因素，納入教學活動的設計當中，讓學生的學習從感興趣的地方出發，教師再提供高效能的學習方法，讓學生採用適合自己的方法學習，進而從學習中可以成功，並達到精熟的程度。以學生學習興趣作為教學設計的基準，就需要考慮學生各種的現有興趣、潛在的興趣等。

㈡提供學生感興趣的主題教學並引導學習成功

　　當教師進行差異化教學設計時，需要先分析學生對哪些主題是感到高度興趣的，這些主題之間的關聯性如何在教學中進行連結，教師可以提供哪些經驗（或生活實例）讓學生學習，這些經驗實例如何連結到學習活動中。班級教學中，有些學生不用教師花很多的時間指導，有些學生需要教師花更多時間指導。因此，教師在進行教學活動規劃時，對於學生的這些感興趣主題，要能技巧性地融入教學活動設計中。

㈢針對學生的學習興趣營造溫暖的學習環境

　　學習環境的營造對於學生學習興趣激發，具有正面積極的意義。很多學生對於學習失去興趣，除了無法在學習活動中達到成功的標準，重要的

是學習環境對學生的學習，無法提高學生的學習興趣。教師在進行差異化教學設計時，應該針對主題單元的教學，設計讓學生感到溫暖和善的學習環境，可以提供學生安全、無失敗、零恐懼的學習環境，進而從學習歷程中，達到精熟的階段。

㈣ **以更開放的態度接納學生的學習熱情**

教學活動的實施，想要讓學生感到興趣，學生的學習熱情同樣是關鍵的因素。因此，教師應該在教學歷程中，隨時透過各種策略的運用，維持學生的學習熱情。例如：學生對於教學中的每一個概念，擁有高度的學習興趣，教師就需要將這個概念與新的概念教學，做有效連結以維持學生的學習熱情。當學生在學習中，出現和教師不同的想法時，教師應該給予正面的鼓勵，讓學生可以持續維持在適當的學習熱情上。

㈤ **運用興趣的差異化教學策略**

教師在進行差異化教學設計與實踐時，可以考慮以學生的學習興趣，作為教學設計與實施的重點，這些策略包括：1. 探究性研究；2. 軌道學習；3. 設計一日活動；4. 實施小組調查；5. 網路相關議題探究；6. 拼圖法；7. 文學小圈圈；8. 師生協商標準等。當教師在進行差異化教學時，可以針對上述的策略，結合課程與教學上的需要，作為教學活動設計的參考。

九、差異化教學的評量設計與實踐

教學評量的實施是確保教學品質的重要關鍵，不管教師在教學結束之後，採用哪一種評量方式，主要的目的在於：1. 確定教師教學目標的達成情形；2. 了解學生在學習方面的變化情形；3. 作為是否補救教學的依據。傳統的教學評量，主要的方式在於採用紙筆測驗方式，了解學生是否達到精熟程度。

教學評量中的多元評量（multiple assessments）概念對大多數教育現場的教師而言並不陌生，從早期九年一貫課程的推動，直至 103 學年度實

教學語錄 117：讓教學活動少於學習活動。

施的十二年國民基本教育，不論教育改革方向如何變化，教學評量的趨勢必然提到融入「多元評量」於教學的重要性（龔心怡，2016）。

教師在實施差異化教學之後，接下來就是針對教學成果進行評量。差異化教學的評量，有幾個準則提供做參考：

㈠ 在傳統的評分系統之下做改變

當教師進行差異化教學之後，仍然需要透過評量的機制，將學生的學習成效呈現出來。傳統的教師習慣採用紙筆測驗的方式，呈現學生的學習成效。差異化教學的評量，除了保留傳統的評分系統之外，採取新式的評量方式。因此，教師應該利用機會向學生和家長說明評量的方式和標準，讓學生可以了解：未來的教學評量是如何進行的？這些評量的用意在哪裡？評量有哪些標準？用哪些學習方法可以在評量中得到高得分數？

㈡ 保存各種的評量紀錄作為參考

差異化教學實施之後，教學評量的實施，不在於否定傳統教學評量的實施，而在於傳統評量的系統之下，增加多元評量的方式。在差異化教學實施的時候，學生會參加各種不同的學習活動，教師指導學生將參加學習活動的歷程記錄下來，將這些紀錄和傳統的評量納入教學評量的系統當中，學生就可以在學習過程中，擁有和傳統評量不一樣的學習經驗。

㈢ 鼓勵學生建立學習的歷程檔案

差異化教學的設計與實施，強調的是學生的學習參與，教師可以指導學生將自己的學習工作記錄下來，將學習歷程透過日期、形式、表現情形、教師的評語等，形成文字或圖像等紀錄，將來在教學評量時，可以出示這些學習的歷程檔案，作為教學評量的參考依據。另外，學生可以依據自己的學習型態，選擇教學評量的標準和內容。

㈣ 正式評量與非正式評量兼具

差異化教學的設計與實施，和一般傳統的教學方式，不管在教學方法、教學策略、教學實施等方面皆有所不同，因此在評量方式的選擇和應

用也有所不同。教師可以依據教學單元實際上的需要，選擇採用正式評量、非正式評量或二者兼具的方式，進行教學成效的評量。在正式評量方式，一般採用的是紙筆測驗，非正式評量採用的是學習歷程檔案評量、學生闖關評量、教室本位評量等。

㈤ 消除評量方式和標準的疑慮

差異化教學的設計與實施，在評量方式採用正式與非正式評量，因此，容易讓家長和學生，對教學評量的標準和實施，產生各種的疑慮。教師在進行差異化教學設計與實踐時，一開始就應該向關心教學的對象，說明教學的流程、步驟，以及實施教學評量標準與方式。透過教學講解的方式，讓家長和學生能消除來自新式評量方式和標準的疑慮，對教師教學活動設計與實施產生信心。

在十二年國民教育強調差異化教學之際，教師對如何將多元評量融入差異化教學之關聯性應要有所體認，教師必須了解各種評量方式的內涵，考量將這些方式運用在差異化教學的適切性，並從「教學」與「評量」彼此間互為需求的角度來看教學與評量的搭配（龔心怡，2016）。當教師在原有的教學活動做改變時，應該透過各種「教學講解」的機會，向與教學活動實施有關的人員，進行教學改變方面的說明，降低來自內外在的影響因素，才能在教學改革中，收到預期的效果。

本章討論與研究議題

1. 差異化教學和傳統教學有什麼不一樣？對教師教學設計與實踐有什麼意義？
2. 如何將個別差異的概念融入教師教學設計與實踐當中？
3. 差異化教學的教師角色和一般傳統的教師角色有什麼不同？這些對教師教學設計與實踐有什麼意義？
4. 差異化教學的策略和傳統的教學策略有何不同？這些對教師教學設計與

實踐有什麼意義？

5. 如何依據學習者特質、學習者風格、學習者興趣設計差異化教學？這些對教師教學設計與實踐有什麼意義？

第五章

個別化教學的議題與教師教學實踐

「偏鄉教育關鍵在師資，師資的關鍵在教學，教學的關鍵在方法。」

「親愛的老師，你的教學用對方法了嗎？」

個別化教學和個別教學的理念有所不同，個別化教學指的是教師在教學活動實施中，可以透過各種不同的方法，提供學習差異的學生，各種適合的學習策略，讓每一位學生都可以在班級教學中學習成功；個別教學指的是一對一的教學，教師對個別學生進行教學活動。

本篇的重點在於說明個別化教學的理念與實踐，提供各種個別化教學的實際作法，以利教師在教學時作為參考。個別化教學的理念，不僅適用於一般的學校教學，更適用於偏鄉地區的中小學教學。

一、個別化教學的理念與實踐

個別化教學法（individualized instruction）指的是在班級教學情境中，教師以適應學習者的個別差異和學習者的特性為考量，而採取各種有效教學策略。個別化教學的採用，由教師針對學習者的需要、舊經驗、成就、特質、興趣等方面的差異，擬定最適合學習者的策略，讓學習者以適合學習的方式，強化學習效果。運用個人潛能最大化，提升學習效果的教學法（林進材，2013）。

㈠個別化教學的使用理念

個別化教學的運用，主要是當教師面對一個異質性高的班級教學時，由於學生的學習程度差異性大，教師無法採用單一種的教學方法，指導學生進行學習時，而需要考慮採用的教學方法。傳統的班級教學，教師採用相同的教學方法，而學生的學習成效產生差異，所以教師必須在教學方法的運用上，針對不同的學生做教學方面的改變。

㈡個別化教學與個別教學

個別化教學與個別教學的意義，前者指的是教師在班級教學中，必

須依據學生的起點行為、學習特質、學習成性等，採用適合學生學習的策略，讓每一位學生在相同的教學法與教學情境中，都可以進行學習，達到學習上的成功；個別教學指的是教師單獨對一個學生，指導學生進行學習的教學活動。此二種教學方法，在教學理念、教學方法、教學步驟等，差異性是相當大的。

㈢個別化教學的適用情境

個別化教學方法的使用，是當教師在教學設計階段，了解學生的學習差異大，需要運用和一般教學方法有所不同的教學法時，可以考慮採用的教學方法。目前臺灣中小學的班級組成，採用常態編班的方式，因此學生的學習程度差異性很大。教師在班級教學活動中，教學方法和策略的採用，需要顧及每一位學生的需要，因而透過個別化教學理念的實施，提供每一位學生學習上的需要。

㈣個別化教學的適用對象

個別化教學方法的運用，主要用意在於針對學習者的學習特質和學習差異，所設計的一種適性教學方法。當教師在進行教學設計時，首先需要了解學生在學習上的特質，需要哪些學習上的特別安排，教師在教學活動進行時，需要依據學生的學習表現，修正自己的教學理論與方法。個別化教學的適用對象，不僅適合一般的大班教學，也更適用於偏鄉地區的教學，透過個別化教學的實施，可以提供學習差異大的學生，適性的學習機會和提升學習效能的機會。

㈤個別化教學的實踐經驗

個別化教學方法的實施，和一般的傳統教學方法有所不同，個別化教學在設計與實踐時，教師必須針對學生的學習狀況，作專業方面的分析，並依據學習差異情形，思考採用哪些方法和策略，才能讓學生的學習順利進行。個別化教學的實施，教師可以針對班級學生的特性，分析學生的學習狀況，再針對學習狀況，進行個別化教學的設計，進而實施個別化的教學。例如：偏鄉地區的學校教師，在教學前應該針對學生的學習落差，了

解學生學習落後的主要原因，針對這些學習不利的原因進行分析，考慮可以採用哪些個別化的教學法，進而實施個別化教學方法，讓每一位學生都有進步的機會，在學習中有成功的可能性。

二、文納特卡計畫的教學理念與實踐

(一) 教學理念

文納特卡計畫（Winnetka plan）是美國教育家華盧朋（Washburne）提出來的教育理念，是一種屬於教學實驗計畫，針對當地教育特色與發展上的需要，提出來的教學構想。文納特卡計畫的目的有四（孫邦正，1985：234）：

1. 使兒童獲得必需的知識和技能，以適應生活上的需要；

2. 使兒童的生活快樂、自由而優美；

3. 充分發展兒童的個性和才能；

4. 發展兒童的社會意識，使兒童感到社會的利益就是人的利益，個人的利益是建立在社會利益之上的。

學校教育爲了實現上述的目標，必須有各種知識和技能的教學，配合各項團體活動和創造活動的進行，才能實現以上的目標。此外，文納卡計畫將學校課程分成二個部分：第一爲學習者必備的基本知識和技能方面的訓練，此方面的訓練是採用自學輔導的方式實現之；第二爲團體活動，如學生的自治活動、音樂欣賞、團體遊戲、各類集會等活動，此方面的的訓練是採用課外活動的方式完成的（林進材，2013）。

(二) 實施方式

文納特卡計畫的實施，依據三個主要的原因，簡要說明如下：

1. 以個別化方式進行，將每一個學科分成許多次要單元，每一個單元都有具體目標；

2. 教學活動的進行由學生進行自我教學，並自我校正；因此，每一學科都編有提供學生自學的材料，促進學習效果；

3. 重視學生的自我表達和社會性的團體及創造性活動的進行。

文納特卡計畫的實施，依據課程內容分成自學輔導法和團體活動方式，自學輔導法的用意在於適應學生的個性和特質；團體活動的用意在於使學生接受團體生活的訓練。

(三) 教學實施步驟

文納特卡計畫的實施，針對學習者的需求，進行教學方面的設計。在教學實施步驟方面，包括自學輔導法與團體活動等，簡要說明如下：

1. 自學輔導法

自學輔導法的教學步驟包括確定課程目標、編輯提供學習的教材、準備診斷測驗、指定作業、進行工作、評量成績等，詳加說明如下：

(1) 確定課程目標

文納特卡計畫的首要工作，即依據學科性質進行選擇教材工作，確定課程的主要目標，依據目標的性質和內容將教材作邏輯性的編輯，提供教學上的應用。

(2) 編輯提供學習教材

文納特卡計畫的重點，在於編輯新的課本，新的課本要以學生的需要為準，讓學生學習之後，可以自行練習，並且自行校正，一直達到純熟程度，並由教師做正式的測驗，通過測驗之後，學習新教材。

(3) 準備診斷測驗

診斷測驗通常包括練習測驗和正式測驗二種，練習測驗是附在教科書後面，由學生在學習活動告一段落後，自行練習並校正之。正式測驗是由教師進行，讓學生在學習結束後，實施測驗，由教師進行批閱工作，透過測驗了解學生的學習狀況。

(4) 指定作業

教師在各種材料準備完成之後，就可以指定作業讓學生完成自學；指定作業內容通常包括單元名稱、內文大意、練習方法、練習題、參考資料、練習題的解答等。

教學語錄 125：教學只是可能而不是萬能。

(5) 進行學習工作

指定作業之後，學生就可以在教師的指導之下，自行學習。

(6) 評量成績

學生在完成一個單元的作業之後，由教師實施正式的測驗；透過評量了解學生的學習狀況，作為教師教學準備參考。

2. 團體活動

團體活動的進行，大部分使用於社會科和語文科，活動的目的在於發展學生的創造力和團體的精神。團體活動的設計通常是由學生自行處理，自己依據學習上的需要做設計，教師處於指導的地位，讓學生處理學習上的一切問題，自行承擔學習的成效。

㈣ 教師教學設計與實踐的意義

文納特卡計畫是屬於教學實驗方案，對於教師個別化教學的實施，提供多樣的參考價值。

1. 學生要為自己的學習負責任

在文納特卡計畫當中，學生必須為自己的學習負責任。教師在教學設計與實踐階段，針對學生的學習狀況，設計各式各樣的教材，提供學生在學習上的運用。學生在教師準備的各種材料之下，自行進行學習活動，因而要為自己的學習負責任。

2. 教師依據課程目標編輯教材

文納特卡計畫的主要特色，在於教師必須依據課程目標，重新編輯新的教材，以利學生學習上的需要。一般中小學教師使用的課本雖然是「審定本」，教師具有相當程度的選擇權，然而教科書的編輯和內容的選擇，無法適應不同地區、不同學生的需要，教師必須依據地區的特性、學生的學習差異，進行教科書的「改編」工作，依據課程目標的內容，將教科書（或教材）進行重新編輯工作，讓學生在學習過程中可以順利學習。

3. 教師依據學生的學習編輯教材

文納特卡計畫的另一個特色，在於教師需要依據學生的學習，進行教

材上的重新編輯工作，在編輯教材時，需要考慮社區的資源運用、地區的差異性和學生的學習情形。因此，教師在編輯教材時，就需要考慮到各種內外在的條件，將各種影響學習的因素，納入教材編輯的材料中。

4. 指導學生自行學習並確保成效

　　每一位學生的學習都存在差異性，需要教師在教學實施中，給予特別的關注和考慮。教師教學活動的實施，以學生的學習為主體。因此，需要關注學生的學習情形，並確保學習成效的達成。教師的教學設計與實踐，想要確保學生的學習成效，就需要將學生的各種學習特質（包括學習態度、學習動機、學習參與等），納入教學實施的考慮中。

5. 自學活動與團體活動二者兼顧

　　任何一種教學方法的採用，無法保障學習成效的達成，需要多種教學方法的交替使用，才能讓學生者在學習中，達到預期的學習成效。文納卡計畫的實施，兼採用自學活動與團體活動的方式，讓學生可以先透過自學方式，了解學習的重要性，同時也思考自己的不足，再而透過團體活動的方式，從同儕的相互分享過程中，達到預期的學習成效。

三、道爾敦計畫的教學理念與實踐

　　道爾敦計畫（Dalton plan）是指海倫・帕克赫斯特（Helen Parkhurst）於 1920 年在美國麻州道爾敦中學所實施的一種個別化教學計畫。

㈠道爾敦計畫的理念

　　道爾敦計畫的主要理念，在於採用自學輔導的方法，讓學生依據自己的能力而進行學習活動，如此教學不但可以適應個別差異，也能考量學生不同的需求。道爾敦計畫的主要內涵是依據自我練習、自我測驗和學習的個別學習原理加以修正而成（林寶山，1998: 52）。

　　在學習活動的進行方面，道爾敦計畫打破各個年級的限制，以適應學生不同的學習速度為主，使教學活動的進行，按照學習者的學習進度，如此可讓教與學緊密配合。道爾敦計畫將學校課程分成「學術性課程」和

「職業性課程」（林進材，2013）。

1. 學術性課程

學術性課程強調教學應該依據學生個別的學習速度，不受任何因素的干擾。學術性課程通常依據學生的學習程度分成主科和副科。主科包括數學、科學、英文、歷史、地理、外國語文等；副科包括音樂、藝術、手工、體育等（林寶山，1998）。道爾敦計畫學術性課程通常是從主科著手，其次才進行副科的學習。

2. 職業性課程

職業性課程在道爾敦計畫當中，是以小團體的方式進行教學，內涵包括各類職業科目、社會性科目及身體的活動等，希望讓學生從各種活動中學習職業性知識。

㈡道爾敦計畫的實施方式

道爾敦計畫的主要特色，在於透過自學輔導的方法，按照個人的能力進行學習活動，在計畫的實施方面，由教師先布置供學習的「實驗室」或「作業室」，讓每一個學生都可以擁有自己的實驗室，在實驗室中提供各類的參考書籍和材料，由教師指導學生進行學習活動。

學生依據自己的能力和需求，決定到實驗室學習的時間和方式，每一學科由教師規定各類的作業項目，並與學生訂立「合約」（contract），稱之為「工約」，每一項工約包括一個月的作業分量，因此又稱之為「月約」。工約是由教師在開學前，針對學生的能力或測驗的成績，指定由哪一個工約開始學習。學生在學習期間可以依據自己的興趣、能力、學習性向，決定從哪一個實驗室開始，在學習期間如遇到困難或是阻礙，教師適時在旁提供必要的指導。

學生在完成一個月約之後，隨即由教師進行測驗工作，作為決定是否通過學習的依據，學生如果通過一個月約的分量之後，可以進行下一個進度，學習的進度是掌握在學生的手上，完全符合自學輔導的精神，不受到其他學生學習進度的影響。

(三)道爾敦計畫的教學特色

道爾敦計畫的教學是屬於典型的個別化教學，運用自學輔導的方法，讓學生依據自己的特色和需求，達到學習的目標。

1. 強調學生自學的特色

道爾敦計畫的主要特色，在於強調學生的自學，教師只是居於指導的地位，教學活動的實施是以學生為主、教師為輔的特色。教師只有在學生學習遇到困難時，才發揮必要的功能。

2. 重視個別學習的實施

道爾敦計畫的進行，依據學生在學習速度上的變化，而進行下一個單元的學習活動，學習者之間彼此不受到干擾，學生可以依據自己的學習進度，選擇不同的學習實驗室，不會因為統一的標準而影響學習活動的進行。

3. 打破傳統課表式教學

道爾敦計畫以打破傳統的方式，進行教學活動的實施。在教學過程中打破班級的建制和固定的課表制，學習活動未受到課表的影響。學生可以隨時進行學習活動，也可以停止學習活動，學習活動的進行完全照學生的需要。

4. 教師與學生訂定合約

道爾敦計畫的另一個特色，是教師在教學前與學生訂定各種工約，學生了解工約的內容，知道學習的主要內容，同時可以培養學生的學習責任感，讓學生為自己的學習活動盡心盡力，也為學習成敗承擔必要的責任。

(四)教師教學設計與實踐的意義

教學法的運用對較師而言，是一種專業能力的開展，對學生而言是影響學習成效的關鍵。教學法是否適合學習者，必須依據學習者的各種特質而定。道爾敦計畫的實施，提供教師教學設計與實踐的下列意涵：

1. 引導學生透過自學完成學習目標

教師教學設計與實踐，傳統的作法總是以教學為主的教學型態，道爾

敦計畫的實施提供教學應該以「學生為主」的教學理念。教師在教學時，應該將學生視為教學的主角，引導學生了解學習對自己的重要性，教導學生了解學習方法的運用，透過自學的方式完成學習目標。

2. 嘗試設立學生學習實驗室的作法

「學習實驗室」或「作業室」的設立，可以讓學生了解未來學習所要達成的目標，以及學習工作的主要內容，讓學生可以依據自己的學習進度，選擇適合自己的實驗室，這樣，學生可以了解未來學習所需要承擔的分量。教師透過學習實驗室的設立，同時可以讓學生隨時進行自學工作。

3. 透過學習合約簽訂達成學習目標

學習合約的簽訂，讓學生了解自己的學習責任，以及未來需要完成哪些學習的工作，這些工作如何在期間之內完成，學生應該運用哪些方法才能完成這些工作。學習合約的設置，教師需要花一些時間，思考課程目標與教學活動，需要如何配合。學生也可以透過合約的簽訂，隨時提醒自己持續性的學習，了解學習的進度和需要的時間。

4. 打破班級建制並以學習目標為主

班級建制的設立，讓學習落後的學生，永遠處於學習不利的情境之下，無法將學科領域學習落後的進度，透過其他的方式補過來。打破班級建制的教學方式，可以讓學生選擇適合自己的學習場所，進行學科領域方面的學習。在偏鄉地區的學校，教師可以考慮透過打破班級建制的方式，進行統整性的教學。

5. 依據學生的學習需求做教學實施

教師的教學設計與實踐，除了考慮教學應該達成的目標之外，也應該要考慮學生學習目標的達成。在教學設計階段，應該先分析學生的學習特性、學習需求、學習進度，作為未來教學實施的參考。如果教學設計缺乏對學生學習方面的關注，則教學活動的實施容易脫離學習者的需求，無法達到預期的效果。

四、學校學習模式的教學理念與實踐

(一)學校學習模式的理念

學校學習模式是卡羅（J. B. Carroll）在 1963 年提出的教學理論模式，認為學習的程度決定於個人學習的時間因素，即依個人學習所需的時間，以及個人能獲致的時間和如何真正運用而定。因此，學習成果的決定因素與個人的「性向」、「機會」和「教學如何」有關。教師如果在教學品質方面力求改進的話，使學生獲得充分的時間，並使學生能夠確實有效運用學習時間，則學習效果就會提高，大多數的學生也能在學習上獲得應有的成就（林生傳，1990）。

(二)學生性向因素對學習的影響

1. 傳統的性向理論

心理學將性向視為一個人可能發展的潛在能力，此種潛在能力經過適當的學習和訓練，就可以加以發揮。因此，性向是一種可發揮的潛力，包括基本能力與特殊能力。性向因素對學習的影響以克隆巴赫（Cronbach）於 1977 年提出的「性向與處理交互作用」（aptitude-treatment interaction, ATI）為例，教育措施（如教材教法、教學策略等）之選擇，必須視學習者的性向如何而定。不同性向的學生，必須給予不同的教育措施（treatment）才能得到最大的教學效果。

克隆巴赫將教學歷程視之為性向與處理的交互作用，認為在某一方面性向較高的學生接受某種教學方法效果較佳時，教師應該設法讓學生接受此種比較適合發展的教學法；如果在某一方面表現比較差的學生，教師應該設法讓學生接受另一種比較適合的教學法，學生的學習表現才能處於最佳狀態。

2. 卡羅的性向理論

卡羅的性向理論認為所有的學生在學習方面，都具有某種程度的潛力，學習的展現只是所需要的學習時間不同而已。卡羅主張性向應該要定位於學習速率的指標，而不是學習成就方面的指標。學習者在學習上所具

備的性向，影響學習成效。性向比較高的學生學習比較快，性向比較低的學生學得比較慢。因此，學習不同點在於學習者所需要的時間差異而已。

依據卡羅的學習性向的理論，所有的學生都達到某種學習成就，只是每個學生所需要的「時間量」不同。具備某種學習性向的學生，在學習某種概念或原理原則時，所需要的時間短暫就可以學好，而具備其他性向的學生，在學習上需要比較長的時間才能達到學習目標。雖然，每個學生在學習上所需要的時間量不同，但只要教學者提供學生適當的學習時間量，學習者仍能達到預定的目標。

(三) 學校學習模式的內涵與應用

1. 學校學習模式的內涵

卡羅依據學生在學習性向理論，提出學校學習模式。學校學習模式是建立在給予學習者適當的學習時間，學習者必能在需要的時間內完成學習的假定上。因此，學習者的學習程度等於學習者真正使用的學習時間除以應該要使用在學習的時間（林進材，2013）。

$$學習的程度 = f \frac{學習者真正使用在學習的時間（time spent）}{學習者應該要使用在學習的時間（time needed）}$$

從上面的公式，學習的程度與學習者真正使用在學習的時間和應該要使用在學習的時間有關。如果二者的時間相等，則學習容易達到精熟程度；如果真正使用在學習的時間比較少的話，學習效果就不佳。

$$學習的程度 = f \frac{1.\,學習的機會＋2.\,毅力（願意去學的時間）}{3.\,學習的速度（性向）＋4.\,教學的品質＋5.\,教學的了解能力}$$

從上述公式得知，影響學習的程度方面，學習者真正使用在學習的時間上，包括學習機會的多少和學習者願意去學的時間（毅力）等二種因素；在應該要使用在學習的時間方面，包括學習者的學習速度（性向）、教師的教學品質和學習者對教學的了解能力。

　　依據卡羅的學校學習模式指出，教師在教學時應該考量學生的學習機會、學生的學習毅力、學生的學習速度、教師的教學品質、學生對教學的了解能力等因素，透過這些因素的關注，才能提升教師教學效能與學生的學習效果。

2. 學校學習模式的應用

　　卡羅對學習的理論與論點，指出學生的學習內涵，包括下列幾個重要的項目：

(1) 學生的學習機會

　　教師在教學過程中，應該給予各類學生充分的學習機會，讓每一位學生在學習過程中，都可以擁有充分的時間量和學習的機會。學生所擁有的機會愈多，調整錯誤修正缺失的機會就愈多，當然學習成功的機會就愈多。教師在教學中應該針對學生的個別差異，對於高學習成就的學生給予加深加廣的教育機會，對於低學習成就的學生給予更多的等待時間（wait-time），讓學生依據適合於自己的速度進行學習活動。

(2) 學生的學習毅力

　　卡羅的觀點指出，學生的學習毅力是依據願意花在學習上的時間多寡而定，此方面與學生對該學科的興趣、舊經驗和本身對學科的能力有關。一般學生在學習時，對於本身比較有興趣的科目，願意花更多的時間在學習上；對於興趣不高或能力受限的科目，學生容易以消極的態度面對學習。因此，教師在教學歷程中的重要任務，在於了解如何引發學生對學科學習的興趣，如果學生對該學科學習不感興趣的話，教師應該要了解問題的癥結在哪裡，是學習者本身的問題？教師教學上的問題？或是學科本身的問題？了解問題的癥結之後，教師能擬定各種有效的策略加以因應，或是選擇增強策略提升學生的學習興趣。

(3) 學生的學習速度

　　在學生的學習速度（性向）方面，認為學生的學習性向不一，教師在教學前應該先了解學生在學習性向的高低，設法讓學生依據本身所需要的

時間量，進行學習活動，則每一位學生都可以達到精熟程度。使此種學習的型態是依據學生的速度和時間量而定，教師的教學設計與實踐，必須對學生學習因素有所理解，才能提高教學效果。

(4) 教師的教學品質

教師的教學品質高低，取決於教師對於教學歷程中所展現出來的教學行為，高效能的教師所表現出來的教學行為，能夠讓學生產生共鳴，教與學構成雙向互動，揉合科學與藝術於教學過程中。

(5) 學生對教學的理解能力

卡羅認為對教學的理解能力，受到學生本身普通智力和口語能力的影響。學生普通智力決定學生對書面內容的了解，口語能力決定學生是否了解教師的教學語言，而此二者直接影響學生對教學的理解能力。

卡羅的學校學習模式，對於學生的學習性向在學習過程中的影響，有了全新的詮釋，同時也突破傳統對性向的看法。強調任何學習者本身都具備學會各種概念的能力，只不過有性向方面的差異程度，教師的教學應該建立在不可以放棄任何學生的理念之上，隨時協助學生提高在學習上的性向；特別是對於性向低的學生，更應該針對個別差異，提供學生適當且充足的學習時間量，讓學生擁有各種不同的學習機會，以屬於自己最適合的學習方法進行學習活動，隨時調整自己的學習步伐，直到學習達到精熟為止。此種教學理念，正符應了「只有不會教的老師，沒有教不會的學生」的崇高理想。

㈣ 教師教學設計與實踐的意義

卡羅提出的學校學習模式，主要的重點在於說明，教師的教學設計與實踐，應該以學生的學習為出發點，透過對學生學習的理解，作為教學設計與實踐的參考。此種對於學生學習的新理念，不僅適用於一般大型的學校，同時也適用在偏鄉的中小學教學上。

1. 教學應該提供學生適當的學習機會

學生如果在教學歷程中，擁有適當的學習機會，就會得到比較高的學

習成效。因此，教師教學設計與實踐中，應該要了解單元教學（或學科領域），可以提供學生多少的學習機會，或是教師提供給學生的學習機會是否足夠。當教學活動進行時，學生的學習成效不如預期時，教師就需要從學生的學習機會做教學反思，調整足夠的學習機會，讓學生擁有更多的學習量。

2. 教學應該要讓學生有願意學習的意願

學生的學習意願的意義，指的是學生願意花多少時間在學習上面，對於學科有興趣的學生，比較願意花更多時間在學習上面，當學習遇到困難時，學生也願意面對學習挫折，花更多的時間處理困難的議題。因此，教師在教學設計與實踐中，應該多花一些心思在學生的學習意願之上，想想需要透過什麼策略、運用哪些方法，可以讓學生願意投入更多的學習毅力，花更多的心力在學習活動之上。

3. 教學設計應從學生的學習性向為重

卡羅的學校學習模式理論，強調學生學習性向的重要性，學習性向的高低影響學習的成效，教師只要在教學設計與實踐階段，掌握學生的學習性向，就能在教學活動實施中，讓每一位學生都可以達到精熟的程度。因此，教學設計應該要以學生的學習性向，作爲教學規劃設計與實施的參考，教師從學生的學習性向出發，依據學生的學習速度和需要的時間量，採取適當的教學理論與策略，讓每一位學生都可以學習成功。

4. 教學實踐以對教學理解能力為重點

卡羅的學校學習模式指出，學生的學習受到普通智慧與口語能力的影響，教學活動應該要以學生的這二項能力，作爲規劃設計的標準。教師的教學活動，應該以學生「可以理解」的方式進行，提供學生適當的學習機會，以及適合的學習時間，才能讓每一位學生都可以學習成功。如果教師的教學活動，學生無法快速理解，或是有理解上的困難，就會讓學生對學習產生障礙，無法在學習中取得成功的學習。

5. 教學實施以學生的學習性向為焦點

卡羅的學校學校模式，認爲學生的學習成效，包括學習的機會、學習

的毅力、學習的速度、教學的品質、教學的了解能力等五項基本要素。因此，教師的教學設計與實施，需要以學生的學習性向為主要的考量，教學活動的實施需要掌握上述的五個要素，才能使教學活動達到預期的目標。當教師的教學活動實施產生困難時，需要從上述的五個要素進行檢討、反思，教學提供的學生機會是不是足夠？學生的學習毅力有問題嗎？學習的速度和教學配合上嗎？教學的品質出了什麼問題？學生對教學的了解能力夠嗎？等等。

五、凱勒學習模式的教學理念與實踐

凱勒（Keller）的個別化教學系統（Personalized System of Instruction, PSI）是由 Keller、Sherman、Azzi、Bori 共同發展出來的教學系統（林生傳，1990）。

㈠凱勒學習模式的理念

凱勒的教學系統受到行為主義心理學增強理論和編序教學理論的影響，將教學歷程視為學習者自行決定的過程。教學一方面依據學習者身心特質所需的時間，給予充分的時間進行學習，並且自行控制學習速度和進度；一方面由學習者自行決定學習的時間，何時進行學習，何時接受學習評量，以取得適時、及時的學習；另一方面採用行為心理及學習理論，講解提示，細緻化教材，具體化教學目標，利用增強原理立即回饋，以增加學生真正專注用功的時間（林生傳，1990）。

凱勒式教學法強調學者在學習過程中主導權和自主權，學習者在面對學習時間時，可以依據自身的學習條件，選擇受教的機會和時間，同時決定接受評量的時刻。傳統式教學的主導權在教師身上，由教師依據實際的教學情境，決定學習者的受教時間和接受評量的時間，學習者的決定權比較低。

㈡凱勒教學的程序

凱勒的教學主要設計和程序如下（Keller & Sherman, 1974）：

教學語錄 136：教學要能激發學生的好奇心。

1. 建立具體而且明確的教學目標；

2. 將教學內容編製成各種教材，將教材分成細小的單元，每個單元皆爲達到特定的具體教學目標而設計；

3. 教師在教學過程中的初始階段，進行講述教學活動，提示有效學習方法，引發學生的學習動機；

4. 教師提供適切合用的自學教材，讓學生可以獨自進行學習，學習地點和情境由學生自行選擇，學習地點不限於教室，時間的使用也由學生自行選定；

5. 學生自行進行學習之後，自認爲可以達到預定的水準時，可請教師隨時安排學習評量活動；

6. 教師在學生申請評量時，立即給予適當的評量活動，並給予評分，通過評量者教師給予增強並決定下一單元的學習；未通過評量學生立即給予訂正，並請學生繼續進行自學活動，以準備下一回合的評量，直到完全通過教學評量之後，才開始下一個單元的學習；

7. 學期結束時，全體學生參與教師準備的總結性評量活動。

㈢凱勒教學理論要項

凱勒的教學理論主要包括下列六項：1. 熟練標準；2. 學生自我控速；3. 單元考試和成績評量；4. 立即回饋；5. 助理制度；6. 學習材料（林寶山，1998）。茲詳加說明如下：

1. 熟練標準

凱勒的教學在評量方面，要求學習者一定要達到預定的標準，才能通過評量。一般而言，學生必須在學習之後至少達到 90%的熟練度，才能通過單元的測驗，並代表學習已經達到熟練標準。如果學生無法達到上述的標準，就必須不斷反覆學習該單元的內容教材，直到自認爲已經熟練爲準。因此，凱勒教學的重點在於學習是否達到既定的熟練標準。

2. 學生自我控速

凱勒教學的特色在於允許學習者依據自己的性向、能力、時間學習條

件而決定學習的進度，學習能力強的學生，在學習上所花的時間比較短；學習能力差的學生，在學習上所需要的時間，比一般學生的需要量較大。因此，在此種制度之下，學生對於達到單元熟練程度所需要的時間各不相同，但是最後仍可以達到熟練的目標。

3. 單元考試和成績評量

凱勒教學中教師教材事先分成幾個小單元，每個單元本身都附有評量考試，單元測驗本身屬於「形成性評量」，在各個單元結束之後，學生必須參加期末測驗，以便於教師對整個學期課程作一個總結性的評量。總結性評量通常包括每個單元的教學內容，讓學習者在期末測驗時，對一學期的學習做深入的了解。在凱勒教學中，期末測驗成績占整個學期的25%，75%爲單元評量或是其他教師指定作業。在成績的評定方面，凱勒的教學採用標準參照測驗制度，因此學習者的學習如果符合教師事先預定的標準，則學生的學習成績應該都一致。

4. 立即回饋

凱勒的教學主要是讓學生在評量過程中，可以得到立即性的回饋，有助於學習效果的提升，讓學生可以隨時修正自己的學習活動，改進自己的學習策略。凱勒教學中設有「助理」一職，隨時提供學習者在學習上的各種訊息，如批改評量試題讓學生能立即知道評量是否達到預定的標準，如果通過了可以隨時決定是否進入下一個單元的練習；如果未通過的話，可以隨時修正自己的學習。

5. 助理制度

凱勒教學中的助理一職，主要的工作職責在於擔任教學評量的工作，提供學生適時的答案，對學生的學習活動隨時提供各種訊息。因此，助理人員通常是曾經修過該科目的學生，或是學生當中學習進度比較快者擔任。其次，助理必須將學生的學習狀況隨時稟告教師，讓教師可以隨時掌握學生的學習。

6. 學習材料

凱勒教學模式中，主要的教學資源是學習材料，這些學習材料通常是

由教師在教學前事先作規劃、蒐集、設計的，如學習指引、書面資料、指定的教科書、參考資料、作業等。學習材料必須由教師精心組織、歸納與分析，才能提供作爲學生的學習資源。

(四)凱勒教學成效評估

凱勒教學模式的實施推廣在各國引起廣泛討論，對於凱勒式教學應用與模式，經過多次的修正與調整。因此，此種教學法在移植到國內時，需要多方實驗並評鑑成效之後，才能加以運用。凱勒的教學效果，目前已經有實徵資料顯示實施效果，然而負面的評價也不少。主要是因爲凱勒教學模式是建立在行爲主義心理學的觀點，並且著重於學習者自行控速以適應個別差異的個別化教學，然而人類都有與生俱來的依賴性，教學法的應用恐怕無法面面俱到，使用時須愼思熟慮。凱勒式的個別化系統教學在國內經過學者的修正，比較能適用於國內以「升學導向」的環境中，在使用時仍須多加斟酌，俾能提升教學品質。

(五)教師教學設計與實踐的意義

凱勒式個別化教學系統的理念，在於讓學習者依據自己的學習速度，決定學習的進度以及評量的標準和時機等，對於班級教學的實施，具有特別的意義。

1. 依據學生的特質訂定學習標準

教師在教學設計與實踐歷程中，可以考慮採用凱勒教學模式的作法，依據學生的各種學習特色，事先訂定學習標準，並將這些標準轉化成爲小單元的教學評量，讓學生可以針對自己的學習速度和特質，決定接受評量的時機和接受評量的內容等。傳統的教學是由教師主導教學活動的進行，決定教學評量的標準和時機；凱勒的教學模式是由教師依據學生的學習情形，事先擬定學習內容和學習標準，讓學生自己決定學習的時間，以及接受評量的時間。

2. 學生自行決定學習速度與進度

一般的教學活動，大部分由教師做教學設計與實施方面的決定，因而

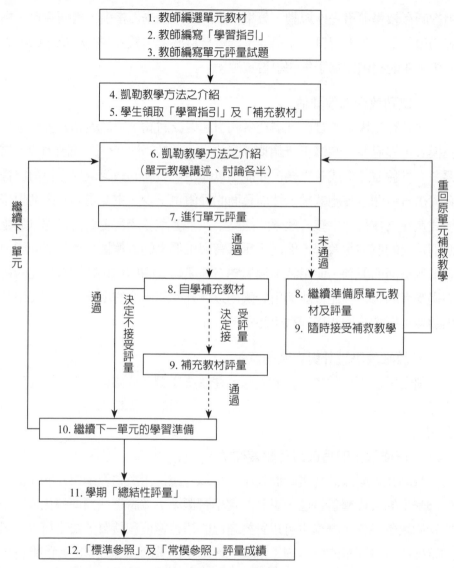

圖 5-1　修訂凱勒式個別化系統教學流程圖（林寶山，1998）

學生是屬於被動的學習，教學權和決定權掌握在教師手中。凱勒的教學模式改變傳統的作法，由學生自行決定學習速度和進度，針對自己的學習程度決定接受教學評量的時間。因此，學生的學習由被動轉而主動，教師只

要處於輔導的角色即可。由學生自行定學習速度與進度，主要的功能在於提供個別差異的學生，可以學習和自己比較、學習自己做決定、學習自己爲學習負責。

3. 學生自我控速理念與實際作法

傳統的教學活動中，教學進度和學習進度，是由教師依據相關的規定以及實際上的需要，決定教學進度的快慢。因此，學生在教學活動中無法獲得應有（或實際）的學習成效，導致學習方面的落後情形。凱勒教學模式的實施，倡導教師只要將課程與教學目標，轉化成爲小單元的學習，以及學習單元的評量，讓學生可以在學習中自我控速，依據自己的學習進度，決定需要學習的單元，並且決定接受評量的時間。如此，對於學習差異大的班級學生，不會因爲趕不上進度而放棄學習。

4. 教師將學習目標轉化為教學評量

凱勒教學模式的理念，強調教師應該將學習目標轉化成爲小單元，以及小單元教學評量的內容，作爲學生學習的進度標準。因此，教師應該在教學設計階段，利用時間將課程教學目標轉化成爲學習目標，再依據學習目標的內涵，轉化成爲學生學習的小單元內容，針對小單元學習內容，設計成爲小單元評量的標準和內容。透過上述的流程，就可以將課程與教學目標轉化成爲學習的小單元，將困難的學科知識轉化成爲具體的學習目標，提供學生「漸進式」的學習。

5. 設立教學助理並隨時監控學習

凱勒教學模式的實施，依據教學上的需要設置教學助理，隨時提供學生學習上的輔助，當學生在學習進度的決定有困難時，教學助理可以提供學習上的指導；當學生在學習評量需要協助時，教學助理也可以提供各種輔導。學生在學習歷程中，不必擔心遇到困難時，無法得到學習上的輔導。此外，教學助理的設置，可以隨時監控學習的進行，協助教師教學活動的進行。

六、編序教學法的理念與實踐

編序教學法（programmed instruction）是屬於自學輔導的教學方法之一，也是屬於個別化教學的範疇，教學實施的重點在於教材組織的改進。編序教學法的實施步驟，是將教材依據相關的程序，編成各類細目（frames or small steps），以利於學生從一個細目到另一個細目，採循序漸進方式進行學習（方炳林，1976）。編序教學法的實施，適合應用於小班級的教學或偏鄉地區的教學。

㈠編序教學法的理念

編序教學法的主要特色，在於將教材細目依據學習心理的形式精細分析、嚴密組織，以利於學生學習，學生在學習過程中，可以得到立即性的回饋，從資料的核對中獲得即時增強的效果。

編序教學法是根據學習原理中聯結論的理論發展而成的，教學實施是將教材內容詳加分析，分化成很多的小單元，在各單元之間找出它們的先後層次關係，然後加以組織，按照由簡而繁、由淺入深的順序排列，循序漸進最後達到預定的教學目標（林進材，2013）。編序教學法的發展是採用聯結理論中的操作制約學習，由教師安排刺激的反應情境，使個體的反應受到增強而達到學習的目標；其次是將個體行為依據內容分成一些可以觀察、處理、測量的單位，使個體針對反應與相對的刺激建立正確的聯結關係，而達到學習的目標。

例如：教師在進行小學梯形面積的單元教學，從面積的概念、正方形的面積、長方形面積、三角形面積的概念，一直到梯形面積的教學，將完整的概念分成很多的小單元，在各單元之間找出它們的先後層次關係。

㈡編序教學的歷程

編序教學法的發展是依據自動原理、個性原理與熟練原理而成。「自動原理」是指學習者在學習過程中，應該發展出自動自發的學習精神。因為，真正的學習起於學習者自我活動，並非全盤依賴教師的指導。「個性

原理」是指學習安排應該適應學生的個別差異，讓每一位學生都有成功和自我實現的機會。編序教學的基本精神，是建立在學生自己控制學習速度的基礎之上。「熟練原理」是指編序教學著重於學生能否將知識做融會貫通，將各類知識分類成系統化與組織化以利學習。準此，編序教學的發展在於適應學生的能力與個別差異。編序教學的實施，通常包括三個主要的歷程，簡要說明如下（高廣孚，1989）：

1. 教師提示教材

教師在教學之前，針對整體的學習內容作邏輯順序的分析，將教材依據學科性質或知識的分類，實施編序工作，將編好的一連串教材細目，利用工具，逐次地提示出來，配合學生的程度，讓學生自由自在地學習。

2. 學生作答

編序教學進行時，學生依據教師所呈現出來的教材，逐次作答。作答的方式大致上分成填充題和選擇題二種。學生在選擇學習時數之後，配合教師事先設計的單元教材，填寫答案。

3. 核對學習成果

學生在作答完成之後，可以立即得到回饋。編序教學過程中，第一個問題的正確答案，在第二道問題之前呈現出來，讓學生在學習第二道題目之前，可以了解自己在第一道題目中的作答情形，使學習得到立即性的回饋。

(三)編序教材的編製流程

編序教學在教材的組成方面，以一系列程序，讓學習者達到更合適的學習。學生在面對學習教材時，要能自動反應，並且從立即性回饋中了解學習的情形。因此，編序教材的基本構想是將教材內容詳加分析，分成許多細目，在各細目中建立起先後的層次關係，然後加以組織，由簡而繁、由淺而深順序排列，而達到學習目標（高廣孚，1989）。編序教學教材在編寫過程中，必須遵守下列的程序（林進材，2013）：

1. 界定範圍

編序教材在設計之初，必須針對教學的需要和學習的特性，將範圍作有效的界定，如此才能了解，教學要達到的目標何在？學習的最終目標何在？

例如：小學數學單元「分數的加減法」，教師在進行編序教材設計之前，應該針對學生對分數的概念，進行教學目標的界定。例如：認識分數、分數的辨別、分數的性質、分數的加法、分數的減法等。

2. 蒐集相關的原理原則

界定範圍之後，下一個步驟即針對目標蒐集有關的術語、事實、原理原則，並且將各類資料依據知識的分類或學習的特性，做歸類、分析、整理的工作。

例如：「分數的加減法」教學，教師應該將分數有關的知識進行分類，並且針對知識的性質與學習的關係，進行分析整理。例如：先認識什麼是分數並加以舉例；其次，認識分數的性質，並舉例說明；再則，了解分數的加法運算，並加以練習；最後，熟悉分數的減法運算，並加以練習。

3. 確定原理原則之間的邏輯關係

將蒐集的原理原則，依據本身的特性，以彼此之間的關係做「直線式」的順序安排，以利於教材編撰的參考。

例如：上述的「分數加減法」教學，教師蒐集的「認識分數」、「分數的性質」、「分數的舉例」、「分數的加法」、「分數加法的運算」、「分數的減法」、「分數的減法運算」，教師應該依據學生學習的原理原則，將上述的小單元作教學與學習上的安排。

4. 將教材的細目分布均勻

了解原理原則之間的邏輯關係之後，下一個步驟即將教材中的細目分布均勻，讓學習者精通所學的內容，不至於有所偏失。

例如：「分數的加減法」教學，教師在教學前應該將教材的細目，依據邏輯關係做分布。

教學語錄 144：學習注意力是教學重要的關鍵。

5. 透過增強作用強化學習效果

編序教材細目整理完成之後，運用各種增強作用，選擇學習者所出現的各種反應加以增強，透過變項間的控制讓學習者出現更成熟的行為、更精密的反應。

例如：「分數的加減法」教學，教師應該依據上述的邏輯關係，安排學生學習上的練習題，每一道練習題之後，提供標準答案，讓學生在進行第二道練習題時，可以了解自己在上一題的作答情形，並做即時性的回饋校對。

6. 各類知識有效地呈現在細目中

將先前所學習的術語或知識加以整理，間歇地出現在各類細目中，與所學習的概念加深加廣，使學習活動與教材內容作有效連結。

例如：「分數的加減法」教學，最後的步驟是教師將有關分數的加減法例子，依據學習的邏輯順序（例如先計算加法後計算減法），有效地呈現在各個細目當中。

編序教材的編撰應該以配合學習者身心發展的特質為重點，讓學習者在學習過程中，將原理原則變成有組織、有系統的知識行為，並且透過各種增強作用，強化學生的學習行為。

㈣編序教材的呈現方式

編序教學在教材的呈現方面，有別於傳統的教學法。教材的呈現是教師事先將學生所要學習的知識或原理原則，依據知識的分類或學習上的需要，做組織、歸納、分析，以利於學習活動的進行。編序教材的呈現方式，一般包括卡片式（scrambled book）、書本式（programmed text）、教學機（teaching machine）三種。茲簡要說明如下：

1. 卡片式

卡片式教材是將學習者所要學習的內容，以問題的方式印在卡片上，標準答案印在卡片的另一面。

例如，卡片的正面：$25 \times 40 = ?$　　卡片的背面印上：1000

學習者在學習過程中可以透過標準答案的核對，隨時了解自己的學習情況。卡片式的教材，是教師最方便使用，也是最方便設計的編序教材，教師可以依據教學上的需要，以及學生學習的特質，將各種單元的教學內容，設計成卡片式的教材，以利個別化教學之用。

2. 書本式

書本式的教材是將學習者所要學習的內容，以問題的形式依序排列印成課本或教科書的方式，通常在正面印上問題，在反面印上問題的標準答案，學生在面對各個問題時，透過思考活動將答案呈現出來，再由反面的標準答案做立即性的回饋，由此了解學習情況。

書本式的教材，需要教師花一些時間，進行單元教學方面的編序教材設計，以利教學活動進行時使用。

3. 教學機

教學機的形式是將各類教材的細目和標準答案，依據分類或教學上的特性置於教學機內（例如電腦），學生在學習時，只要操作教學機，細目和標準答案就會呈現出來，學習者對教學機所出現的問題和答案，做立即性的回饋，以達到立即學習和立即增強的效果。

近年來，由於資訊科技和電腦的普遍使用，編序教材在教學機的融合方面，大部分都採用資訊融入教學的方式來實施。另外，編撰教科書的廠商一般都將相關的教材，結合教師資訊媒體的使用，編成教學用光碟提供教師在教學上的運用。

編序教材從資料的蒐集、分類、教材的撰寫、安排等程序，完全以學習者特性和需求為準，讓學習者得以自行學習，並且從立即性的回饋中了解自己的學習情形，作為修整學習的參考。

㈤ 教師教學設計與實踐的意義

編序教學的實施對教師而言，具有多方面的功能，不僅可以適應學生的個別差異，還能讓學生自行決定學習的內容、範圍。學生從各細目的學習循序漸進，達到學習的最終目標。

1. 運用編序教學理念進行教學設計

編序教學的理念，在於將複雜的教學目標，經過撰寫、整理、分析、歸納等程序，改寫成小單元細目，以學生方便學習的形式呈現，透過教師的教學引導，精進學生的學習成效。因此，教師在教學設計階段，可以選擇對學生的學習比較困難的單元，將現有的教材（或教科書）改編成有利於學生學習的小單元或細項，透過學生的即時回饋與增強方式，強化學生的學習成效。

2. 改變教材呈現方式精進教學成效

傳統的教師教學活動，偏向依賴現有的教科書或教材，因此大部分都是教師改變自己的教學方法，將就教科書的內容知識，導致教學與學習無法密切配合。編序教學的實施，主要是教師將單元教學目標，經過整理、分析等改編成為有利於學生學習的方式。例如：卡片式、書本式、教學機的教學實施，重點在於教材呈現方式的改變，可以提供學生學習的方便性，學生可以從上述的教材呈現方式，得到最有利、最有效的學習。

3. 將單元教學編撰成教學的小細目

教師在教學設計與實踐階段，應該利用備課時間，選擇以往比較不容易達到預期教學目標的單元，嘗試將單元教學的知識內容，依據編序教學的方式編撰成教學的小細目，將學習知識做分類且系統的整理，轉化成為學生學習的教材。透過教學小細目的教材呈現方式，引導學生從起點行為、舊經驗、新經驗的相互連結，強化學習的效果。

例如：小學數學單元「分數乘除法的教學」，教師可以將分數的乘法、除法等概念，依據分數的乘除性質，編撰成教學的小細目「認識分數」、「分數的性質」、「分數的乘法」、「分數乘法的運算」、「分數的除法」、「分數除法的運算」等小細目，引導學生逐步學習分數的乘除法。

4. 運用即時回饋與即時增強學習成效

教師教學設計與實踐，需要採用適當的方法引導學生學習，才能精進學生的學習成效。相關研究指出，即時回饋與即時增強策略的運用，對

於學生的學習具有正面積極的意義。因此，教師除了在教材的呈現方式之外，也應該將學習知識做系統的整理、分析與改編等，提供學生在學習過程中有系統循序漸進地學習。在學生學習歷程中，以即時回饋與即時增強的策略，讓學生可以立即了解自己的學習是否達到預期的目標，從學習當中得到應有的成就感。

5. 將既定教材改編成編序教學的理念

傳統的教學設計與實踐，比較偏向「依賴教科書」或是「照本宣科」方式的教學，對於教科書中的知識內涵、知識的排列、知識的系統等，很少進行改寫或改編的動作。編序教學的理念，強調教師應該將既定教材進行改編，以學生可以理解的方式，轉化成為單元學習小細項，讓學生從學習中的即時回饋，可以了解自己的學習情形。此種作法，正符合布魯納（Bruner）在其《教育的過程》一書中，提出來的「任何學科的結構都可以用某種方法，教給任何年齡的兒童」。

編序教學法的實施，在國內雖然已經提倡多年，然而並無真正落實的機會，因為各種現實環境使然，僅用於診斷學習活動上。今後，在教學法的研究與應用發展上，應該針對影響教學方法的內外在因素，進行理論性的分析與實務性的對話，才能提升教學法的可用性。例如：偏鄉的中小學教學，教師的教學設計與實踐，可以考慮依據當地的特性、學生的學習需要，嘗試各種教學方法的實施，從教學理念的改變、教學策略的運用，提升學生的學習態度與興趣。

七、精熟學習法的理念與實踐

精熟學習法（mastery learning）的概念在 1968 年由布魯姆（Bloom）提出完整的理念，精熟學習的理論主張教師在教學時，如果能有系統地進行教學活動，學習者在遇到困難時能夠得到適時的協助，就能擁有達到成熟程度的足夠空間，並且訂有清楚明確的精熟標準，幾乎所有的學生都能學習成功（王秀玲，1997）。本文針對精熟學習的理念，說明精熟計畫的擬定、實施、評量，並闡釋在教學設計與實踐上的意義。

教學語錄 148：教學前和學生聊聊天有助於了解學生。

(一)精熟學習法的理念

精熟學習的理念指出，如果性向的確可以測出學生所需的時間，即有可能設定出每個學生預期能達到的精熟水準。只要教師在教學時針對教學相關變項、學生的學習機會及教學品質加以控制，幾乎所有的學生都可以達到既定的精熟程度。

布魯姆依據對班級教學的觀察研究發現，在傳統的教室中，所有學生都接受相同的學習機會和教學品質，在此種情況之下，對部分的學生是適當的，但對大多數學生是不足的。在教學歷程中感到適當的學生幾乎都可以達到精熟程度；對於感到不足的學生，在學習中容易得到挫折感，而無法達到精熟程度。因此，教師只要調整教學方式，提供學生適當的教學品質與學習機會，大部分的學生都可以達到精熟的程度。

(二)精熟學習的實施步驟

精熟學習的發展是建立在如果教學品質上能力求改進，讓學生擁有充分的時間，並引導學生切實有效地運用時間，則學習的效果就會提高，達到各種精熟標準的假設之上。從布魯姆的觀點而言，影響學習結果的主要變項在於教師的教學品質、認知起點行為及情意的起點行為之上。教師在教學時，必須了解學生學習性向，依據學習性向給予充分的時間和學習上的支持，透過教學技巧的運用，激發學習的情意動機，建立學習的信心和自我觀念，對學習效果的促進有正面的幫助（林進材，2013）。

精熟學習計畫的實施，是依據以時間為本位的教學研究所建立的模式，認為學習的決定關鍵，在於學習者所需要的時間。精熟學習實施通常包括三個主要的步驟，即精熟學習計畫的擬定、精熟學習計畫的實施、精熟學習計畫的評量（黃光雄主編，1988）：

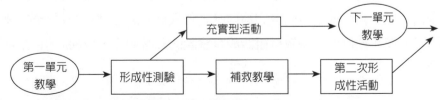

圖 5-2　精熟學習法的教學過程（黃光雄主編，1988: 133）

1. 精熟學習計畫的擬定

精熟學習法的計畫步驟，包括六個主要的步驟，即分析學習目標、編製形成性測驗、安排校正活動、設計充實活動、編製總結性測驗和在教室中的運用（參見圖 5-3）：

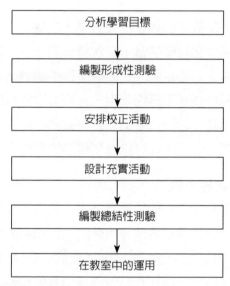

圖 5-3　實施精熟學習法的計畫步驟（林進材，2013: 266）

(1) 分析學習目標

學習目標是教學的重心，決定教學的起點行爲與中點行爲。教學目標明白地陳述學生在學習過程中，需要獲得的能力和技巧，教師清楚分析學習目標，對學習能充分地掌握，並能精確地評量出學生的學習成果。

(2) 編排學習內容

學習內容的編排必須考量教科書的章節、邏輯順序、因果關係及知識的結構問題，教師對學習內容的編排應該將教材分成連續且相關聯的「較小單元」或「細目」，將教材組織成有意義的教材順序，以利於學習活動的進行。

教學語錄 150：教學應該經常性變換各種活動。

(3) 編製形成性測驗

形成性測驗可以指出學習的重點，了解學生學習的程度和需要再加強的地方。教師在教學時，透過形成性測驗診斷學生的學習情形，並事先設定精熟的標準，讓學生透過學習以達到 80% 至 90% 的精熟標準。

(4) 設計回饋校正及充實活動

教師在學生遇到學習困難時，進行相關的補救教學活動，了解學習者的學習狀況之後，依據實際需要進行補救教學活動。精熟學習實施中，往往透過校正活動達到預定的目標。教師應該針對學習速度特別快的學生設計充實活動，以加深加廣學習內容；對於學習落後的學生，也應該從補救教學活動中，指導學生達到預定的精熟程度。

(5) 編製總結性測驗

形成性測驗的目的，在於了解學生的學習狀況。總結性測驗的目的在於匯集學習的成果，以及學習者在知識、技能和情意方面的獲得情形，在學習結束之後，用來作為評量學習結果的依據。

2. 精熟學習計畫的實施

精熟學習法的實施，依據布魯姆的構想，可以分成 5 個主要的步驟：

(1) 精熟學習法的引導

精熟學習法在實施之前，教師需要做學生及家長方面的引導工作。在學生方面，教師應該在學期前課程尚未實施時，花一些時間讓學生對新構想有所了解，再引導學生進行精熟學習的管道，了解學習的最終目的、必須精熟的程度等問題；在家長方面，教師可以透過家長對學生的影響力強化學習的效果，透過管道取得家長的支持協助，讓家長也能了解精熟學習的實施步驟、學習的程序和精熟的標準。

(2) 精熟教學

精熟教學在實施過程中，同時考慮課程與教法的問題。在實施時通常包括提示、參與、增強與獎賞、回饋與校正活動。

a. 提示

教師在教學時以提示的方式，讓學生了解學習的重點，應該注意的線索及教師對學生的期許。教師的教學透過提示使計畫更完整，課程內容的實施更順利，學生的學習更有秩序。

b. 參與

通常是指學生投入學習的狀況或程度，教學歷程中，學生對學習的投入往往影響教師的教學品質。教師在實施精熟教學時，可以運用各種鼓勵的方式，促進學生對學生的參與，讓學生願意花多的時間在學習工作上。

c. 增強與獎賞

增強與獎勵是教師用來激發學生學習動機的方式，由於教師對學生的讚美或鼓勵，具有激發學習動機的作用。增強與獎勵的運用應該讓每一位學生都有同等的機會，而不是集中於少數優秀的學生身上。教師應該提供每位學生相同次數和機遇的獎勵。在精熟學習的形成性測驗上，增強與獎勵的運用更能強化學習的效果。

d. 回饋與校正

回饋與校正是精熟學習中最重要的一環，透過立即性的、直接的、清楚的、明確的回饋提供學生改善學習的方法。在教學過程中，回饋活動應該定期實施，同時讓學生了解教師對學習的期許及確信每位學生都可以達到預期的目標。

(3) 進行形成性測驗

形成性評量的實施，在於檢視單元學習是否精熟。教師在教完一個單元的精熟學習課程之後，必須透過形成性測驗檢視學生的學習進步情形，從形成性測驗的實施，了解學生精熟的部分和不精熟的部分，作為調整教學活動的依據。

(4) 引發學習動機

教師在實施精熟學習時，必須在各種教學情境中設法引起學生的動機。教師可以透過「學習成功」的條件，引發學生強烈的學習動機。教師在形成性測驗之後，讚美學生，肯定學生的學習進步，有助於學習動機的

引發。再則，讓學生在學習過程中獲得優異成績，對學習動機的激發同樣
具有正面的效果。

(5) 校正及充實活動的安排

在學習活動告一段落之後，教師以形成性測驗了解學生的學習狀況，
對於已經達到精熟程度的學生，可以安排各種充實活動，以加深加廣學習
內容。已經精熟的學生，可以擔任「學習小老師」角色，指導未精熟的學
生；對於未精熟的學生，教師可以實施校正活動，改用其他不同教學技巧
或策略，以學生可以了解的方式進行學習活動，讓學生可以在不同的情境
條件之下進行學習，以達到精熟程度。

3. 精熟學習計畫的評量

精熟學習的評量目的在於了解：(1) 精熟學習法的引進，是否導致一
些改變；(2) 有哪些預期與非預期的事發生；(3) 如何改進精熟學習應用的
程序等問題。當精熟學習結束時，教師透過總結性評量對整個單元進行評
鑑，作爲教學上的參考。在實施過程中，教師需要蒐集學習成就方面的資
料（包括情意方面、學習參與、出席狀況、學習表現等），並進行有意義
的比較，作爲教學上的參考。

(三) 教師教學設計與實踐的意義

精熟學習法的實施，主要的理念建立在只要提供學生適當的學習機會
和時間，學生就可以達到學習精熟的程度。

1. 教學設計應該以學生的學習狀況為主

精熟學習法強調教師的教學設計，應該以學生的眞實學習狀況爲主，
將學生的學習目標進行分類，將學習目標轉化成爲具體的學習行爲，透過
提示、參與、增強與獎賞、回饋與校正方式，指導學生進行學習活動，在
學習過程中依據學生的學習表現，提供充實活動或補救教學。

2. 透過形成性評量與增強策略改進教學

教師教學活動設計與實踐，除了將學習目標進行分類，簡化成爲學生
容易學習的知識形式，教師透過形成性評量的測驗，了解學生的學習進步

情形，或是學習落後情形，針對學習狀況給予適當的策略。此外，實施形成性測驗之後，了解學生的學習情形。在形成性測驗之後，隨時提供學生增強與獎賞策略，激發學生的學習動機。

3. 以校正與充實活動修正學生學習狀況

精熟學習法的實施，讓學生在學習過程中，得以因應不同的差異，進行學習活動，並且達到精熟的程度，教師在教學中，透過形成性評量的方式，了解學生的學習狀況，是否達到精熟或是有落後的現象。對於精熟的學生可以再加深加廣，提供充實的活動讓學生學習；對於未達精熟的學生，透過小老師或充實活動等策略，讓學生達到預定的精熟標準。

4. 透過精熟學習方法確保學生學習標準

精熟學習法的實施，教師在教學設計階段預定學生可以達到的精熟標準，再設計各種學習策略，讓學生達到精熟標準。其次，運用形成性測驗隨時可以了解學習狀況，診斷學生學習困難的地方，並且設計各種補救教學活動，以確保學生的學習成果。因此，運用精熟學習法，教師可以透過各種教學策略與診斷工具，確保學生的學習標準，以及在學習中達到的精熟程度。

5. 以簡化學習內容方式降低學習的挫折

精熟學習法的運用，主要的理念是建立在讓「每個學生都成功」的立場之上。教師在教學設計與實踐當中，透過學習策略方法的實施，形成性測驗工具的使用，隨時了解學生的學習情形，以及在學科學習方面的精熟程度。對於未達到精熟的學生，則採用補救教學的方式，以簡化學習內容的作法，降低學生在學科知識方面的學習困難程度，使每一位學生都可以達到精熟學習的目標。

八、個別處方教學的理念與實踐

個別處方教學（Individually Prescribed Instruction, IPI）是「調適學習的環境」系統之教學設計，屬於個別化教學方案之一（林生傳，1990）。個別處方教學是由美國匹茲堡大學學習研究發展中心（Learning Research and

Development Center）於 1964 年發展出來的教學方案，後來經過實驗、應用與驗證，始廣爲推展。個別處方教學的實施，對於班級學生學習差異性大的學生，具有正面積極的意義。

㈠個別處方教學的理念

個別處方教學的實施，基本上是基於下列基本原理：1. 學生的學習方法與方式有很大的個別差異；2. 學生在學習起點行爲方面，本身的能力影響學習成效。教師在教學時，應該先考量學習環境對學生的影響，設計一個適合學生學習的環境，將學生在各個方面的差異降到最低。同時讓學生對學習產生興趣，樂於進行有效的學習。教師在教學設計與實踐時，隨時診斷學生的學習狀況，作爲調整教學的參考，並透過變通方案使學生充分發揮自己的潛能。

個別處方教學設計的基本原則，包括下列幾個要素（林生傳，1990）：

1. 訂定明確的學習目標：以學習者的行爲以及表現行爲的情況和條件敘述之；

2. 評估學習前的能力：俾便確定是否具備即將進行學習的起點條件；

3. 設計可以自由選擇的變通性教育活動，便利學生自由選擇；

4. 在學習進行中，不斷檢視並評量進行的情形；

5. 教學如何進行視學生（在評量上的）表現、可得的變通性教學活動，與能力的標準而定；

6. 隨著教學活動的進行，隨時蒐集並提供資料，來檢討並改進教學系統。

㈡個別處方教學的發展

從個別處方教學的基本原則，可以了解個別處方教學在學習目標的訂定過程中，強調學習者的行爲及表現；其次，對學習者的學習前能力進行評估，了解起點行爲是否具備學習的條件。換言之，學習者的準備度如

教學語錄 155：運用學習的獎章強化教學效果。

何，教師在教學歷程中，不再如傳統教學法固守一種固定的教學方案，而是研擬多種的備選方案，讓學習者依據自身的需求做不同的選擇；教學進行時，教師不斷檢視學習進行的情形，作為調整教學活動的參考；變通性教學活動與學生在評量上的表現有關；最後，教學系統的改進，透過教師在教學時，不斷地蒐集與教學有關的各種訊息，作為調整或持續進行教學活動的參考。

個別處方教學系統的發展（參見圖 5-4），將教學活動分成三個主要部分，即學生、教師和個別處方教學資源，詳加敘述如下：

1. 學生部分

個別處方教學的進行，讓學生按教師所提供的處方進行學習活動，處方的擬定是由教師以學習者的條件和學習行為表現為準，再加上各種有效的教學策略。

2. 教師部分

教學過程中扮演計畫與指導的角色，並且提供學生各種學習上的處方。在教學前，教師依據對學生的了解擬定各種學習方案，讓學生做自由的選擇：在教學中，教師針對學生的學習狀況，隨時指導學生的學習。

3. 資源部分

個別處方教學的資源以教育目標為主，包括診斷性工具、資料與設備、教學技術、教學進度等。

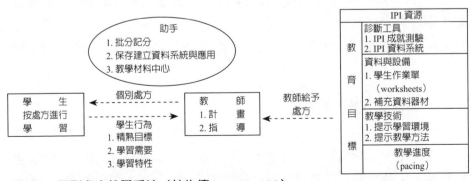

圖 5-4　個別處方教學系統（林生傳，1990: 130）

㈢個別處方教學的步驟

個別處方教學的實施步驟，包括六個主要的步驟，詳加說明如下：

1. 安置性評量

個別處方教學實施安置性評量的主要目的，在於學期開始前了解學生的起點行為，在學習方面的表現和行為水準，作為擬定預期達到的精熟標準，並決定學生應該學習的單元和進度。

2. 教學前評量

教師在教學前實施「教學前評量」，有助於了解每一個單元教學前，學生的舊經驗為何？具有哪些先備知識？在學習的性向如何等方面的訊息，作為決定學科教學的參考。同時，可以依據評量結果修正教學目標，哪些目標已經達到？哪些目標需要納入學習？哪些目標要再增加等。

3. 提供學習處方

教師在透過安置性評量和教學評量之後，就能確定學習目標。確定學習目標之後，可以針對學習內容，擬定各種學習處方，進行教學活動。教師安排的學習處方包括閱讀資料、聽講、參考文獻、討論活動、運用電腦輔助教學、電化產品、視聽媒體等，以輔導學生的學習活動。

4. 實施習作測驗

當教學活動進行到一個階段之後，教師實施習作測驗（curriculum-embedded test, CET），了解學生的學習是否已經達到教學目標的精熟程度（85%），學生如果通過預定的精熟程度，即可進行下一階段的學習。習作測驗的內容通常是教師從學科內容中，選取一個完整的材料及作業以編製成的測驗。

5. 實施後測

學生在通過習作測驗之後，教師再實施後測，以了解學生是否真正達到教學目標，確定是否學會該單元的內容。

6. 決策

教師在實施各項測驗之後，如果學生都通過測驗的話，就能進行下一個單元的學習；如果學生未能通過測驗的話，需要再學習同一目標的內

容，教師就得針對學生的學習狀況，編擬各項測驗或策略，協助學生完成精熟程度的學習（參見圖 5-5）。

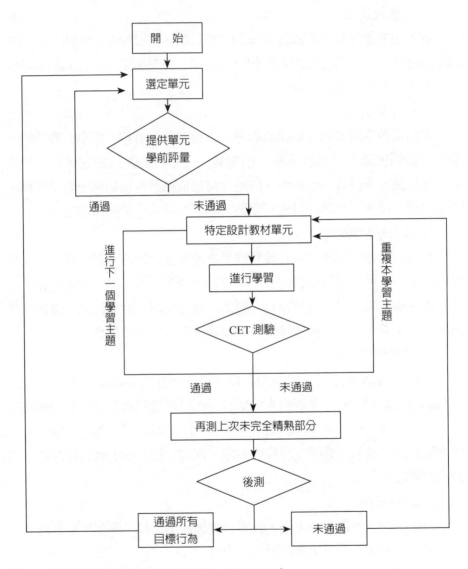

圖 5-5　個別處方教學流程（林生傳，1990: 133）

㈣ 教師教學設計與實踐的意義

個別處方教學的設計，是依據學生的學習特性，提供各種備選方案，協助學生達成精熟學習的程度。

1. 營造對學習正向積極的學習環境

個別處方教學的理念，認為學生的學習環境，對於學習成效的影響相當大，教師應該針對學生的學習需求、學習上的需要，規劃設計適合學生學習的環境，透過正向積極的學習環境，加強學生的學習參與，提高學生的學習興趣，進而激發學生的學習參與。

2. 針對個別學生設計個別處方教學

一般傳統的教學活動，教師的教學設計與實踐，大都以全部學生為規劃設計的參考，無法符合或回應每個個別學生的學習需要，因而，教學活動的進行，只能提供部分學生的學習需求，無法提供個別學生的處方教學。教師在教學設計與實踐時，應該針對個別學生的差異，設計各種（或多種）的處方教學，以方便在教學活動進行時，隨時依據教學上的需要，提供學生學習上的輔助。

3. 教師教學需要適合學習備選方案

學習備選方案的設計，教師可以在教學前，先分析單元教學的目標，思考這些目標怎樣轉化成為小單元的教學知識，進而將這些小單元知識，再細分成為各種備選方案。學習備選方案的規劃設計，可以在教學活動進行遇到困難時，作為教師教學選擇之用，透過備選方案的運用，可以提供學生在學習上的多種選擇機會。

4. 教學需要讓學生有多種選擇機會

傳統的教學活動設計，只針對教師教學目標的內容，進行教學方法策略的規劃，以教師為中心的教學設計與實施，比較無法回應學生學習上的真正需要，因而導致教學與學習脫軌的現象。教師應該在教學設計與實際時，依據學生的學習特性、學習需求、學習成效等，規劃多種的教學活動方案（或學習活動方案），讓學生在學習過程中，可以擁有多種的選擇機會。

5. 設計並實施各種的測驗掌握學習

個別處方教學的設計實施，強調各種教學形成性測驗的重要性，教師可以透過形成性測驗的實施，了解學生在學習過程中的精熟程度，對於已經達到精熟的學習，可以再加深加廣；對於尚未達到精熟程度的學生，教師可以透過補救教學的實施，提供學生「再學習」的機會，以達到預期的精熟程度。

九、適性教學模式的理念與實踐

適性教學的運用主要來自於教育機會均等的延伸，透過適性教學法的運用，可以讓每一位學生學習過程中，不會因為各種先天的條件或後天的環境而形成學習上不平等的現象。適性教學的理念來自於「因材施教」與「個別差異」的教育哲學觀。

㈠ 適性教學模式的理念

適性教學模式的理念，源自於早期的個別化教學，讓每一個學習者依據自己的學習狀況、需求，而選擇學習或教學的方式與模式（林進材，2013）。適性教學主要在於符合個別化的教學，其特色如下：

1. 教師本身提供比較少的教學活動；
2. 教材本身提供比較多的活動；
3. 教師在教學歷程中的時間比較自由，因而有更多的機會進行個別指導，決定個別學生應該學哪些或如何進行學習；教師同時擁有更多的時間仔細觀察學生的紀錄，以從事學習困難的診斷和補救教學工作；
4. 教師要給學生更多的機會選擇和決定自己的學習內容，要學些什麼、如何學、用什麼教材學習等；
5. 學生可以依據自己的進度學習，取代所有學生以同一進度學習。

由此可見，適性教學活動的實施，是依據學習者在學習方面的需求、學習狀況、學習表現、學習性向，教師設計符合學習者學習的情境、有效的策略，以達到教學目標和精熟程度。適性教學是以學生為主軸、教學

為輔助的教學法。在特色方面，教師提供比較多的活動，讓學生完成學習目標，教師在教學歷程中擁有比較多的自由空間，自主性比較大。並且擁有比較多的時間觀察學生的學習情形，以便從事學習診斷和補救教學的工作，以協助學習困難的學生。

(二)適性教學的類型

適性教學的發展主要是以學習者為中心，讓學習者在教學歷程中，可以依據自己的需求，完成學習的目標。適性教學的類型，包括三種基本的形式，即選擇（selection）、充實（enrichment）、加速（acceleration）。

選擇是以學生的資質或表現作為篩選學生的參考；充實制是在固定的學習時間之內，設法增加學習的內涵以達到不同的學習目標；加速式是以相同的學習目標，觀察學生完成目標所需要的時間（林進材，2013）。

適性教學在發展類型方面，以學習者在學習過程中的決定為主，讓學習者對自己的學習活動，擁有相當程度的自主權，學習才能盡性適性。

(三)適性教學的模式

適性教學在實施過程中，強調教師與學生之間的互動，藉以達到教學的目標。教師在實施適性教學時，以家教式的教學實施最為理想。家教式的教學在人數的控制方面，不像一般傳統的教學，應該以少數學生的教學為主。適性教學的模式，包括個別化引導教育、精熟學習方案、適性教育計畫等，詳加說明如下（林進材，2013）：

1. 個別化引導教育

個別化引導教育是克勞斯梅爾（Klausmeier）在 1960 年代和其同事發展出來的教育方案，強調教學實施首先重組教師的工作，組成教學單位（instructional aides）。教學單位是由五個教師、一位專業助理和 60 到 120 位學生所組成。教師決定學習的「相同終點目標」和「不同終點目標」。目標決定之後，依據目標的內容發展單元教材和學習策略。

2. 精熟學習方案

精熟學習方案是教師針對班級學生的學習，實施診斷測驗及補救教學

措施之後，針對明確的單元目標進行分析教學細目，並發展形成性測驗和編序教材，以協助學生達到精熟程度的教學策略。

3. 適性教育計畫

適性教育計畫是由美國賓州 Temple 大學的人類發展和教育研究中心主任 Margaret Wang 所領導的適性教育方案，適性教育計畫在實施過程中，包括九個主要的工作層面：

(1)開發和管理教學材料；

(2)發展學生自己負責任的能力；

(3)診斷學生的學習需要

(4)個別的、小組的、大班級的教學；

(5)交互式教學（對個別學生的指導校正、增強和作業調整）；

(6)追蹤學生的進步情形；

(7)引起動機（鼓勵和回饋）；

(8)設計教學計畫（團體和個別的）；

(9)檔案紀錄。

適性教學計畫的實施，通常和一般教學法有所差異，適性教學計畫需要將教室的規劃重新調整，才能符合教學和學習上的需求。教學的進行是以個別和小團體為主，讓學生完成學習任務。

(四) 適性教學的實施程序

適性教學的實施步驟，依據羅米茲諾瓦奇（Romiszowski, 1982）的論點，分成四個主要的步驟：

1. 工作分析與科目分析

教師在教學前，針對課程內容或科目性質，分析課程的起點目標與終點目標，作為教學歷程中方法、策略、評量、活動設計的考量。

2. 單元工作分析和主題分析

教師進一步分析單元學習的結構、內容的邏輯關係，作為診斷工具的擬定和篩選、單元教學法的採用、教學輔助媒體的選擇等。

教學語錄 162：運用同儕關係於教學效果上。

3. 知識和技能的分析

教師在教學活動的分析方面，包括行為目標的擬定，作為教學活動策略、方法及輔助媒體的選擇參考。

4. 學習程序及問題的分析

學習程序的分析包括合適媒體的選擇，有效學習活動的擬定，練習活動、電化用品、教學策略的運用等。

教師在採用適性教學時，必須依據實際上的需要，詳細考慮各種相關的因素，隨時了解學生的特質，作為修正教學的參考。

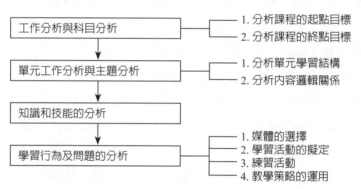

圖 5-6　適性教學的實施過程（林進材，2013: 282）

㈤ 教師教學設計與實踐的意義

適性教學的實施，主要是以學生的學習特性，作為教師教學設計與實踐的依據，希望透過教師對學生學習的了解，可以設計適合學生學習的方案。

1. 以學習特性作為教學設計與實踐的規準

適性教學的設計與實踐，主要理念在於以學習者為中心，讓學習者可以在教學歷程中，能夠依據自己的學習需求、學習性向，完成學習目標。因此，教師在教學設計與實踐時，應該要以學習者的性向，作為規劃設計的依據，擬定對學習者最有利的學習方案，讓學生可以在學習中，擁有各種的決定權。

2. 教學情境的重新安排提供學生學習機會

教師在教學設計與實踐階段，應該以學生的學習發展爲主，將傳統的教學情境，做重新的安排與規劃，讓學生可以在學習活動中，以自己最有利的學習方式，得到學習上的成功。教師在教學情境上的安排，必須考慮學校的組織氣氛、物理環境及教材教法的編選等，才能落實適性教學的成效。

3. 適性教學的運用宜配合多種教學方法

適性教學法的實施，教師必須考量學習者的特性和需要，和其他的教學法相互配合。例如：教師在運用適性教學法時，可配合編序教學法、多媒體教學、分組討論、小組教學和電腦輔助教學、資訊融入教學法等，讓學生可以在多種、多樣、多方式的教學法之下，進行高效能的學習活動。

4. 多樣化的適性教學策略與運用成效

適性教學法的實施，是教師針對學習者的需要，設計各種適性的策略，在傳統的班級教學情境之下進行教學，以提升學習效果。適性教學策略的規劃，需要教師配合學生的學習性向、學習需求、學習成效等，規劃適當的教學方法，從教學方法與教學策略的相互配合，提供學生「有利學習」的情境，以期達到預期的學習成效。

5. 單元工作分析與主題分析在教學上的應用

適性教學法的實施，重視教師在教學設計與實踐階段，應該將課程與教學目標，轉化成爲工作分析與主題分析，以學生可以理解的方式呈現，讓學生可以從小單元的學習開始，從學習中完成各小單元的工作，進而到主題單元的學習，從學習中達到成功的目標，進而到整個單元的學習。因此，教師在教學設計時，應該界定教學目標的內涵，以及學科學習知識的內容，設計成小單元工作和主題工作，讓學生可以「從簡單的地方學習」、「從會的地方學習」、「從熟悉的地方學習」。

（本章的主要內容，係改寫自本人教學理論與方法專書之個別化教學篇章）

本章討論與研究議題

1. 個別化教學的主要理念有哪些？這些理念對教師教學設計與實踐有什麼意義？
2. 個別化教學方法有哪幾種？請任選一種爲偏鄉的學生進行教學設計？
3. 個別化教學方法與傳統教學法有什麼異同？對教師教學設計與實踐有什麼意義？
4. 請說明個別化教學怎麼運用在教師教學設計與實踐中？
5. 請任選一種個別化教學法，進行相關的教學設計並評估其實施成效？

第六章

新興教學的議題與教師教學實踐

　　由於時代快速進步，資訊科技的改變日進千里，教師的教學活動設計與實踐，需要隨著時代的變遷，適時修正自己的教學理念和設計。新興教學議題的出現與改變，對於教師來說，是一種來自專業的挑戰，同時也是對傳統教學的更新。本章的主要內容，在於說明新興教學的各種議題，包括學習共同體、分組合作學習、學思達教學、MAPS 教學、概念圖教學、多元文化教育的教學、學生中心的教學、文化回應教學、適性教學等，提供教師在教學設計與實踐上的新思維，希望透過這些論述，引導教師進行教學理論與方法的更新，進而提升教學效能。

一、新興教學議題對教師的影響

㈠傳統教學與新興教學的差異

　　一般的教師在接受師資培育階段，所學到的教學理論與方法，多半是當時擔任師資培育教學的教授認為比較重要的教學方法，或者是師資培育教科書中提出來的教學方法。完成師資培育課程之後，等到完成教學實習，經過多年的教師甄試，進入教學現場時，握在手中的教學知識，已經無法回應教學現場的需要。因此，教師必須在教學現場，隨時調整（或修正）自己的教學方法，以符合教學現場的實際需要。一般而言，傳統教學與新興教學的差異不大，很多的新興教學本身，其實就是傳統教學的「進階版」或是「精進版」，針對傳統教學可能產生的限制，做教學步驟方面的微調。例如：講述教學法本身是以教師為中心的教學，容易導致「老師講、學生聽」的教學型態。為了修正講述教學法的過於偏重教師中心的教學，因而鼓勵學生在教學中說出自己的想法（think aloud），這就是說出思想的教學法。

㈡新興教學對教師專業的挑戰

　　新興教學議題的興起，對教師的專業來說，是一種質疑，也是一種挑戰。當一位傳統的教師，在學校教室中悶著頭努力進行教學時，他們渾然不知道外面的世界，和他們的想像已經不一樣了。當外界的改變超出教師

的想像時，首當其衝的是教師「對自己專業上的懷疑」，懷疑自己的教學已經趕不上時代的步伐，懷疑自己的教學方法，跟不上學生的學習步履。另外，近幾年來，由於家長教育程度的提升（108 年國小新生入學的家長，教育程度已經提高到專科或大學階段），家長慢慢地了解教育對子女成長的重要，因而透過各種方式，和學校教師討論教學方面的議題。家長關注學校教育發展，對教室教學活動的實施產生興趣時，接下來就是質疑教師的教學方法，讓教師的專業受到質疑、受到挑戰。

㈢新興教學對教師教學的影響

當教師在面對新興教學的興起時，容易懷疑自己的專業能力，是否足夠因應新興教學的需要，提供學生在學習上適合的策略方法。新興教學議題的興起，主要是針對整體的課程與教學，探討需要修正調整的地方，針對所謂傳統的教學活動，提供教師在策略與方法修正的參考。因此，當新興教學議題興起時，第一線教師所應該做的，就是先針對自己教學上的需要，思考哪些教學方法需要調整，哪些教學策略需要修正，自己的教學活動有哪些過於陳舊，需要引用新的教學策略方法，改進目前的教學困境；另外，在學生的學習方面，教師應該做的，就是針對學生學習困難的地方，提供有效的解決策略。例如：學習動機低落的學生，應該採用哪些策略作為改善，學習進度趕不上的學生，需要透過哪些策略來填補落後的學科知識。

㈣新興教學對學生學習的影響

新興教學議題的興起，除了改變教師的教學活動，同時也意味著學生的學習活動，也應該隨著改變。國內有關學生學習活動的改變，包括二個重要的層面，一為教師教學活動的改變，一為學生學習活動的改變。前者指的是教師在教學活動設計與實踐時，應該針對學生的學習情形，融入教學設計當中，內容包括學習策略與方法的應用，學習效能方面的提升等；後者指的是學生在學習策略與方法的應用，必須跟著教師的教學活動而調整，內容包括學習習慣的改變、學習技巧的運用與修正等。

教學語錄 169：教學要養成記錄的習慣。

㈤ 教師如何面對新興教學議題

當教師面對新興教學議題時，不必過度恐懼，也不用過度慌張，而是需要透過「教學反思」，了解這些新興教學議題在關注什麼，有了哪些新的改變？這些改變對自己的教學有哪些新的意義、新的啟示？等等。

1. 了解改變了什麼議題

當教師在教學生涯中，出現新興教學議題時，教師宜針對各種新興的教學議題和主張，和自己的教學活動進行比對，了解這些新興教學議題，究竟改變了什麼？這些改變對於教師教學設計與實踐，產生哪些新的意義？這些教學議題對平時習慣「依賴自己的教學理論」的教師，需要做哪些方面的微調修正，才能因應新興教學議題的潮流，精進自己的教學效能？

2. 分析改變前後的差異

教師在面對新興教學議題時應該先了解，這些改變前後的差異有哪些？和自己的教學活動相比較，哪些是一樣的？哪些是不一樣的？這些差異的現象代表什麼意義？針對教學改變前後的差異，分析自己的教學現況，有哪些是需要維持現狀的？有哪些是需要修正調整的？這些改變前後的差異，對於教師教學設計與實踐，提供了哪些重要的挑戰？哪些重要的改變契機？哪些重要的機會？等等。

3. 積極正向的面對改變

歷年來中小學教師面對教學改革時，最佳的寫照如下「教改果真像月亮，初一十五不一樣，管它一樣不一樣，教室教學仍照樣」。這是中小教師在面對教育改革、新興教學議題時負向的想法，消極面對的態度。因此，歷來的教育改革（或課程改革），始終將失敗的原因歸咎在「教師的不配合」。教學理論與方法的應用，應該隨著不同時代，而有不同的改變（或更新）。教師應該以更積極正向的態度，面對新興教學議題的各種主張，思考如何在瞬息多變的時代裡，更新自己的教學理念，讓自己的教學活動更具有亮點，讓自己的教學成功、學生的學習順利。

4. 尋找可以改變的機會

「改革一定帶來不安，但創新一定歷經改革。」

中小學教師的教學設計與實踐，在歷經多年的教室教學實驗與運作之後，如果要改變的話，是需要相當大的勇氣才能落實的。因此，教師在面對新興教學議題時，應避免以消極的態度因應，而應該以積極的態度、正向的想法，在日常班級教學中，尋找自己可以改變的機會。改變的幅度不需要過大，或是改變的質量不需要太多，只要在反思自己的教學之後，尋找一至二個教學改變的機會就可以。例如：習慣以傳統「教師中心」的教學型態，可以試著採用「分組合作學習」的教學型態，嘗試看看在改變教學型態之後，教師的教學效果和學生的學習成效，產生哪些方面的改變。

5. 同儕合作分享的作法

「一個人可以走得很快，可一群人可以走得很遠。」

中小學教師在進行教學革新，做任何的改變時，不僅僅需要自己很大的勇氣，更需要周遭同業的鼓勵打氣。因此，同儕教師在教學上的支持與分享，是教學改革成功的主要關鍵因素。教師在面對寂寞的教學改革時，應該在教學現場（或服務學校）尋找志同道合的教師同儕，一起進行教學方面的改革工作，相互分享自己的教學改革想法，透過相互分享、同儕視導的方式，尋找教學革新的契機。透過相互分享與鼓勵的方式，分享彼此的教學實驗心得，進行經驗方面的交流，同為未來的教學改革進行可行性評估，為新興教學議題的興起而努力。

二、佐藤學學習共同體的運用與實施

學習共同體的理念，源自於將教學歷程中，將學習者需要承擔的責任和任務，加諸在彼此相互承擔相互協助之上。

佐藤學是日本東京大學大學院教育學研究科教授，在經過多年的實驗研究之後，提出「學習共同體」（Learning Community）的理念，近年襲捲臺灣教育界與學術論壇，彷彿為當前臺灣教育現況找到了另一個春天。有關佐藤學的「學習共同體」理念簡要說明如下：

㈠學習共同體的理念

學習共同體的理念，源自於教室中出發的改革，認為教育的目的不是彼此相互競爭，而競爭的教育應該轉型成為共生教育。過去追求量（分數）的教育，應轉變為重視質（思考）的教育。「學習共同體」的教育目標，並非培養只會考試拿高分的孩子，而是透過引導的教育方式，讓孩子在浩瀚無涯的知識領域內探索，培養「思考」與「如何學習」的能力（余肇傑，2014）。

由上述了解，學習共同體的理念，有別於傳統學校教育，重視學生的個別成就，從個別競爭轉變為群體競爭，透過交流、分享、協商、對話等方式，讓每一位學生都可以從學習中獲益。

㈡學習共同體的定義

「學習共同體」是一種教育理念，在主打「學習共同體」理念的學校裡，學校不僅是一個提供學生相互學習的地方，同時也是教師彼此交流、成長的場所。家長和社區居民則透過參與孩子的學習成為「學習共同體」中不可或缺的一分子。換言之，「學習共同體」所指涉的對象包括了學生、教師、家長與社區人士或資源等，學校教師的教學不再是單打獨鬥，而是在這個社群裡有著龐大社會資源的支持與後盾（余肇傑，2014）。因此，學習共同體的主要用意，在於說明學校教育不應該將學生的學習，視為零碎的、片段的、部分的、個體的、獨立的，而應該視為整體的概念。教師的課程與教學實施，不管從規劃設計、實際實施到成效評鑑等，都應該將學習視為整體。

㈢ 學習共同體的教學實施

「學習共同體」中，教師的教學步驟依序為 hop-step-jump：1. hop 階段旨在喚起學生學習動機與複習舊經驗；2. step 則呈現課本教材並進行協同學習，類似臺灣課堂上的發展和綜合活動；3. jump 階段，教師應該安排比教科書更難一點的內容，使所有孩子在課程中透過「協同學習」，得以有「伸展跳躍」與追求卓越的機會。佐藤學教授以維高思基「近側發展區」的觀點，對學習有這樣的定義：學習就是藉由「透過媒介的活動」與嶄新世界相遇，並在與教師及同學的對話中「伸展跳躍」（黃郁倫、鍾啟泉譯，2012）。

㈣ 在學習共同體的實施之後

學習共同體的主要理念，在於將學生的學習責任，透過群體相依相賴的形式，讓每一位學生可以在教室的學習中，透過相互指導、相互學習、合作學習等方式，尋求學習上的成就感，不再視學習為畏途，積極地參與學習活動，在教室生活中獲得成功、獲得成就感。

「學習共同體」的理念，基本上不離：1. 以學生為中心、重視學生思考、培養學生聆聽與發言的能力；2. 教師角色為協助者、設計教材提供學生伸展跳躍、開放教室觀摩促進教學卓越；3. 家長與社區人士應積極參與孩子的學習，並建立親師合作良善關係等理念（余肇傑，2014）。

㈤ 教學實施上的應用

學習共同體的宣導和實施，不僅代表著教師教學實施的轉變，同時意味著教學革新應該澈底從教室教學中，進行理念和策略的改變。當教師發現學生在教室中成為「陪讀角色」，或是從教室學習中缺席時，就需要立即進行教學改革。

1. 從傳統教學到學習共同體

傳統的教學活動重點在於教師為教學負全責，教師必須主導教學活動設計與實踐，因此教師的教學負擔重，而且在教學活動實施之後，比較無法達成預期的教學效果，學生容易從教學活動中脫逃（或缺席）。學習共

同體的理念，源自於學生必須爲自己的學習負責任，除了自己的學習需要負責之外，也應該協助同儕進行學習活動。因此，在教學活動進行中，教師與學生需要雙向的互動，教師將主要的單元學習知識，透過各種方式的運用傳遞給學生，學生在教學活動中，需要隨時關注教學活動的進行，了解哪些是自己的學習責任，哪些是需要和同儕合作的部分。

2. 從個別競爭到全體的學習

教師爲主導的教學活動設計與實踐，主要的理念在於學生個別的競爭和進步，學習成效是屬於個別學生的；學習共同體的理念，主要在於將教學活動視爲全體的學習活動，學生除了要爲自己的學習負責任，同時也要爲同儕的學習負責任。因此，從個別競爭到全體的學習，都需要隨時地關注知識的學習。此種學習重點的轉變，主要是學習共同體的主張，希望學習不是一種孤單的活動，而是群體協作的活動。

3. 教學是親師生合作的過程

傳統的學校教育活動，主要是以學校的教育人員爲主，屬於一種封閉的教學型態，無法收到預期的成效；學習共同體的教學理念，強調教學是一種親師生合作的歷程，透過教師、家長、學生、社區人員的齊心合作，建構出來的教學活動，會是一種多元多面向的教學活動。因此，親師生都需要爲教學活動的設計與實踐，負責本身該負的責任。教師在教學設計與實踐，必須將家長、學生、社區人士的教學理念，融入實際的教學活動中，使教學活動更爲完整，更爲兼容並包。

4. 學習是一種完整成長歷程

一般的教學活動設計，主要是教師對於教學活動（或單元知識）的主觀意識，教師認爲重要的、會考的、必需的知識，就必須在教學設計與實踐中，將這些知識放在教學中，透過各種方式傳達給學生。學習共同體的理念，則除了傳統知識的教導之外，認爲學習是一種完整的成長歷程，需要學生積極的參與，讓學生了解學習在生命中所扮演的重要角色，自己在成長中如何調整自己，配合學校的教育活動。

教學語錄 174：教學活動的實施要有多樣性。

5. 讓學生不再從學習中缺席

學生從學校教育當中缺席的現象，主要的原因相當多，包括學習興趣、學習態度、學習動機、學習成效等，都是影響學生決定是否學習的內外在因素。如果教師想要學生在教學活動中積極參與並提高學習動機，就需要在教學設計與實踐當中，提供各種有效學習的策略與方法，激發學生學習的意願。學習共同體的實施，讓每一位學生都「必須」參與學習，無法從教學活動中缺席。因此，和傳統的教學法比起來，學習共同體的作法，讓學生的學習更有信心，讓學生對於學習不再產生恐懼，讓學生願意在學習中產生挫折時，願意改變自己、願意停留在學習活動中。

臺灣中小學對於佐藤學的學習共同體的理念和作法，深信不疑且身體力行，希望透過學共同體的理念和作法，改善目前的教學成效，精進自身的教學專業能力。這是一股值得鼓勵的改革風潮，不管改革實施的成效好壞，總是願意在教學生涯中，進行一丁點的改變，此為中小學教師教學改革值得鼓勵部分。

三、分組合作學習的運用與實施

分組合作學習教學的實施，和一般教學方法的不同點在於，分組合作學習是透過同儕合作、分組合作的方式，完成教學與學習目標；而一般的教學方法，主要是教師擔任教學的主導工作，由教師進行教學活動的實施，學生被動地學習。

㈠合作學習的意涵

「合作學習」具體而言，是指在合作學習的過程中，將學生分成若干小組，各小組的成員都針對特定的學習單元，以及所了解的方式共同去完成的學習責任，在經由成員之間不斷地交換意見、互相支持之下，所有成員努力朝向小組的共同目標邁進，組內成員透過表達自己的想法，讓其他人知道自己的想法，及了解對方的想法而互相學習，並讓自己有所成長。「在合作學習之下，學生之間的互動目標明確，各司其職，可增進學

習效果。」（Johnson & Johnson, 1998）在教學活動進行時，實施分組合作
學習，教師的角色為促進學生之間進行討論的催化劑，學生是教學活動的
主角。

黃政傑、林佩璇（2013）指出，合作學習是一種有結構之學習任務，
採小組學習方式，透過團體互動歷程，進而擴大自己與他人的學習。全班
在教師授課後，即分成小組，小組中的每一成員為命運共同體，學習中所
有成員相互得利，是積極互賴的情境及共同目標，不但有助於學生的人際
關係，也能提升其學習成就。

綜合上述有關合作學習的論述，合作學習最基本的定義其實是一種教
學策略，是「異質分組」的合作，在學習中教師將不同能力、性別、種族
背景的學生，分配於同一小組內一起學習，此種教學法可適用於大部分的
學科及各個不同的年級。合作學習是一種教學模式，學習的重點也轉移到
學生，學生不只負責學習材料，也幫助同組的隊友學習，促進不同的教學
結構和學科領域的學習和調整，防止學生疏離、社會孤立及脫離學習。合
作學習為一種有系統、有結構的教學策略，學生被分配到一異質小組中，
教師必須鼓勵其相互幫忙，以提高個人的學習成效，並達成團體的目標。
教師在進行合作學習過程中，也必須同時教導學生人際互動的技巧，透過
同儕互動溝通、合作、解決問題及交換知識的團體歷程。

㈡合作學習與傳統教學

合作學習與傳統教學活動的實施，在各方面差異性相當大。傳統教學
活動的實施，強調只要將課程教材內容教給學生，引導學生達到知識學習
的精熟程度即可。因此，教學活動的進行偏重於學科教學知識的傳授，而
忽略學生在學習方面的參與和樂趣，學習活動的進行是單向的。合作學習
的實施強調以學生為學習的主體，教師提供各種合作技巧的情境，引導學
生進行學習活動，在教學中協助學生，達到各種精熟的程度。因此，合作
學習強調學習的責任是學生本身，由學生為自己的學習負責。有關合作學
習與傳統教學的差異，參見表6-1。

表 6-1　合作學習與傳統教學差異比較表

項目	合作學習教學法	傳統教學法
教學者角色	引導學習	支配學習
獲得知識方式	主動學習、討論、溝通	被動學習
課堂主角	學生為主、教師為輔	教師為主、學生為輔
座位安排	以討論及互動方式安排	固定座位
小組分組方式	異質性分組	不分組
學習責任	重視個人與團體學習績效	重視個人學習績效
互動方式	採用合作技巧	採用個人技巧
教學成效檢討	重視歷程與持續性的改善	重視個人酬賞

㈢ 合作學習的類型

依據國內外有關分組合作學習類型的研究與論述，合作學習的類型以精熟、分享與討論、探究等為主，茲簡要說明如下：

1. 學生小組成就區分法

學生小組成就區分法（Student Teams-Achievement Divisions, STAD）是合作學習中最容易實施的方式，其應用範圍最廣，也是實施效果最顯著的方法，其包括五個主要的構成要素（黃政傑、林佩璇，2013）：(1)全班授課：教師利用口頭或視聽媒體介紹需要學習的教材；(2)分組學習：教師依據學生的能力、性別、背景、學習心理等特質，將學生分為 4 至 5 人一組，採取異質性分組方式，再以教師的形式一起學習以精熟單元教材；(3)小考：學生透過個別小考的方式評鑑學習成效；(4)個人進步分數：以學生過去的學習成績作基本分數，視其進步的分數決定每個人為小組爭取多少積分（林進材，2013）。

2. 拼圖法（Jigsaw）

拼圖法（jigsaw instructuion method）是 Aronson（1978）發展出來的教學法。拼圖教學法將教材分成五個小子題，教師將全班學生分組，每組有六個學生，每位學生負責一個小子題，另一位學生列入候補，以便遇到學

生缺席時遞補之用。負責相同子題的學生先成立「專家組」共同研究負責的子題，以達到精熟的程度。而後，負責的學生將精熟的內容教給同組的其他同學。拼圖法是由學生形成學習上的共同體，經由同儕學習的關係，完成預定的學習目標（林進材，2013）。

3. 拼圖法第二代（Jigsaw-II）

拼圖法二代的教學流程為：全班授課→（原小組、專家小組）分組學習→分組報告或發表→小組及個人成效評鑑→（個人、小組）。此項教學法大都被運用在社會科學的教學，以及以閱讀為主的科目中。其中專家小組的形成是讓每一組分配到相同主題的學生自成一組，共同討論教材內容並精熟研究的主題，之後將討論結果加以整理記錄，再回到原組報告自己研究的主題（黃政傑、林佩璇，2013）。教學法適用於問題的深入討論或技能的學習，但各組的專家對該負責項目是否能勝任，是教師在專家小組分配上要謹慎思考的地方，以免無端造成學生學習的挫折感。

4. 認知學徒制（cognitive apprenticeship）

認知學徒制是 Collins、Newman、Rogoff 等人針對教學中如何運用合作學習幫助學生在團隊學習中建立尊重與信任，讓每位學生對學習都感到責任，藉以發展社會技巧及深層的理解，並培養具有更高層次的思考能力、批判能力和解決問能力而發展出來的教學法（黃政傑、林佩璇，2013）。認知學徒制是一種「做中學」的形式，教師針對教學活動目標與內容，將學生需要完成的學習任務置於真實情境中，引導學生學習活動的進行，從實際工作環境的社會情境中產生，並重視學生的認知及後設認知等。

5. 學習共同體（學習社群）（learning community）

學習共同體的概念是透過學習社群的方式，以學生學習分組的形式，運用學習共同責任與相互分享策略，達到教學與學習目標。學習共同體是以學習為核心概念，以共同目標作為分組的依據將學生分組，小組成員突破以往傳統單打獨鬥的學習模式，以溝通、合作的方式，建立一個多元、專業、分享的互動情境，形成一個支持的學習系統，進而增進小組成員

間的責任感與認同歸屬，同時也解決學習上的難題並增進學習品質（林進材，2013）。

　　6. 共同學習法（learning together）

　　共同學習最有名的推動者為 Johnson 與 Johnson（1998），其概念源自學習中共同合作、競爭與個人主義三種學習目標的比較。此法對小組人數有限定，且均為異質分組，而人數較少的團體則有較多討論的時間，互動也較單純。此種方法特別重視組內成員互信互賴的關係，以及各組間合作關係的建立；因此，經由作業的安排、學生角色的任務分配、獎勵制度的建立、合作技巧的指導等來增進學生的合作學習，是此法的重點。

　　7. 團體探究法（group investigation）

　　團體探究法的教學流程如下：界定主題並組織研究小組→計劃研究工作→進行研究→準備報告→呈現報告→學習評鑑。此種教學法是由 Sharan 與 Sharan 於 1976 年所發展，教學的特色在於由教師與學生共同討論將一個學習目標分割為數個小目標，每個小目標以小組方式進行主題的研究，對於小組所要探討的主題有較大的自主空間；其活動的重點主要是建立在團體的互動歷程上，強調學生之間主動的溝通；整個學習活動，包含認知的歷程、適應社會環境的過程，都必須經由合作探究、小組討論及協商、計劃等活動，目的在提供學生多樣而廣泛的學習經驗，其原理可以運用在單一目標的課程設計上，以舞蹈表演課程設計為例，將學生分組以後，請學生分組進行編舞，在分組練習後再將小組舞蹈呈現出來（黃政傑、林佩璇，1996）。團體探究法其步驟包含六個連續階段：(1)組織探究小組，並界定主題；(2)計劃探究工作；(3)進行探究工作；(4)準備成果發表；(5)小組成果發表；(6)師生共同評鑑。

　　8. 配對學習（paired learning）

　　配對式合作學習是 Dansereau（1988）針對認知學徒制的論點，所提出的一種教學方法。配對學習的特色在於，教師應該摒除學習者僅使用自己的方式達成合作學習目標的缺失，藉由配對式合作學習方式，引導學生小組成員透過彼此認知互動的過程，促使學習者達成共同的學習目標。因

教學語錄 179：在教學目標背後藏教學策略。

此，配對學習是認知學徒制合作學習的方式之一（林進材，2013）。

9. 小組學藝競賽法（TGT）

小組學藝競賽法的教學流程如下：全班授課→分組學習→學藝遊戲競賽→小組及個人成效評鑑→（個人、小組）表揚（黃政傑、林佩璇，2013）。

小組學藝競賽法和學生小組成就區分法相近，內容包括五大要素（Slavin, 1995），不同處在於小組學藝競賽法是以遊戲競賽的方式來取代小考測驗，透過競賽桌的方式來進行小組間的競賽（黃政傑、林佩璇，2013）。

10. 小組協力教學法（簡稱 TAI）

小組協力教學法（team assisted instruction, TAI）又稱爲小組加速教學法（team accelerated instruction），此種教學法結合了合作學習及個別化教學，是 Slavin 於 1985 年爲三～六年級數學而設計，其教學步驟說明如下（黃政傑、林佩璇，2013）：

安置測驗→分組學習（閱讀說明頁─單元練習─形成性測驗─單元測驗）→小組評鑑（小組評分）→個人學習評鑑（眞正測驗）→全班授課

小組協力教學法的合作學習方法，適合運用在有考卷或學習單評定分數的學習，但其不一致的個別化學習過程，很難適用於一般班級課程中，較適合班級補救教學的實施或資源教室的課程實施。

㈣ 合作學習實施流程

合作學習的實施教師的角色，從單一的講授者轉變成觀察者與參與者，教師同時是教學者，也是問題的引導者與解惑者。依據相關的文獻（黃政傑、林佩璇，2013；林進材，2013；Johnson & Johnson, 1998）有關合作學習的教學論述，其實施流程包括確定教學目標、設計教學流程、教學前的準備、教學的實施、合作技能的學習、增進成效的指導與表揚、團體歷程與省思等七個重要階段。

教學語錄 180：將教學活動做成備忘錄。

1. 確定教學目標

教師在教學活動實施前，先讓學生了解學習目標，讓學生了解所要學習的知識與技能之外，還要保持學生在小組活動時的有效人際互動。

2. 設計教學流程

在教學流程的設計方面，教師應該透過教材的安排與分配，營造一個學習責任共同承擔的學習環境，讓每一位在學習過程中遇到困難的學生，可以得到同組同儕的幫助。在教學流程的設計方面，分組合作學習通常以1～3節課為一個完整的流程。

3. 教學前的準備

(1) 決定小組人數

教師在教學前應該針對教學時間、教材、學生能力與合作技巧等因素來決定學生小組人數的多寡。在分組之後，教師應該以循序漸進方式指導學生人際溝通與合作的技巧，以方便在未來的學習活動中相互幫忙。

(2) 進行學生分組

教師在教學前，應該針對課程與教材性質，將學生以異質性分組為主，在分組時依據學生性別、專長、興趣、學業成就等進行分組，完成分組之後引導學生共同學習，形成良好的互動關係，有效發揮互助學習的功能。

(3) 安排學生的角色以增進互賴關係

教師在完成分組之後，為了達成有效的教學目標，可以分配每一組員一個角色任務，以增進學生的角色互賴關係。每一小組都需要有組長、記錄員、觀察員等，以利小組在學習時間之內，可以有效率地完成教師教學所需要的任務。

(4) 安排學習空間

在小組學習空間的安排方面，應該要以組間不相互干擾原則，在教室內小組的空間要儘量加大，並且留有通行路線，以方便任課教師到各組間參與協助工作。

教學語錄 181：教學方向是一回事，教學策略又是一回事。

(5) 規劃教材以增進互賴關係

教師應該依據教學目標與學習目標規劃教材，包括學生能力、教學環境、教學內容、教學流程等，讓學生可以在小組學習期間，透過資源共享或目標互賴的原則，促進共同討論的機會，以增進組內合作的關係。

4. 教學的實施

(1) 啓發活動

教師依據教學上的需要以及小組的學習情形，透過不同問題的提出，啓發各組成員的思考，進行不同的指導與協助。

(2) 選擇適合的學習策略進行學習

教師依據學生的學習特性，選擇適合的學習策略，透過團體合作學習的力量，讓小組的每一位學生都能負起責任，透過互相協助、共同完成教師所指派的學習任務。

(3) 說明學習任務

教師在進行小組合作學習前向學生說明學習任務，在目標與任務交代清楚之後，才開始進行教學。學習任務的說明，包括重要的概念、原則、程序、方法、策略等，都要詳細讓學生了解。

(4) 說明評量成功的標準

教師在交代完學習任務之後，應該清楚說明學習評量的標準，以客觀的方式進行評量，運用標準參照評量進行成效的評估。例如：教師說明數學評量平均成績要達到 80 分以上，才算通過評量。

(5) 組間調整與督導

在實施分組合作學習時，教師應該要了解學生的行為表現，適時提供學生在學習上的協助，做積極且建設性的建議，並教導學生合作技巧及評量學習效果。

(6) 調節組內的矛盾

在合作學習過程中，教師應該不斷巡視組內學生的合作學習過程，有些學生如果參與度低的話，或是無法和同儕進行合作，教師就應該要立即

調整學生的學習狀態，以增進合作學習的進行。

(7) 參與討論

在分組合作學習中，教師應該要引導學生進行討論，並且參與學生的分組討論。因此，教師的角色應該由知識傳播者，轉而成為知識分享與知識引導者。

(8) 建構積極的目標互賴

教師在進行分組合作學習時，應該要隨時針對學生的合作情形，進行抽點使學生不敢鬆懈，有助於強調個人的學習績效，使學生組員彼此盡力合作。

(9) 促進個人績效

個人績效的計算，可以避免學生於學習中分心或不參與，導致影響全體的小組成績。教師應該在適當的時刻，給予學生合適的獎勵，激發學生的學習動機。

(10) 提供工作協助適時介入教導合作技巧

學生進行分組學習時，教師應該提醒學生重要的學習策略與必備的技巧，提供具體的建議，幫助學生解決學習上的問題。

(11) 評鑑學生的學習表現

分組合作學習模式中評鑑學生的學習表現，一般都採用標準參照的評量，教師可以在合作學習過程中將小組的過程表現、合作表現等項目，納入評量的範圍。

5. 合作技能的學習

(1) 合作技巧的指導

在進行分組合作學習之前，教師應該利用機會教導學生分組合作學習的各種技巧，必要時可以介入或提供各種有效的合作技巧，協助學生在進行分組合作時解決各種問題。

(2) 指出期許的合作行為表現

一般的分組合作學習目標包括學習目標與合作目標，教師必須具體說

教學語錄 183：不同文化背景的學生給予不同的待遇。

明期望學生在學習小組中適當而理想的行為表現，以輔導學生表現出合作的行為。

(3) 建構組間的合作關係

教師應該引導學生將組內的合作方式逐漸擴展到組間的合作，或是全班的合作，當小組完成任務時，教師可以鼓勵小組到其他組進行協助，等到所有小組達到預期目標時，給予全班進度及鼓勵。

6. 增進成效指導與表揚

(1) 督導學生學習行為

當進行小組合作學習時，教師應該透過各種方式，觀察小組學生的互動情形，並了解在人際互動與合作技巧上的表現，進而督促所有成員共同合作完成指定的學習任務。

(2) 提供作業協助

教師在進行分組合作學習時，應該進行各種形成性評量，透過評量了解學生的學習困難情形，使用具體的說明及教導方法，答覆問題並鼓勵學生討論，協助各組完成任務並增強學習效果。

(3) 進行多元評量

合作學習特別重視合作技巧的學習與運用，因而學習成效的評量，除了學業成就的檢核外，同時評量合作技巧，以了解學生真正的學習成果，並且將合作成效的評量結果回饋給所有團體成員。

(4) 總結課程重點

當學科單元結束時，教師與學生可以共同整理所學的教材，透過回憶或舉例說明等方式，統整課程與教材重點，掌握教材中的重要概念。

(5) 學習成效表揚

學習成效的表揚應該要重視小組成員之間的互賴關係，使小組學習產生適合的合作學習行為與學習技巧。教師在學習成效表揚時，應該要確認小組的學習成效表現是每一位組員共同參與完成，才能真正落實合作學習的成效。

7. 團體歷程與省思

(1) 團體歷程的功能

教師應該在小組學習過程中，隨時觀察小組的運作情形，透過觀察結果來進行反省小組的學習問題及改進方法，藉此提升小組組員間的合作能力。

(2) 小組無法發揮的成因

分組合作學習進行時，通常小組無法發揮的主要成因包括：①小組討論時，學生不喜歡傾聽同學的發言，只關心自己的發言機會；②過於自我中心，不關心周圍的人、事、物，只關心自己的學習行為；③小組進行競賽時，缺乏團隊精神，過於排擠同學，失敗之後又習於相互指責，瞧不起同組的同學；④小組進行學習活動時，學習表現好的同學成為「權威人物」，充當起指揮別人的角色，影響共同合作學習的運作。

(3) 教學省思的目的

教師在教學活動結束之後，透過反省思考釐清學生學習問題，內容包括教學活動設計是否適當；教學步驟的安排是否流暢？評量的標準與流程是否適當；教學目標適合嗎？透過教學反省形成未來新的教學計畫與教學活動。

四、學思達教學的運用與實施

　　　教學的主要關鍵在於「讀、寫、聽、說、想、講、看」。

邇來，國內的教學受到外來思想的影響，進行相當多的教學改革，希望透過新教學理念的實施，能改善教師的教學品質與教學效能。這些改革的工程，大部分受到西洋教育思潮的影響，讓中小學教師感到相當大的壓力，不管是「中學西用」或「西學中用」，常常導致教學上的「水土不服」現象。因此，在第一線擔任教學的教師，透過對自己教學活動的反

思，希望能提出本土化的教學模式，提供讓教師作爲修正教學的參考。學思達教學模式的提出，就是基於上述的背景。

「學思達教學法」主要的理念，在於讓學生在人性化的教學場域裡，透過自「學」、閱讀、「思」考、討論、分析、歸納、表「達」等能力的培養，成爲具備二十一世紀核心素養的未來人才（張輝誠，2016）。

㈠學思達教學的意義

學思達教學是臺北市中山女高張輝誠老師提出來的教學理念，學思達教學法，是一套完全針對學生學習所設計的教學法，眞正訓練學生自「學」、閱讀、「思」考、討論、分析、歸納、表「達」、寫作等等能力。透過製作全新的以「問題爲導向」的講義、透過小組之間「既合作又競爭」的新學習模式，將講臺還給學生，讓老師轉換成主持人、引導者，讓學習權完全交還學生（張輝誠，2016）。

學思達的教學實施，主要在於透過教師的專業介入，製作以問答題爲導向、補充完整資料的講義（控制學生學習的最佳專注時間，不斷切換學習樣貌），透過小組之間「既合作又競爭」的學習模式，將講臺還給學生，讓老師轉換成主持人、引導者、課堂設計者，讓學習權交還學生。每一堂課、每一種學科都以促進學生學習興趣，增強學生各種能力，訓練學生閱讀、思考、表達、寫作、判斷、分析、應用、創造等綜合能力爲主（張輝誠，2016）。

綜上所述，學思達教學模式的運用，不在於要求教師做多少的教學改變，而是在原有的教學活動中，融入新的元素。教師在教學前，應該先利用時間「熟讀教科書」，了解教科書所承載的知識內容，這些學科知識在未來的教學活動，究竟要透過「什麼方式」呈現出來，教師在講解這些知識時，可以用什麼例子（或經驗）讓學生從教師的教學中獲得知識，或改變原來哪些思維。

㈡學思達教學的實施關鍵

學思達教學的實施，主要關鍵在於將課程與教學的內容知識，以講

義的方式呈現，因而講義的編製就成爲教學成功與否的主要關鍵因素。
在學思達講義的編製原則方面，包括下列幾個重要的因素：1. 所有的學習
素材，都可以透過編製成爲學生學習的材料；2. 設計各式各樣的問答題，
作爲學生閱讀資料的思考起點；3. 講義的編製要以學生學習的眞實程度爲
起點；4. 講義的內容要以課本的知識爲重點，由簡單而複雜、由淺而深、
由易而難等；5. 讓課本的知識與學生的生命、處境和現實產生關聯（張輝
誠，2016）。

　　學思達教學的實施，主要關鍵在於以「學生起點行爲」作爲教學設
計的依據，教師在教學設計階段，應該要先了解學生的舊經驗有哪些、這
些舊經驗在未來教學活動中扮演的角色，以及教學活動階段如何運用學生
「已經會的部分」，連接「未來要學的部分」；其次，教學設計之後，教
學活動所選擇的經驗，應該以學生生活當中的事件爲主，讓學生從熟悉的
物件學習開始；教師在教導課本知識時，應該將知識進行分類，將知識的
複雜程度由簡單而複雜、由淺而深、由易而難等排列，成爲學生需要學習
的「知識鏈」；最後，將課本所需要學習的知識，和學生的生活情境，進
行有效的連結，使知識的學習成爲永久的認知。

㈢學思達教學的應用

　　學思達教學法的應用，經過相關的研究發現，對於學生的學習成效，
具有正面積極的意義。然而，每一種不同的教學方法，在實施過程中只要
針對學習情境、學生的先備知識、教師教學效能、學生學習成效等，擬定
不同的教學策略，則任何教學方法的實施，一定都會產生預期的效果。

　　學思達教學方法的發展，由於提倡者的努力，加上媒體的宣傳與教師
的學習意願高，在臺灣產生相當大的迴響。教學方法的採用與改變，需要
的是教師專業成長上的配合，不管教學革新是「新瓶裝舊酒」或是「舊瓶
裝新酒」，只要是對教師教學與學生學習有助益的，教師都應該在教學實
施中改變，並採用新的教學理念與方法。

教學語錄 187：只有好的老師才能看出學生的差異。

㈣ 在教師教學上的應用

學思達教學模式的提出，引起教學界相當大的迴響，激起教師教學革新的意願。同時，在國內有相當多的教師，願意在教室教學中，進行另一場的教學寧靜革命，認為只有改變自己的教學思維，調整自己的教學模式，才能讓「教師教學輕鬆、學生學習成功」。

1. 舊瓶裝新酒的教學轉變

學思達的教學模式與應用，可能導致「舊瓶裝新酒」的批評或質疑，然而，審慎地檢視學思達教學理念和立場，可以看出該教學模式，主要是以「學生學習」為出發點，將教師教學活動從「教師主導」轉向「師生主導」的立場。鼓勵教師從傳統教學活動出發，在教學設計時以學生的學習為出發點，先了解學生已經學會哪些，再從「已經學會」到「未來要學」做專業上的轉變。

2. 漸進性教學改變與成長

當教師面對新的教學改革運動時，不必過於慌張想要改進自己的教學活動，應該先了解新的教學改革，主要的精神在哪裡？這些改革對於教師的教學設計與實踐，產生哪些重要的意義？這些改革對於教學活動成效，是正面積極的或是消極的？等等。當學思達教學模式提出時，對目前的教學活動產生很大的衝擊，不少中小學教師「拿香跟著拜」，此種教學改革的精神決心，值得給予肯定。然而，教學改革應該根基於教學理論與方法運用上的思考，不必跟著教學改革的潮流前進，教師的教學改變與專業方面的成長，應該採用漸進的方式，切忌過於躁進而對教學產生負面的影響，或是影響教師的教學專業能力。

3. 知識學習與生活相結合

教師教學設計與實踐過程，應該將重點放在知識學習和生活的相連結上面。換言之，學科教學活動的進行，要讓學生在學習知識之後，能有效結合生活上的需要，做知識與生活應用上的連結，才能使得教室的學習活動與外界的生活密切聯繫，不至於「學習」與「應用」脫軌，導致學非所用的現象。十二年國教與新課綱微調的精神，在於學生學習核心素養的重

視，主張教師的教學活動，要能引導學生落實到生活上來，使得所學、所思、所想、所用能相互結合。

4. 進行教科書內容的研究

教師想要使得教學活動順暢地進行，除了有效運用各種教學方法、適當地使用教學策略之外，也應該在教學歷程中，融入教學研究的精神。在教師教學研究中，比較重要的是「教科書的研究」，研究的議題包括教科書的學科知識研究、教科書中的教學理論研究、教科書中的教學重點研究等。在教科書的學科知識（簡稱 PCK）方面的研究，主要是教師要能了解該教科書究竟需要教導學生「哪些重要知識」；教科書中的教學理論研究，主要的研究重點在於該部分教師需要採用哪些教學方法；教科書中的教學重點研究，主要的議題在於教師哪些需要教，哪些略過就可以等等。

5. 教師教學轉化的重要性

教師教學轉化的主要意義，在於教師如何將教科書內容，用學生可以理解的方式教給學生。換言之，從教科書的內容，到教師教學活動實施的過程，究竟需要包括哪些步驟？哪些方法？哪些策略？哪些經驗的應用？等問題。如果教師的教學轉化過程，沒有掌握好或用對方法的話，容易導致教師的教學無法讓學生理解，或是導致學生的學習和教師的講解脫軌，降低教學效果和學習效能。

五、MAPS 教學的運用與實施

教學方法的革新與改變，往往來自於國外對於課程與教學新理念的倡導呼籲，國內隨著教育改革運動而「西學中用」，將各種教學新理念和作法，引進臺灣讓中小學教師效法學習。此種教學方法的運用，常常導致教師教學上的適應不良，或是教學改革上的疲乏效應。MAPS 教學法（teaching strategies of mind mapping, asking questions, presentation and scaffolding instruction）為臺灣本土教師原創的教學法，教學過程以學生為中心，巧妙運用不同教學策略的轉換，持續引發學生的學習動機。透過MAPS 教學法的運用，讓教師的教學充滿誘因，讓教學活動的實施對於學

生具有相當的吸引力，願意改變自己的心智活動，改變以往的教學「常客情形」，而投入教學活動當中，成爲「教學主人」。

㈠ MAPS 教學法的意義與內涵

MAPS 教學法爲南投縣爽文國中王政忠主任所提出，教學當中的主要核心元素融合心智繪圖（mind mapping）、提問策略（asking questions）、口說發表（presentation）及同儕鷹架（scaffolding instruction）四種教學策略，組合成一套四個進程（process），每個進程九個步驟（step）的嚴謹教學法。教學過程以學生爲中心，將學習主權回歸學生，採取分組共學模式，融入合作學習的概念，目的在於改變學生學習態度，懂得專注聆聽、彼此尊重、小組合作以及分享榮譽。針對 MAPS 教學法四種教學策略的內涵探究如下（陳水香，2018）：

1. 心智繪圖

王政忠（2016）指出 MAPS 教學法中的心智繪圖（mind mapping），是協助學生閱讀理解、建立讀者觀點的工具，承襲東尼‧博贊（Tony Buzan）的心智圖概念，學生於文本閱讀後，對訊息理解產生「I see」的記憶，將文本中心思想置中，繪製成圓心向外順時鐘方向擴散的心智圖，利用箭號、不同顏色的線條、關鍵字等，以脈絡化方式，呈現出作者於文本中所傳達的想法。不同於 Buzan 的心智圖，教師爲鼓勵學生創作，將讀者對文本「I feel / I think」的觀點，於心智圖下方，利用文字轉述出文本中抽象及批判性思維，建構成讀者的文學素養。

2. 提問策略

MAPS 教學法中的提問策略（asking questions），乃指教師課前根據文本內容，設計層次分明的暖身題、基礎題與挑戰題，於課堂上利用問答、搶答方式，引導學生理解文本所傳遞的訊息，藉由低層次理解的暖身題與基礎題，結合學生舊有經驗與先備知識，連接課堂所學新知，並透過高層次理解的挑戰題提問，解構作者觀點，建立讀者自己的思維，讓學生養成主動閱讀的習慣（王政忠，2016）。

3. 口說發表

學生依據教師所提問的暖身題與基礎題答案，運用分組合作學習共學的方式，小組成員一起繪製心智圖，MAPS 教學法中的口說發表（presentation），要求各組學生上臺發表心智圖，目的是為了驗證學生能否理解文本所傳達的訊息，其餘學生除了專注聆聽同儕發表外，藉由省思報告內容、發現問題的過程，培養學生提問及解答問題的能力。

4. 同儕鷹架

同儕鷹架（scaffolding instruction）在 MAPS 教學法中運用的是異質性分組的合作學習模式，每組四名學生，小組共學時，由中高程度的學生負責教會程度中低者，教師善用籌碼計點的增強方式，鼓勵中低程度學生回答。為保持學習熱忱，中高程度的學生隨後抽離自學，教師將小組重組，產生新的領導者，此時班上有學習優勢者的自學模式及尚未抽離學生的合作共學，差異化的學習目標及任務，讓常態分班下，所有學生仍能獲得適性的學習。

(二)MAPS 的教學流程

MAPS 教學法的教學架構計有 P1 到 P4 四個教學進程，每個教學進程中，涵蓋九個教學步驟（如圖 6-1）。教學進程從 P1 到 P2，屬於扶弱階段，即補教教學部分，教師初步介紹心智繪圖概念及方法，以基礎題提問設計，引導學生理解文本內容，逐步帶領學生繪製心智圖，從不會到會，善用同儕鷹架的分組合作學習方式，藉由程度高的學生協助指導程度低的學生，對程度高的學生而言，教會他人同時也是驗證自己的學習能力。MAPS 教學法中的同儕鷹架，採異質性分組，學生程度由高到低，在小組中依序被稱為「教練」、「明星球員」、「老闆」及「黑馬」，當「教練」已經能獨立完成心智圖繪製，此時教學進程可進入 P3 階段，即差異化教學部分；將程度高的「教練」抽離自學，剩下的學生再次進行分組，教師此時賦予不同程度學生不同的學習任務，組內學生依循 P1 到 P2 階段的小組共學，直到大部分學生皆能抽離組別自學，教學進程進入 P4 階

MAPS 4 processes

P1	P2	P3	P4
• 前測暖身	• 前測暖身	• 前測暖身	• 前測暖身
• 小組共讀	• 小組共讀	• 小組共讀	• 自學課文
• 基礎提問	• 基礎提問	• 基礎提問	• 基礎提問
• 心智繪圖	• 心智繪圖	• 自學共學	• 心智繪圖
• 口說發表	• 口說發表	• 口說發表	• 口說發表
• 挑戰提問	• 挑戰提問	• 挑戰提問	• 挑戰提問
• 自學作業	• 自學作業	• 自學作業	• 自學作業
• PISA 後測	• PISA 後測	• PISA 後測	• PISA 後測
• 總結後測	• 總結後測	• 總結後測	• 總結後測

圖 6-1　MAPS 教學法之四個進程與九個教學步驟（王政忠，2016: 116）

段，即拔尖教學；此進程大部分學生已能獨立完成心智繪圖，且能回答提問設計中的挑戰題部分，並於心智繪圖中，表達 I feel / I think 的讀者觀點，培養出主動閱讀的文學素養。

　　每一個進程皆涵蓋九個教學步驟，P1 與 P2 階段的教學步驟雖然一致，但由於學生初次接觸心智繪圖，教師在 P1 階段中，採逐步引導方式，各組進度相同。到了 P2 階段，小組間完成心智繪圖的時間快慢不一，因此教師先提供挑戰題讓已完成的組別進行思考討論，待各組皆已完成心智繪圖，再一同口說發表。P3 與 P4 階段教學步驟的差異在小組共學與學生個別自學的部分，此時的差異化教學，可依照學生程度有不同的學習目標與挑戰。每個進程在結束小組心智繪圖的口說發表後，教師提出挑戰題，利用籌碼計點方式增強學生的回答動機，挑戰題的設計，配合心智繪圖 I feel / I think 部分，屬於學生自學作業。各個進程中的 PISA 後測及總結後測，目的在評鑑學生對文本的熟悉與理解，冀希達到複習的效能。

㈢ MAPS 的教學應用

　　任何教學方法的運用之前，教師需要先了解該教學法的限制，才能

掌握教學方法的精髓。每一種教學方法本身有其運用情境和運用的限制。MAPS 教學方法的實施，需要教師運用高度的教學智慧，學生的素養可以配合之下，才能在教學活動中，進行一場優質的教學活動。

　　MAPS 教學法善用教學策略的轉換，在四個進程中，落實九個教學步驟，是當前教育推動翻轉教室時，成效顯見的教學法，尤其在閱讀文本方面，確實能協助學生理解內容。以學生為主體（student-centered）的教學模式，除了傳統的講述教學外，更結合分組合作學習的概念，將學習主導權回歸學生，教師扮演引導的角色，能持續引發學生的學習動機與興趣，除了增進閱讀理解能力外，也培養了學生溝通協調能力（communication）、團隊合作能力（collaboration）、複雜問題解決能力（complex problem solving）、批判性思考能力（critical thinking）及創造力（creativity）等現今公民應具備的二十一世紀技能（21th century skills）。

㈣ 教師教學上的應用

　　教師在面對外來的教學革新運動時，不必過於心急於了解應用新的教學理念，而應該先思考自己的教學設計實踐，和新的教學運動有什麼不一樣？究竟有哪些差別？這些差別對教學本身有正面的意義嗎？當然，教師如果在教學中感到疲憊，思考改變的必要性時，就可以針對新的教學改革，將新的理念容入教學當中。

1. 教師應該隨時檢視自己教學

　　檢視自己的教學活動優缺點，如同定期進行健康檢查一樣，可以將自己的教學優缺點列出來，了解哪些是自己的強項，哪些是自己需要修正的地方。教師應該體會再好的教學方法，使用久了也應該換換策略，再好的教學理念也應該隨時修正。

2. 改變教學從策略的調整作法

　　當教師改變自己的教學時，常常因為不確定因素，而帶來心理方面的惶恐，擔心這些改變需要花費很多的時間，或是這些改變對教學活動產生不穩定的狀況。其實，當教師感到教學活動的實施，不像以往的教學活動

順暢，或是學生的反應不再熱絡時，教師就需要進行教學的「微整形」，從原本的教學設計與實踐，進行教學微調的工作。例如：MAPS 的教學法，主張教學的四個進程九個步驟，教師可以先選擇幾項自己比較有把握的部分，進行教學活動方面的改善。

3. 建立屬於自己特色教學模式

每個專業教師的教學，都具有不同的特色，不管是教學方法的運用、教學氣氛的營造、教學效果的實施等，都需要教師給予珍視的部分。在教學生涯當中，教師會針對教學情境、學生個別差異，進而建立屬於自己特色的教學模式，例如有些教師偏向「教師中心的教學」模式，有些教師偏向「學生中心的教學模式」，有些教師偏向「統整型的教學模式」，不管教師採用那一種教學模式，只要能達到預期的教學目標，就是一場優質的教學。

4. 進行本土化教學模式與研究

教師在教學設計與實踐中，除了採用自己的教學理論、教學策略之外，也應該在實際的教學活動中，納入「教師教學研究」的主要元素，透過「教師即教學行動研究者」的作法，了解自己的教學活動有哪些特色、有哪些問題、有哪些需要修正的地方。目前國內的中小學教學研究，大部分沿用國外發展出來的理論與方法，本土化教學研究與模式，亟需教師投入研究行列。教師可以在平時班級教學中，慢慢將研究方法導入教學中，透過方法論的理解與運用，作爲改進教學的參考。

5. 教學設計與實踐需要新思維

中小學教師教學設計與實踐，除了強調傳統的教學方法外，也應該加入新思維，才能在教學活動中，慢慢提升教師的教學效能，增進學生的學習成效。MAPS 教學法是由本土的教師提出來的理念，在這個教學模式中，揉合了傳統的教學策略，加入新的教學構想，讓教師可以在教學實施中，透過傳統與新思維的運作，使教學更具有吸引力，可以激發學生的學習動機，強化學生的學習態度。

（本文「五、MAPS 教學的運用與實施」由臺南市興國中學陳水香老師提供，內文引用其碩士論文中之文獻探討。）

六、心智圖教學的運用與實施

　　教師在教學活動設計與實踐中，比較需要關注的問題：我的教學如何讓學生印象深刻？我的講解如何讓學生理解？我的活動如何引起學生的注意力？我的教學如何激發學生的學習動機？我的教學案例如何讓學生積極參與？等問題。因此，在教學當中想要避免學生成爲「陪讀的角色」，教師需要在教學策略的選用，融入可以讓學生積極參與的元素，尤其是對於低學習成就的學生。

　　心智圖教學的主要意義，在於教師指導學生將課程教學的知識重點，透過繪圖的方式，以學生可以理解的方式呈現出來，心智圖的繪製本身必須具有系統性、意義性、知識性等，才能讓學生在學習過程中，既能達到學習樂趣還能提高學習效能。

㈠心智圖教學的意義

　　心智圖主要是利用顏色、文字、符號、數字、線條、圖畫、關鍵字等方式，將所學的概念以視覺化思考方式呈現，是一種筆記技巧、思考工具和知識管理策略，協助蒐集整理大量資料，將資料儲存到大腦，並從大腦呼喚出來，提供其知識整合與思考架構的藍圖（張惠媚，2013）。

　　心智圖乃將大腦中所吸收的訊息加以組織、內化，運用視覺圖像呈現讀者反芻文本後的訊息架構。心智圖繪製的原則是將主題置中，向四方作概念的延伸，以圓形圖、魚骨圖、樹狀圖等方式呈現讀者對文本的認知（Buzan, 2006）。

　　心智繪圖是運用「I see」的設計，用意在於統整文本的主題以及解構其脈絡。教學過程中，師生間以基礎題的提問與回答方式解讀文本，藉由小組共同繪製心智圖，確認所有學生能夠完整理解文本內容，共學時小組將心智圖繪製於海報上，不同層級概念以不同顏色區分；自學作業則由學

生個別重新描繪心智圖於筆記中，此時教師要求心智圖的同一層架構，除了顏色區隔外，文字、符號、線條粗細須標示清楚，用以明白各層級間的從屬關係。自學作業將挑戰題的答案建置於心智圖「I feel / I think」文字說明的部分，幫助學生賞析文本，形成讀者觀點。完整的心智繪圖，是學生學習的軌跡，也是日後複習的依據（陳水香，2018）。

心智圖的概念乃利用全腦思考與激盪，將枯燥冗長的文本，整理出放射狀的邏輯想法，結合顏色、線條、符號與關鍵字，繪製出概念分層的圖像，讓學生容易理解文本內容，透過色彩與圖像，增進長期記憶。

㈡心智圖的繪製

心智圖的繪製方式為學習者將文本的中心思想置於畫紙中間，激盪左右腦力，產生訊息聯想，做放射性概念延伸，按閱讀理解認知，將訊息分層，以圓心向外做放射圖、魚骨圖、樹狀圖等多元形式呈現。心智圖為圖像式的思考工具，提供學習者一個有力的系統，利用視覺的圖像刺激，統整歸納出邏輯性的思維，增進閱讀理解與長期記憶的能力，能提升學習的積極度、促進學習動機、增加學生創造力與自信、提供多元學習模式以及改善學習效能（陳水香，2018）。

㈢心智圖的教學應用

近幾年來，心智圖的概念在許多領域廣泛運用，國內外研究者亦證實心智圖在教育上有助於提升閱讀理解的成效，Buzan（2006）說明落實心智圖於教學上需注意幾點要項：1. 將文本中的中心思想置於圖畫中央；2. 利用圖片、意象、色彩，取代文字、句子等贅述，呈現視覺上的刺激；3. 使用關鍵字代替文句來串聯想法、訊息，達到精簡有力的效果；4. 以中心思想作為起點，將第二、第三……層次的概念，做放射性的擴充；5. 層次分類以箭號、圖像、顏色做區別，取代直線構圖；6. 將對於文本的訊息理解、想像力、邏輯推理、空間認知等，繪製於心智圖上；7. 建立個人風格，可以圓型環狀圖、魚骨圖、樹狀圖等形狀繪製（陳水香，2018）。

繪製心智圖時，中心思想置中有利於將想法呈放射狀的層層擴充，

學習者以關鍵字或標題串連各個層次，對於關鍵字的選用必須切題，藉以刺激大腦思考，發掘更深層的文本細節。教師初步於課堂上導入心智圖觀念時，應指導學生如何從冗長文句中，挑選適切的關鍵字，讓文本化繁爲簡，思緒能衍生、聯想。心智圖運用顏色對文本產生的點子、想法加以分層，表達學習者對文本認知的意義和觀點，藉由顏色分類能加深聯想，提升記憶力。例如「交通號誌」的色彩學原理，學生使用綠色代表可行、安全、正向的思想連結，黃色代表模糊、可發展、待求證的點子，而紅色則是缺點、負面或問題想法的表徵。心理學家發現鮮豔的色彩比黑白二色更能幫助大腦儲存形像，並且增加記憶力。心智圖主張使用圖像刺激大腦視覺能力，能帶來無限的創造力及提升記憶力。學習者對圖像的反應比對文句敏捷，且圖像刺激確實能將短程記憶提升爲長程記憶。除了圖像，心智圖也鼓勵使用符號串聯想法間的關係，以箭號連貫不同的主題，代表各個想法彼此間相互的關係。

㈣心智圖教學的實施原則

運用心智圖教學策略，和一般的教學有所不同，教師在教學前必須先將學科教學知識和學習知識，做教學前的整理，透過系統的知識分類，將學科知識繪製成心智圖，提供學生學習或討論之用。張惠媚（2013）指出，心智圖教學的實施原則，包括：1. 基本原則：(1) 清楚表達出中心主題；(2) 善用圖像、顏色或符號；(3) 具個人獨特性；2. 整體結構：(1) 主題位於中央；(2) 主枝幹大於次枝幹（由粗到細）；(3) 分枝三到七個；(4) 線條長度和關鍵字、圖像等長；3. 文字運用：(1) 適當關鍵字使用；(2) 關鍵字單位 0 至 5 字內；(3) 一枝幹一關鍵字；4. 顏色運用：(1) 至少使用三種顏色；(2) 顏色區分不同分枝。

㈤心智圖的實際例子

心智圖的表現方式多樣，除了放射狀的心智圖外，亦可以概念圖表、蜘蛛網圖、樹狀圖、魚骨圖等不同架構圖示呈現。常雅珍（2009）認爲「位置記憶法」有助於記憶的提升，將關鍵字與位置產生連結，透過聯想

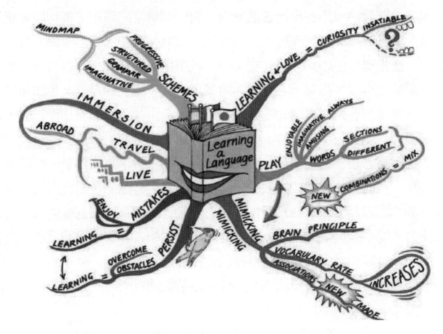

圖 6-2　心智圖實例一：以「語言學習」為中心（Tony Buzan, 2006: 195）

繪製成圖，能加深記憶。將文本邏輯架構完整呈現的心智圖，除了以中心思想爲圓心向外擴散的圓形圖外，教師亦可讓學習者發揮多元創意，繪製不同造型的心智圖，表現學生創造力，呈現個人風格（陳水香，2018）。

㈥心智圖教學的評量準則

教師實施心智圖教學時，由於心智圖的繪製可以由教師繪製，也可以讓學生個別繪製，或是學生小組討論之後繪製心智圖，因此，在實施教學評量時，教師應該依據不同的教學型態，實施成效方面的評量。一般而言，心智圖教學的評量準則比較偏向情意方面的評量。如許素甘（2004）指出，心智圖的評分規準如下：

1. 我繪製心智圖時，會將主題列在中心，並向外做多元的、放射性的思考；

2. 我能很快地從雜亂的思緒中，找出概念，作爲每一線條的關鍵字；

1. 透過讓他訴說、回憶的過程，來澄清對小提琴的想法
2. 面對過於強烈的情緒表達，無須制止、建議、說教，以提供他宣洩的出口
3. 採取正面的鼓勵，避免過於苛刻的評論

對小提琴產生的自我混淆
有時想要摔爛它，有時卻想抱著它睡

挑釁他人的舉動
事後內心自責自己讓他人傷心

1. 引導他思考行為後的結果
2. 可藉由閱讀來轉介其注意力
3. 讓其嘗試向他人道歉並說出內心想法

母親過世的自責感
覺得母親是為了救他才從懸崖摔落

1. 深入了解事實真相，不只聽採其單方的說法
2. 協助他正視事件的發生，分享自己的情緒
3. 了解他事發後在家的表現情形、家長的擔心與疑慮

維持圓滿家庭的渴望
若舉發父親家暴進牢內心產生愧疚

1. 聯絡繼母了解其家庭概況，並鼓勵與其父親溝通
2. 轉介社福單位說明並脫離困境
3. 向他分享其他案例，讓他明白自己不是孤身一人

吉約姆
的問題

父親對他的期望甚高
吉約姆認為做錯事該被體罰

1. 婉轉告訴他忍受父親病態的鞭打不合理的
2. 在發現鞭打傷疤之時，應立即通報社福單位
3. 避免過度偏激詞語，誘導他說出事實經過

喜歡閱讀課外書
但在學業表現上卻顯得低落

1. 從課外讀物中找尋素材，作為教學依據
2. 引用課外讀物內容，慢慢將其重心轉至課業上
3. 找出無法專注的原因，以協助改善其行為

圖 6-3　心智圖實例二：以「人的問題」為中心

3. 我所畫的每條線，都是我內心最滿意或最想表現的；

4. 我畫的心智圖，符合心智圖 3 至 4 個原則；

5. 我畫的心智圖，線條由粗而細，簡潔而靈活；

6. 我畫的心智圖，能呈現該主題的特色及個人風格；

7. 在日常生活中，我能靈活運用心智圖記筆記或思考；

8. 我覺得自己所畫的心智圖，內容豐富、精美、有創意；

9. 我很樂意向人展示我畫的心智圖；

10. 我能用心智圖繪製、記錄專題演講、參觀、旅遊、閱讀、準備考試內容。

　　上述的評分規準為「完全不符合 0 分～完全符合 4 分」；36 分以上為「特優」、32 分以上為「優等」、28 分以上為「良」、24 分以下「要加油！」。

㈦心智圖對教師教學設計與實踐的啟示

心智圖教學的主要用意,在於教師將學科知識以圖像(或系統圖)的方式呈現出來,提供學生在學習上的素材,讓學生對於單元學習有清晰的概念,了解單元學習知識的類型,以及可以運用的學習策略方法等。

1. 改變教學從細微處開始

教師教學設計與實踐,如果想要改變的話,需要從教學中的細微處開始,避免進行教學上的大幅度改變。因為大幅度的教學改變,很容易形成教師在教學方面的過度負荷,導致對教學改革產生負面的影響。所以,建議教師在教學細微處,進行教學實驗即可。例如:在原來的語文領域教學中,加入閱讀理解的策略,讓學生可以從文本的理解開始,進行語文領域的學習。

2. 花一點時間繪心智圖

心智圖的教學策略,需要教師花一點時間,將學科單元的知識進行分類彙整工作,再將學科單元知識以心智圖的方式呈現,這樣才能激發學生學習上的興趣。例如,地理科的「長江流過哪九省」的教學,教師必須整理中國地理上長江流過的省分,以概念圖的方式呈現出來。如此,對於學生的學習就能產生高度的興趣。

3. 試試看心智圖帶來什麼不一樣的效果

心智圖策略的運用,不一定適合每一個單元的教學。然而,教師可以選擇適合的單元教學,將心智圖的概念融入教學設計當中,試試這個策略在教學實施中,學生有哪些不一樣的反應,是積極的反應或是消極的反應。換言之,心智圖教學和傳統的教學相比較,有什麼不一樣的效果,學生的學習參與度和學習成效有什麼不一樣。

4. 教師和學生一起來 DIY

教師在運用心智圖教學準備時,可以和學生一起將學科單元知識,繪製成心智圖,作為教學與學習之用。教師可以在備課期間,先將學科知識進行專業的分類,然後分派給學生做心智圖的繪製,透過教師與學生一起DIY 的方式,進行備課工作。如此,學生在教學活動進行時,對於學科知

教學語錄 200:教學活動時要能掌握學生的學習狀況。

識的印象會更爲深刻。教師不必花太多的時間在學科知識的教導之上。

5. 進行教學實務方面的研究

教師在教學設計與實踐當中，教學方面的研究，有助於提升教師的教學專業能力。教師在教學實務方面的研究，一般包括學科教學知識的研究、學科學習知識的研究、學科教學理論與方法的研究。因此，教師可以在教學設計與實踐中，透過上述三項教學研究，強化教學專業能力。

（本文「六、心智圖教學的運用與實施」部分由臺南市興國中學陳水香老師提供，內文引用其碩士論文中之文獻探討。）

七、多元文化教學的運用與實施

多元文化教學的理念，源自於多元文化教育的主張，主要精神在於「同中求異、異中求同」，多元文化教育強調的是了解自己，同時也要了解周遭的人事物等理念的落實。在多元文化教育的理念之下，教師的教學設計與實踐，需要以文化的差異與融合，爲教學設計的主要精神。

㈠ 多元文化教育的意義

多元文化教育的意義，涉及的範圍相當廣，它同時是一個複雜的概念，由於探討多元文化的角度不一樣，對於多元文化意義的詮釋，也會有不同的概念出現。依據行政院教育改革審議委員會的定義：「多元文化教育的理念，在於肯定人的價值，重視個人潛能的發展，使每個人不但能珍惜自己族群的文化，也能欣賞並重視各族群文化與世界不同的文化。在社會正義的原則下，對於不同性別、弱勢族群，或身心發展障礙者的教育需求，應予以特別的考量，協助其發展。」（姚美蘭，2015）

㈡ 多元文化教育的目標

多元文化教育實施的主要目標，包括二大類：1. 尊重他人；2. 尊重自己。一般多元文化教育實施的目標，大部分分成認知、情意和技能三個層面。從上述的二個實施多元文化教育的理想，多元文化教育的目標，可以

約略分成下列幾項（黃政傑，1993）：

1. 尊重他人

(1) 認知方面的目標

在認知方面的目標，應該教育學生了解下列的目標：

① 種族和種族差異的基本事實；

② 主要文化的風俗、價值和信念，尤其是地方社區的文化；

③ 爲何地方社區變成目前的民族組成型態。

(2) 情意方面的目標

在情意方面，所有的學生都應該接納下列目標：

① 每一個體的獨特性；

② 我們共有的人性；

③ 公平權利和正義的原則；

④ 其他文化和國家的成就；

⑤ 陌生人而不會感受到威脅；

⑥ 英國是一個多族群的社會；

⑦ 沒有文化曾經是靜止的，多元文化社會如英國，所有文化需不斷相互調適；

⑧ 在英國偏見和歧視是普遍的，而且其中有其歷史和社會經濟上的原因；

⑨ 偏見和歧視對於被排拒的團體具有傷害作用；

⑩ 發展多元忠誠是可能的。

(3) 技能方面的目標

所有學生都應該能學會下列技能：

① 辨別事實和意見，並評估其所見所聞所讀的事實內容；

② 冷靜地評估自己的文化。

2. 尊重自己

(1) 認知方面的目標

所有的學生都應該要知道，自己文化的歷史和成就及其特質。

(2) 情意方面的目標

所有的學生都應該接納：

① 積極的自我意象；

② 肯定自我認同感。

3. 技能方面的目標

所有學生應該能：

① 以英語有效溝通，或者英語不是母語的話，使用母語溝通；

② 熟練在學校成功學習的其他基本技能。

多元文化的教育目標，主要精神在於教育學生培養理解與尊重的多元文化素養，透過教育能認識不同的文化知識，面對不同族群能相互欣賞、尊重認同，並肯定多元文化的價值，且具有良好的文化溝通、文化體驗能力，並進而消除我族中心主義、族群偏見和歧視，最後能促進不同族群間的和諧，此為多元文化教育最終的理想和目標。

(三) 多元文化教育課程的設計模式

多元文化教育課程設計的模式，主要是依據多元文化教育目標而來，透過課程設計與教學實施，強化並修正學生的自我認識與認識他人的基本能力或素養。有關多元文化教育課程的設計模式，以 Banks 提出的課程設計模式為例說明如下，參見圖 6-4（林進材，2006）。

1. 第一階段：貢獻模式

此階段的特色在於把少數族群的節慶、英雄或一些片段文化加入主流社會的觀點。

2. 第二階段：附加模式

此階段的特色在於未變更主流課程的基本結構、目標和特徵下，加入和族群文化有關的內容、概念、主題和觀點。

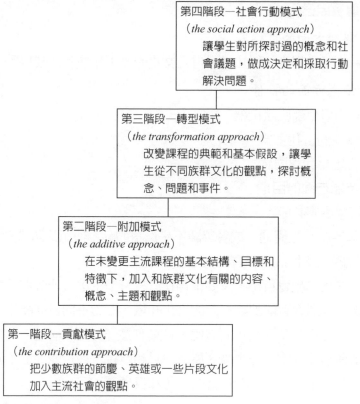

第四階段—社會行動模式
（*the social action approach*）
　　讓學生對所探討過的概念和社
會議題，做成決定和採取行動
解決問題。

第三階段—轉型模式
（*the transformation approach*）
　　改變課程的典範和基本假設，讓學
生從不同族群文化的觀點，探討概
念、問題和事件。

第二階段—附加模式
（*the additive approach*）
　　在未變更主流課程的基本結構、目標和
特徵下，加入和族群文化有關的內容、
概念、主題和觀點。

第一階段—貢獻模式
（*the contribution approach*）
　　把少數族群的節慶、英雄或一些片段文化
加入主流社會的觀點。

圖 6-4　多元文化課程的設計模式

3. 第三階段：轉型模式

此階段的特色在於改變課程的典範和基本假設，讓學生從不同族群文化的觀點，探討概念、問題和事件。

4. 第四階段：社會行動模式

此階段的特色在於讓學生對所探討過的概念和社會議題，做成決定和採取行動解決問題。

透過上述多元文化教育課程設計模式，教師可以透過課程與教學的實施，採用漸進方式，教導學生多元文化的概念，並慢慢改變學生的傳統觀念，修正對多元文化模式的概念。

㈣多元文化教育課程設計的類型

一般而言，適合國內中小學實施的多元文化教育課程設計類型，簡要說明如下（黃政傑，1995）：

1. 補救模式：以傳統課程為核心，安排弱勢族群學生接受補救措施。

2. 消除偏見模式：對於傳統課程中內容的偏見加以探討、調整或刪除。

3. 人際關係模式：在課程中加入人際關係內容，以促進族群和諧。

4. 非正式課程模式：將民族英雄及節慶活動和內容融入課程中。

5. 正式課程附加模式：把與有關族群內容，附加到正式課程的相關科目中。

6. 融合模式：以社會事件為核心，再從不同族群的觀點探討該事件。

7. 統整模式：將族群內容與其它相關課程作一統整。

8. 社會行動模式：強調學生面對問題時做決定及行動的能力。

9. 族群研究模式：獨立開設一門族群研究的課程。

10.整體改革模式：改變學校整體教育過程，以符合多元文化教育目標。

㈤在教師教學上的應用

在歷年來的課程改革中，多元文化教育的理念與實施多次被提出來，且呼籲中小學的教學，應該要將多元文化教育課程融入（或外加）教學設計中。有關多元文化教育在教師教學上的應用，建議如下：

1. 教學設計與實踐宜回應文化特性

教師教學活動設計與實踐，除了現有規定的學科知識之外，也應該將當地的各種文化特色，融入課程與教學設計中，讓學生可以從教學中了解當地社區的特色、有哪些文化古蹟、有哪些不同的族群等等，從教學中了解如何尊重他人、如何自我尊重等。

2. 相互尊重與接納的教學設計與實施

多元文化教育的重點，在於尊重他人、尊重自己。因此，在教學設計與實施中，需要從認知、技能、情意等方面，培養學生了解自己與尊重他人的情懷。

例如：認識種族和種族差異的基本事實；學習主要文化的風俗、價值和信念，尤其是地方社區的文化；分析爲何地方社區變成目前的民族組成型態等等。透過相互尊重與接納的學習，可以精進對多元文化的理解與認識。

3. 從貢獻模式到社會行動模式的教學

多元文化教育課程的設計模式，從貢獻模式、附加模式、轉型模式到社會行動模式的轉變，(1) 把少數族群的節慶、英雄或一些片段文化加入主流社會的觀點；(2) 未變更主流課程的基本結構、目標和特徵下，加入和族群文化有關的內容、概念、主題和觀點；(3) 改變課程的典範和基本假設，讓學生從不同族群文化的觀點，探討概念、問題和事件；(4) 讓學生對所探討過的概念和社會議題，做成決定和採取行動解決問題等，這些概念的轉變，不僅僅代表著教師在教學典範的轉移，同時也代表的教師在教學方法策略的改變。

4. 文化回應教學的模式與實施

文化回應教學的重點，在於教師教學設計與實踐的過程中，應該針對學生的文化特性、生活經驗、成長背景、社區生活特性等，透過課程與教學的實施，引導學生了解自我，接納各個不同的族群文化。教師可以在教學設計階段，先蒐集學生生活文化的議題，採用「課程融入」或「課程外加」的方式，提供學生在文化回應方面的素材，作爲了解自我文化與尊重不同文化的學習。例如：在原住民地區擔任教學的教師，可以針對原住民文化的特性、不同族群的文化特性，將生活題材融入課程教學設計中。

5. 從地區性到區域性的教學轉變

目前中小學的課程與教學，多半採用「審定本」的教科書，因而無法在教科書的課程教學中，將各地區的資源（或素材）全盤放在教科書中，

提供教師教學與學生學習上的參考。因而，導致教師的課程與教學無法兼顧地區性與區域性的需要。當教師在進行課程與教學設計實施時，選擇的教學經驗（或案例），應該要符合從地區性和區域性的教學轉變，提供學生各種學習的素材，才能落實多元文化教育的目標。

多元文化教育的實施，在國內外的教育體制中，透過課程與教學改革與實施的途徑，已經實施多年且累積相當的成效。近幾年來，多元文化教育的重要核心觀念和關鍵，慢慢廣為一般社會大眾重視，且在學校教育中積極落實。未來，在多元文化教育素養方面的教育訴求，必然隨著多元文化教育的受重視，成為下一波學校教育改革的重要議題。

八、翻轉教學的運用與實施

翻轉教學、翻轉課堂、翻轉課程等名稱，在臺灣教學界喊得震天響，引起教師在教學設計與實踐方面的關注，有相當多的教師認為教學活動如果沒有將「翻轉教學」融入的話，感覺上好像趕不上時代潮流一樣。本節的主要目的在於說明翻轉教學的運用與實施，提供具體的策略讓教師參考。

㈠翻轉教學的意涵

翻轉教學，又稱為翻轉教室（flipped classroom）、顛倒教室、翻轉課堂、翻轉課程等，是近年來在進行中的新型教學模式，是一種對於知識學習的翻轉方式（黃盈瑜，2018）。翻轉教學的概念，是源自於 1990 年代哈佛大學 Eric Mazur 教授有感於大部分的學生，只會紙筆測驗卻不懂得如何將知識運用在自己的生活中。為了改善此種情形，而重新規劃自己的課程與教學作法，基於互動式的教學方法，要求學生在上課之前採取預習的動作，透過網路學習反應碰到的問題。

翻轉教學的產出，即是針對傳統的教學問題作思考與改進，傳統的教學是在一間由教師擔任主角的教室中，讓每一堂課都是由教師去自導自演，從教師的角度來設計詮釋整個教學活動，長時間以來，這樣的講授方

式讓學生常常失去興趣與動機，無法集中精神，教師也不容易解決教室管理問題，師生容易產生衝突與對立（黃政傑，2014）。

㈡翻轉教學與傳統教學的差異

翻轉教學的實施，主要的概念來自於傳統教學，透過對傳統教學的修正形成一種新的教學策略（或稱方法）。有關傳統教學與翻轉教學的差異，參見表 6-2：傳統教學的實施，在教學主角方面，由教師主導教學活動的進行，翻轉教學由教師與學生共同參與；在知識的教導方面，傳統教學偏重於知識的記憶和理解，翻轉教學偏重知識的應用與分析；在認知層次方面，傳統教學偏重低層次的認知教學活動，翻轉教學偏重高層次認知教學活動；在知識結構方面，傳統學偏重知識認知結構，翻轉教學偏重知識理解結構；在學習權力方面，傳統教學由教師主導，翻轉教學由學生主導；在學習動機與參與方面，傳統教學忽略學習動機和參與，翻轉教學重視學習動機與學習參與。

表 6-2　翻轉教學與傳統教學的差異

方法＼內涵	傳統教學	翻轉教學
教學主角	教師	教師與學生
知識的教導	偏重知識的記憶與理解	偏重知識的應用與分析
認知層次	偏重低層次認知教學活動	偏重高層次認知教學活動
知識結構	偏重知識認知結構	偏重知識理解結構
學習權力	由教師主導	由學生主導
學習動機	比較忽略學習動機	重視學習動機
學習參與	比較忽略學習參與	重視學習參與

㈢翻轉教學的實施策略

翻轉教學的實施和一般傳統教學有所不同，翻轉教學在實施過程中，教學的主導權逐漸由教師轉移至學生身上。翻轉教學的實施策略，一般分

成同儕互助教學、作業本位模式、反轉課堂等。

1. 同儕互助教學

同儕互助教學是一種強調以「學生學習為中心」的教學設計，透過同儕互助的方式，可以強化教師與學生的互動、學生同儕與同儕的互動，進而提升學生的學習效能。透過學生在課堂中與作業上的相互指導討論與合作，有助於提升學生的學習成效，降低來自學習方面的挫折與壓力（黃盈瑜，2018）。

2. 作業本位模式

作業本位模式的教學設計，主要是來自教室中學生的學習存在差異現象，教師無法用同一的教學方式，指導不同學習差異的學生，達到學習上的齊一標準。因此，由教師針對課程目標，設計需要達到標準的作業，讓每一位學生在上課前，先有問題思考和寫作，以利在上課時可以隨時針對學習議題進行回應。

3. 反轉課堂

反轉課堂的教學設計理念，來自於當教師的教學風格與學生的學習型態有相互衝突時，容易使學生的學習成效降低，影響學生的學習動機和學習參與，進而對教學內容失去興趣。因此，教師必須在教學活動實施中，隨時針對學生的學習而改變或採用不同的教學方法。

㈣ 可能遭遇的問題

翻轉教學的實施，儘管和一般傳統教學有所不同，相關研究也指出，翻轉教學相對於傳統教學，在教學成效和學生的學習參與上，具有正面積極的意義。然而，任何教學方法的運用，本身就是一種限制。翻轉教學的實施，在臺灣試行一段時間之後，發現可能遭遇的問題如下（黃政傑，2014；黃盈瑜，2018）：

1. 翻轉教學加重教師的教學負擔，需要更多的專業支持；
2. 翻轉教學降低教師教學活動中的言教、身教、境教等影響力；
3. 翻轉教學增加教師備課時間和負擔；

教學語錄 209：教學應該要善用各種形式的計畫。

4. 翻轉教學考驗教師的資訊素養與教學風格；

5. 翻轉教學取決於學生是否自律、自動學習，對自己學習負責任；

6. 翻轉教學的教材設計取決於教師專業能力。

㈤ 在教學設計與實踐上的應用

翻轉教學的教學改革和學習共同體的教學改革，影響中小學教師的教學設計與實踐，很多的中小學因此而急於改變自己的教學模式，希望透過這些教學革新的模式，可以讓自己的教學活動更爲活絡，學生的學習動機和態度可以更爲積極。

1. 翻轉教學的需要和必要性

翻轉教學的理念，爲教師的教學帶來新的思維、新的風潮，很多教師在經過多年教學之後，願意在翻轉教學的革新中，反思自己的教學活動並進而修正自己的模式，這是一個好的現象。然而，在思考運用翻轉教學時，教師應該了解自己的教學活動，究竟存在哪些問題，是不是眞的需要改進。如果，教師只是一味跟著流行，追隨著「剪綵文化」或「作秀文化」，隨意將自己的教學優勢放棄，盲目地改變自己的教學模式，則容易帶來不好的教學後遺症。

2. 教師教學風格與學習特性

翻轉教學的理念，深思其立場與理論依據，不難發現來自於反思傳統教學模式對於學生學習型態的負面影響，希望透過教學改革提供學生在學習上的新思維。因此，透過教學翻轉的方式，改變教師的教學方式，提供學生學習的新氣象。翻轉教學模式的內涵，重視教師教學風格與學生學習特性的關係，從教師教學風格的翻新，調整教學互動歷程中的策略，要求教師事先針對教學知識，做專業方面的彙整，要求學生針對學科學習知識，做事先的準備工作。

3. 教學主導權應該由誰掌握

傳統的教學活動設計與實施，主導權在教師手上，教學活動的設計、教學資源的決定、教學理論方法的運用、教學媒體的控制等，由教師全權

決定之後，再進行教學活動。學生的學習處於被動的角色，教室的教學活動的進行，學生無法預知未來的活動，也無緣決定自己的學習策略與方法的運用等。翻轉教學的實施，強調的是教學主導權，應該由「教師主導」轉而為「學生主導」。由於學生可以主導自己的教學活動，對於學習策略與方法的運用，能隨時依據自己的學習進度，而修正各種的學習策略方法。

4. 翻轉教學模式應用與思維

翻轉教學的實施模式，和一般傳統的教學有所不同，從教學主角、知識的傳授、認知層次、知識結構、學習權力、學習動機、學習參與等層面，都有所不同。由於和傳統的教學實施，具有很大的差異，教師在運用翻轉教學前，需要先了解自己的教學模式優缺點，是否需要大幅度的改變，才決定翻轉教學要運用在哪一個領域的教學，或是否需要全盤運用，或部分融入教學活動中。新的教學思維，一定為教學活動帶來新的氣象，對學生的學習帶來新穎的成效，然而教學成效是否能長久？或是僅為教學帶來「海市蜃樓」的假象，這是教師在採用新教學模式應該慎重思考的議題。

5. 調和傳統教學與翻轉教學

翻轉教學和傳統教學的差異，不僅僅只是主導權和知識結構層次的問題，同時也是教師教學理念與教學模式的運用問題。當教師在面對新的教學理念時，應該對新的理念有深層的了解，透過各種形式的觀察（或研究）比較新舊教學模式的差異，或是分析帶來的不同成效。在沒有十足把握前，教師應該要以「慎重保守」的態度面對新的教學革新，以漸進的方式慢慢將新的教學方式，融入傳統的教學活動當中，同時也讓學生有一段適應的時期。

九、文化回應教學的運用與實施

文化回應教學的理念，源自於多元文化教育。主要是希望教師的教學，不僅要回應整體社會發展的需要，提供社會演變的各種制度、意識、

教育等功能，同時還要回應種族、語言、文化、階級、地位等在教與學方面的實際需要（林進材，2008）。本節針對文化回應教學的意義、面向、應用等，提出簡要的說明。

㈠文化回應教學的緣起與意義

文化回應教學的概念源自於 Wlodkowski 與 Ginsberg 的主要概念，認為文化回應教學回應了文化多元論的挑戰，它尊重了差異，提升所有學生的學習動機，創造一個安全、包容、尊重的學習環境，強調跨學科與文化的教學。

文化回應教學強調教師在班級教學中，應該針對學生的文化特性、生活經驗、社區生活背景，引導學生了解自我，接納各個同的族群文化。教師在面對複雜多變的教學環境，以及來自不同族群的學生、不同文化背景的學習者，如何面對學生差異與事實，調整傳統機械性的教學策略，採用適合學生學習的教學方法，是文化回應教學強調的重點（林進材，2008）。

㈡文化回應教學與教師中心教學

文化回應教學的實施，與一般傳統教學的活動是不一樣的。文化回應教學強調「文化」在教學與學習上的重要性，教師教學活動的進行必須以學生的文化為主要的考量點；傳統的教學活動是以「教師為主」的教學型態，文化回應教學是以「學生為主」的教學型態。文化回應教學與傳統教師中心的教學，參見表 6-3：

表 6-3 文化回應教學與教師中心教學方式之區別（劉美惠，2001）

比較層面	文化回應教學	教師中心教學
知識來源	1. 複雜 2. 統整 3. 雙向（師生共同建構） 4. 知識具可批判性	1. 單向 2. 獨立 3. 單向（教師、教科書傳遞給學習者） 4. 知識具權威性

教學語錄 212：不同的學生要採用不同的教學方法。

表 6-3（續）

比較層面	文化回應教學	教師中心教學
學習環境	1. 師生關係平等 2. 合作學習 3. 開放、尊重 4. 師生關係階層式	1. 師生共同掌控 2. 競爭 3. 保守 4. 教師主導
預期學習成果	1. 可預期與不可預期的學習結果 2. 高層次思考 3. 真實性學習	1. 特定的學習結果 2. 聚斂性思考 3. 能力導向的學習

㈢文化回應教學的面向

在文化回應教學的面向方面，包括建立包容、發展態度、提升意義、培養能力等四個層面，參見表 6-4。

表 6-4　文化回應教學的面向（劉美惠，2001）

層面	規準	條件	方法
建立包容	1. 尊重 2. 相互依賴	1. 強調課程與學習者經驗的連結 2. 教師不是知識的權威 3. 強調合作 4. 肯定學生改變的能力 5. 公平而無歧視地對待每一位學生	1. 合作學習 2. 寫作團體 3. 分享
發展態度	1. 相關 2. 自我決定	1. 教學與學習嗜經驗及先備知識連結 2. 鼓勵學生依據自己的經驗、假期及需要做決定	1. 問題解決教學 2. 多元智能教學 3. 學習型態 4. 做決定
提升意義	1. 參與 2. 挑戰	1. 鼓勵學生挑戰高層次思考與分析議題的學習機會 2. 學習者的經驗及語言應該被重視	1. 角色扮演 2. 真實性學習 3. 個案探討
培養能力	1. 真實性 2. 效能	1. 評量過程與學習者的世界、參照與價值連結 2. 重視多元評量 3. 強調自我評量	1. 回饋 2. 真實性評量 3. 自我評量

㈣ 文化回應教學的應用

文化回應教學強調教師在教室中可以針對各類學生的學習成長、文化背景做深入的了解，透過同理與了解，才能提供學生在個方面的引導、促進學生的有效學習。因此，文化回應教學的理念，在教學活動實施中，具有下列啓示（林進材，2008）：

1. 運用文化回應教學策略增進學習效能

文化回應教學的意涵，強調教師應該在班級教學中，了解學生的文化以及自身文化的差異性，進一步探討學生的背景文化，以學習者的觀點思考言行，珍視學習者的經驗並給予相當的尊重。換言之，在教學策略的運用上，應該根植在文化回應的教學理念上。文化回應教學的策略包括：(1) 發展文化理解和自我認識；(2) 創造文化關係與多元文化課程；(3) 運用各類文化關係課程；(4) 連結學生的先前經驗和概念；(5) 運用並選擇彈性分組的策略；(6) 關注學習者的學習風格問題，並融入課程教學中；(7) 運用各種適性策略教學法引導學生選擇學習策略。

2. 建構文化回應教學的學習環境提升學習效能

文化回應教學的基本理念，在於肯定不同學習者各種文化的認同與自身文化存在的價值。強調教師教學活動的進行，是一種跨文化接觸的活動（cross-cultural encounter）。教師本身是社會文化中每一特定文化群的代言人，在教學與學習過程中，師生的互動可說是文化的接觸及傳遞之重要因素。而教師在面對教室中不同文化的接觸時，若無相當程度的了解與尊重，容易導致教學行為與態度上的謬誤，同時可能將此謬誤與偏見於無形之中傳遞給學生。因此，教師若想在多元文化教育的情境中，完成其專業工作，需要具備多元文化的素養及多元文化的教學信念（林進材，2008）。因此，建構文化回應教學的學習環境，提供學生適合的學習環境，有助於達成文化回應教學的理想。

3. 教師應該涵養文化回應教學的信念與行為，並且在教學中付諸實踐

文化回應教學的重點，在於強調教師本身是文化知識敏銳的觀察者，

了解文化脈絡對教學與學習品質的影響。相關的研究指出，文化回應教學的信念與行為之間的關係是相當密切的，唯有透過文化回應教學信念與行為的強化，才能濡化教師在教學效能方面的專業能力和知能。如同 Irvine 認為一位文化回應教師具備多樣的教學型態與哲學觀，能在平時提供有效的教學，而非只是如 Banks 的貢獻模式，只在特定節日介紹不同族群的風俗或英雄人物。一位具有文化回應教學信念的教師，擁有教好每一位學生的信念，會運用文化回應原則來進行教學，回應不同學生需求之能力，以及營造文化回應教學的學習環境。在這樣的信念以及支持合作的環境中，教師與家長、社區成員一起討論並決定教學的方向，尋找對學生學習有利的教學資源，為學生創造一個學習型的社群，讓學生與學習內容產生專業的連結、以增進自我價值和學習表現（何縕琪，2005）。

4. 透過落實文化回應教學的途徑，提升教師教學效能

教師在教學前、中、後可以透過文化回應教學行為的加強，反省自身的教學行為與信念，引導學生進入多元文化的教室中學習，讓學生及早體認包容多元價值的信念、經驗與能力，懂得尊重自己及欣賞他人的文化、歷史與貢獻，並且將課堂學習所學到的知識，運用並實踐在日常生活中。在文化回應教學途徑方面，包括：(1) 設計多元化課程，並審慎檢視教科書中的內容，保障學生的母文化能夠確實地、平衡地在教科書中呈現；(2) 營造開放多元化的教室氣氛，也可以利用教室空間布置文化櫥窗，提供學生多元文化的相關資訊；(3) 師生間的溝通管道保持暢通與安全，建立相互理解的師生關係；(4) 提倡合作學習，可以讓異質小組進行討論，尊重彼此的關係，且培養良好的人際關係；(5) 透過實施多元文化知識的交流，讓學生彼此間的觀點都能被聆聽與尊重；(6) 引導學生次文化的發展，讓學生認識自身且尊重其他的文化團體，教師必須時時反省自身的多元文化態度與行為；(7) 教師可提供不同類型成功的經驗給學生，引導他們發展自我概念並對其自我評價（林進材，2008）。

5. 將文化回應教學的理念融入日常的課程教學中

教師在教學中，透過課程與教學的設計，將文化回應教學的理念，

包括「建立包容」、「發展態度」、「提升意義」、「培養能力」等四個層面上所關注的課程目標、教師的角色、學生的角色、教學活動、教學方法、教學重點與程序、學生的學習行為、師生關係、教室環境及教學評量等層面的行為與表現，融入課程與教學實踐中，提升學校教學品質與學習效能。

（本文「九、文化回應教學的應用與實施」發表於國立臺南大學教育學系教育學誌，20 期。）

十、適性教學的應用與實施

適性教學的主要意涵，來自於適性教育的意義和實施，主要的用意在於針對學生的學習性向與學習潛能，提供適應個別差異與個性的學習機會和環境，讓學生可以在學習方面擁有自我實現和成功的機會。有關適性教育的意義、概念澄清、實踐經驗、在教育上的應用，簡要說明如下：

㈠適性教育的意義

一般而言，適性教育所指的適性，是順應孩子性向學習和教育，或是發展適合學生學習本身和個性的教育。適性教育的發展，強調教育活動的實施，應要針對學生的個性、潛能、需求和特性等，作為教育活動的參考。適性教育重視的就是「因材施教」、「有教無類」、「人盡其才」等理想的達成。

㈡適性教育的概念澄清

適性教育的概念，一般和個別教育、個別發展、傳統教育、適性教學等相關的概念，常常被混為一談。有關適性教育和上述概念的澄清，簡要說明如下：

1. 適性教育和個別教育

個別教育的理念是奠基在於一對一的教育方式之上，透過一對一個教育方式，教師可以針對個別學生的學習與成長，考慮教學方法的運用，以

及教學活動的設計。由於是一對一的個別教育方式，因此教師可以隨時提供學生在教學與輔導方面的協助。適性教育的理念是在教學活動進行中，教師可以依據個別學生的學習成長情形，提供適合每一位學生的教學策略與方法，透過適性教學的實施，可以提供學生在學習過程中，立即性的教學協助與支持。因此，適性教育策略的運用，有別於個別教育策略的運用。前者，主要在於提供不同學生適性的策略，並且能在團體教學中，隨時引導學生進行學習活動；個別教育的目的在於提供學生獨特的、個別的學習方式，引導學生達成學習效果。

2. 適性教育和個別發展

個別發展的重點在於強調個體發展時，不同階段的個別性需求、興趣、特性等個別化的發展。適性教育強調的是在群體中，不同個體發展上的需要。因此，適性教育並非針對個別學生，進行教育活動或教學活動。個別發展在學校教育方面，重視的是個別學生在發展上的需要，在學習方面的需求，必須針對個別學生進行教學方面的規劃設計。

3. 適性教育和傳統教育

適性教育和傳統教育的差別，在於傳統的制式化教學與填鴨式教學，並無法在教學活動實施中，考慮到個別學生之間的學習差異，無法使教學活動符合學生的學習需求，因此，無法讓每一個學生得到良好的學習效果。教學活動的實施，無法及時顧及每一位學生的需要，協助學生解決學習上的困難，增加學生的學習參與感。適性教育可以在教學活動中，實施因材施教，充分考慮學生的個別差異，發掘每一位學生的學習優勢，提供及時的教學輔導。

4. 適性教育和適性教學

適性教育的重點，在於調整學習環境，使個體可以在團體的學習中，得到個別性的發展，適性教育的理念在於提供適當的學習經驗，使個別學生可以達成學習目標。適性教學強調的是重視學生的學習經驗、學習特性與學習需求，透過對學生學習方面的評估，提供適合學生學習的最佳環境，使學生的學習成效可以達到最佳化。

教學語錄 217：教師教學關鍵在於教學方法的熟練。

(三)適性教育的實踐經驗

適性教育和一般傳統的教育有不同，適性教育是在傳統教育中，考慮到學生的個別差異，以符合學生的學習需求，讓每一位學生都可以在班級的學習中，發展適合自己特性的學習風格。

1. 適性教育的理念

適性教育的發展，和一般傳統教育的發展，差異性是相當大的。適性教育的發展，有幾個理念，包括有教無類、因材施教、積極性的差別待遇等。有教無類的理念，包括無論學生個人的條件和背景如何，學校都要提供均等的教育資源讓學生分享；政府應該要保障各種人等，享有一樣的入學機會；在因材施教方面，學校教育應該要依據學生個人的能力、潛能而給予差別待遇；學校應該依據學生的不同學習能力、性向而給差別待遇等。

2. 學校教育上的意義

適性教育在學校教育上的意義，包括下列幾項重要的理念：(1) 提供適當的學習環境，給不同的學生，以進行多樣化的學習活動；(2) 學校應該要鼓勵學生培養積極進取的學習態度，透過各種策略與方法的運用，增進學生的學習興趣和效果；(3) 學校可以設計各種適合發展不同能力的課程，讓學生可以從課程與教學中，激發學習的潛能，並且促進優質的學習成長。

3. 教師教學上的意義

適性教育在教師教學上的意義，包括下列幾點重要的層面：(1) 教師應該針對學生不同性向發展、學習潛能、學習需求和特性，進行教學方面的設計，以適當的方法提供學生學習的機會；(2) 教師在教學方法的應用上，可以考慮採用腦力激盪術、發現學習、探究訓練等方法促進思考能力的發展，以增進學生的學習效能；(3) 教師應該針對不同學生的學習發展，提供適當的教學方法，激發學生對學習的興趣，並且提高學生的學習效果；(4) 教師應該考慮學生的學習能力與學習特性，提供個別化教學、特殊教育、適性教學，以滿足不同能力學生的要求。

㈣ 教導學生成為獨立的適性學習者

適性教育的提供是學校與其他教育機構的主要責任，但學習者自己應該是適性學習者的主要經營者（黃政傑、張嘉育，2010）。要教導學生成為獨立的適性學習者，下列幾項重要策略可以參考：

1. 引導學生自己負起適性學習的主動角色

學校教育應該要讓學生了解自己對學習的責任，適性教育也應該引導學生自己要負起適性學習的主動角色，透過了解自己的特質，學習負起適性學習的責任。

2. 引導並鼓勵適性學習者養成應備的主動角色

學習者要負起適性學習的主動角色，以養成各種學習的基本能力。當學生具備基本能力時，才有助於進行獨立學習。

3. 建立終生學習系統以支持個人終生適性學習

學校應該培養學生建立終生學習系統，以支持個人終生適性學習活動的進行，透過學習系統的建立，才能激發學生自發性的學習。

4. 適性教育的應用

適性教育的應用，不僅僅是學校教育活動實施的理念，同時也需要教師在進行課程與教學設計時，針對學習者的特性、需求、興趣、發展等方面的需要，進行個別性的教學設計，以達到適性教育的理想。

㈤ 教師適性教學的設計與實踐

適性教育的理念，運用在教學教學設計與實踐，主要重點在於教學應該以學生的特性與發展，為主要的教學依據。教師在適性教學設計與實踐方面，宜建立下列基礎之上：

1. 針對學生的學習差異進行教學設計

教師教學設計與實踐，應該以學生的學習差異，作為規劃設計的參考依據，針對學生的學習差異情形，規劃不同的教學策略方法，提供學生不同的學習機會，讓不同的學生在教室的教學活動中，都可以擁有成功的機會，得到教學方面的學習成長。

2. 以學生的學習效能為主要教學重點

教師的教學活動實踐，應該要將學生的學習效能議題，納入教學的重點，並據而作為教學設計的關鍵指標。這樣，學生才能在教學活動中，願意面對學習挫折，願意改變自己的學習行為。如果，教師的教學設計與學生的學習效能背道而馳，則教學活動實施不容易達成預期的目標，學生的學習活動也無法收到預期的效果。

3. 針對學生採用不同教學方法與策略

教師的教學設計與實踐，應該要以學生為主，採用不同的教學方法與策略，透過對學生學習情形的了解，規劃設計並運用不同的方法，透過教學方法的改變，引導學生進行適性的學習。如此，學生可以從教師的教學行為中，選擇適合自己的的學習路徑，進而在遇到學習困難時，可以適時地轉變自己的學習策略。

4. 設計不同學生發展能力的課程教學

教師教學設計階段，應該參考學生的發展能力差異，選擇教學的方法和學習策略。在課程與教學設計中，依據學生的學習差異（如優、良、中、可、差）情形，設計讓學生可以發展的活動。例如：英文程度好的學生，教師可以提供高階的英文會話活動；英文程度需要加強的學生，教師可以設計簡單的英文會話活動，讓學生依據自己的英文程度，選擇適合自己的學習活動。

〔本文「十、適性教學的應用與實施」部分載於林進材（2015）。50則非知不可的教育學概念。臺北：五南。〕

本章討論與研究議題

1. 新興教學議題和傳統教學議題有何差異？對教師教學設計與實踐有什麼意義？
2. 請任選一種新興教學議題和傳統的教學議題進行差異性比較，並說明對

教師教學設計與實踐有什麼意義。

3. 請任選一種新興教學議題進行教學設計與實踐，並評估其實施成效。

4. 請選擇本土性的新興教學議題，做教學設計與實踐方面的說明，並分析其優缺點。

5. 請針對新興教學議題，做教學理念、實施情境、教學方法等方面的分析比較，並說明對教師教學設計與實踐有什麼意義。

教學語錄 222：教學活動的進行要讓學生看得到未來。

第七章

教師觀議課的議題與教師教學實踐

　　教師公開說課、備課、觀課、議課的實施，有助於提升教學的成效，精進教師的教學效能，進而提升教師的教學專業能力。透過說課、備課、觀課、議課等程序的辦理，提供教師在教學前中後的專業意見，進而改進教學的實施。本章的主旨在於說明教師觀議課的議題與教師教學實踐，透過教師的說課、備課、觀課、議課的實施，分析專業上的應用以及可能面臨的問題，並釐清在教學上的實踐與應用。

一、說課的實施與教學上的應用

　　說課的實施，主要是教師在教學前，將自己的教學設計與未來的教學活動實施歷程，簡要地向觀課的成員，進行教學思考與決定方面的講解。

(一)什麼是說課

　　說課，是教師備課的重要步驟，主要的用意在於教師面對同儕或專家時，在規定的時間之內，將自己的教學規劃（或設計），簡單扼要地說清楚。說課的實施，在於規定的時間之內，針對上課的單元主題，以講述法的方式，有系統地說明分析教材和學生，並且分享自己的教學設計理論依據、採用的教學理論與方法，讓參與的人員針對教學設計，進行專業方面的評論，以達到相互交流的目的。因此，透過說課的方式，可以了解教學者在教學活動設計方面的構想、教學理論與策略方面的運用、在教學評量方面的設計等。

(二)說課有什麼作用

　　說課，是一種「說出思想」的方式，將自己的教學設計和構想，透過講述的方法，和觀課者、評課者分享教學設計上的構想。說課是屬於集體備課的形式，主要是為了提升班級教學效率。透過說課的實施，可以提升教師本身的教學效能，增進教師之間的教學智慧交流，引導教師有效地掌握單元教學、教材教法，並且掌握教學中的各種「教學事件」。

1. 有效的掌握教材

　　教師在備課時，為了教學方面的準備，一定要先有系統地整理教材，

針對教材內容進行各種教學上的準備。在面對教材時，教師應該要了解教材的「內容知識」，以及這些內容知識，應該要透過什麼方法教給學生，在教學的過程中，教師需要舉哪些經驗、哪些案例、哪些知識、哪些策略、哪些方法等。

2. 理論的運用與實踐

說課的過程，需要教師說明在教學構思方面，要做什麼、為什麼這麼做、這麼做的理由等。因此，教師就必須很認真地看待教學理論與學習理論，思考這些理論如何在教學中運用和實踐，透過理論的應用與實踐，提升教師的教學效果、學生的學習成效。

3. 提高教師的表達能力

教師在說課的過程中，必須將課程與教學、教材內容等等，透過講述方法和成員分享，因而有助於提高教師的表達能力。教師必須在說課的準備上，做好教學設計方面的工作，以講課的方式表達自己在教學上的構思。

4. 提升教學專業能力

說課的實施，對於教師教學能力的提升，具相正面積極的作用，透過說課的過程，能激發教師對教學的態度，認真看待教學理論與實踐之間的關聯性，思考如何將理論與實踐做緊密的結合，此二者的結合和學生的學習又如何做連結。此種過程，正有助於提升教師教學專業能力。

(三) 說課有哪些內容

說課是備課的歷程之一，說課主要是擔任觀課的教師，在教學前將自己的教學構思與教學思考歷程，做精簡上的報告。透過說課可以理解教學者的教學設計、採用的教學方法與策略、對教材的理解、對學習策略的運用等，透過說課可以了解教學者的教學思考與決定。說課的主要內容，包括下列幾個重點：

1. 說課本

說課本主要的用意，在於說明教學者對課本內容的理解，包括課本的

內容知識、課本陳述的事實、課本的內容順序、課本所要呈現的經驗、課本希望學習者達到的基本能力和行為目標等。

例如：擔任自然與生活科技教學的教師，在上課前先說明，課本的內容知識有哪些？教學生哪些重要的概念？實驗的操作要注意哪些重要關鍵？哪些是教師本身要示範的實驗？哪些是學生在課程中需要親自操作的實驗？實驗要注意哪些重要事件？等等。

2. 說教材

說教材的用意，在於展現教學者對教材的熟悉和理解的程度，在教材的理解方面，包括確定學習的內容和深度，教材中知識、技能、情意的內容，以及教材中的難易之處、教材中的知識層次等。

例如：擔任數學領域教學的教師，在觀課前透過說教材，說明學生在這一節課（或這一單元）中，需要的學習策略與方法，教材的內容有哪些？教師準備了哪些教材？為什麼做這方面的準備？等等。

3. 說學生

說學生的主要用意，在於說明學生的舊經驗、學習風格、學生的學習情形、學生在該學科的學習準備、學生與教材之間的關聯性、學生在學習中可能遇到的困難和解決策略等。

例如：英文教學觀課時，教師應該針對學生目前的英文程度，做英文學習上的說明；其次，針對課程內容和學生的學習經驗，做簡要的說明講解。

4. 說教學

說教學的主要內容，包括教學目標、教學理論、教學方法、教學時間、教學對象、教學評量、教學成效等，透過說教學的方式，了解教學與學習之間的關係。

例如：教師在觀課前，針對教學理論與方法等，說明未來教學活動的實施流程。如果採用分組合作學習的教師，應該先說明為什麼採用這個教學方法，在教學活動中如何操作，這個教學方法和學生的學習有什麼關係等。

5. 說教學目標

教學目標是教學最重要的關鍵，教學目標決定教學理論與方法、教學策略與技巧、教學規劃與評量等的關係。說教學目標的主要內容，在於說明該課教學的主要方向、希望學生學習的各項能力，並且作為教學評量的依據。

例如：社會領域的教學單元「荷蘭人在臺灣」，教師在觀課前應該針對教學目標，做教學前的說明，說明本節課需要達到哪些教學目標，讓觀課者可以了解教學目標的內涵，作為觀課之後議課的參考。

6. 說教學流程

說教學流程的主要內容，包括教學實施的步驟、教學設計的依據、教學活動的安排、教學策略與方法的運用，這些流程的安排情形，以及教學流程的安排順序。

例如：語文領域的教學，教師在觀課前針對自己的教學流程，說明閱讀理解和概念圖教學如何操作，教學步驟包括哪些重要的流程，這些流程是怎麼安排的，為什麼做這樣的安排。

7. 說教學評量

說教學評量的主要用意，在於說明這一節課上完之後，教學目標的達成情形。說教學評量包括：(1) 教學目標的達成情形；(2) 學生學習進步情形；(3) 作為是否補救教學的參考。

例如：教師在教學之前，需要針對本節課採用的教學評量方法和教學評量標準，做詳細的說明，讓觀課教師了解本節課在教學評量的操作情形。

8. 說教學成效

說教學成效的部分，主要在於預測這一節課之後，教學成效與教學目標的達成部分。

㈣說課的主要內容

一般而言，教師教學說課的主要內容，應該包括下列要項：

1. 單元（課）名稱；

2. 教師基本資料（包括學校名稱、教師姓名、教學班級）；

3. 單元（課）的分析；

4. 教學內容的分析及處理；

5. 學生學習情形的分析（包括舊經驗、起點行為、新舊知識之間的差距、學習策略、學習方法、可能的學習困難及因應）

6. 教學理論與方法的選擇（選用的原因、教學上的思考、學習要點等）；

7. 教學資源的選擇（教材、教具、輔助器材等）；

8. 教學流程的說明（引起動機、發展活動、綜合活動）；

9. 其他與教學有關事務。

㈤**說課的規定**

一般說課的實施，並沒有非常嚴格的規定，實施說課的一般規範包括：

1. 撰寫一份完整的說課稿，提供給參與的人員；

2. 配合說課過程，寫一份 PPT 演示稿；

3. 說課時，簡要介紹教師本人、教材的版本內容、教學單元（課）；

4. 簡要說明教學重點和學習要點；

5. 說課時間在 10 至 15 分鐘內完成；

6. 提供參與人員提問的時間。

二、備課的實施與教學上的應用

備課是教學前，教師準備教學活動的重要階段，透過備課的實施，可以讓教師對未來的教學，有基本和精確的掌握，透過備課可以讓教師掌握教學流程規律，提升教學品質。

㈠ 備課的要求

備課是讓教師對於未來的教學活動，有專業上的掌握和準確的了解。一般而言，在備課方面的要求，如下列幾項：

1. 精確性要高

精確性高指的是，教師在未來的教學活動中，對於課程與教材的理解要能全面熟悉；對於學生的學習程度要能完全掌握；對於教學活動的設計和實施，要能很熟練地展開；對於教科書的內容知識，要能快速有效地轉化成為學生可以理解的方式等。

2. 目標要明確

教師在備課過程，對於課程教學的目標要能明確的了解，知道單元教學的目標有哪些，這些目標如何在教學中落實、如何在學生的學習活動中達成？教師要能夠針對教學目標，展開相關的教學講解、教學實施等。

3. 具備針對性

所謂針對性，指的是教師在備課中，要能隨時以學生的學習為中心，選用適當的方法和策略，透過教學目標、教學理論、教學方法的選擇應用，引導學生從事正確有效的學習。如果學生遇到學習困難時，教師要能立即採用有效的方法，替學生解決學習上的困難。

4. 計畫的周密性

備課計畫的周密性，指的是教師在備課中，要能考慮教學和學習的相關因素，將這些因素做有效的處理。例如：教科書的準備、教材教具的整理、教學理論與方法的採用、教學流程的決定、教學步驟的安排、教學活動的引導等，都是備課時要詳細考慮的因素。

5. 實施的有效性

優質與完整的備課，能確保教學品質的提升，以及學生學習效果的落實。想要提高備課實施的有效性，就需要教師對於課（節）的內容，做事前的分析與理解，將課知識內容進行有系統的分析，再考慮教學策略與流程的安排，結合對於學生學習經驗的了解，才能確保備課的有效性。

(二) 備課的方法

一般的備課方法，會和教學目標與教學活動配合，以達成有效的備課，成為教師教學前的計畫。

1. 備教材

「備教材」指的是教師在教學前，要能針對「課本」、「教師手冊」、「備課手冊」等內容，做系統性的整理和理解。教師要能掌握教材中，所包含的學科知識、教學知識與學習知識，準確地掌握教材內容之間的關係，各頁、各節、各段落所要教給學生的知識體系等。備教材是一種將教材從抽象概念，轉化到具體概念的歷程。

2. 備學生

「備學生」指的是對學生學科學習情形的掌握和了解，教師應該要在教學前的備課階段，了解學生的學習成效、學習動機、學習興趣、先備知識、先前概念等，再針對學生的學習情形，思考在未來的教學活動，如何將這些情形有效融入教學活動中。在教學過程中，如果遇到學生學習困難時，如何運用教學方法與教學策略，降低學生的學習困難情形。

3. 備教法

「備教法」指的是在教學中，教師準備採用哪一種教學法？為什麼採用此種教學法？這種教學法如何運用？教學法和教科書的內容知識有什麼關係？教學法和學生的學習效能如何連結等等。在這個階段，教師必須熟悉學科的性質、單元（課）的特性、教科書與備課手冊對教學方法的主張等。

4. 備教案

「備教案」指的是在教學前，教師針對單元（課）寫的教學設計。一般的教學計畫，包括「簡案」和「詳案」、「內心式的教學計畫」與「書面式的教學計畫」。

5. 備反思

「備反思」是教學之後，教師針對教學計畫的落實，所引發的項目之一。教師在撰寫教案時，應該將教學的相關因素，納入教案設計之中。教

師同時也要有心理準備，如果實際的教學活動和教案內容有不一樣之處，教師要能隨時調整教學設計，彈性改變教學流程（或步驟）。

(三)在教師教學上的應用

教師教學前的備課活動，主要是讓教師在教學之前，針對未來的教學活動，進行專業的教學設計與實踐，讓教師可以了解學科領域教學活動，必須包括哪些重要的因素，包括學科單元的知識內容、教學方法的運用、學習方法的規劃、教學活動內容的設計、學習經驗的運用等，從教師的教學活動到學生的學習活動，讓教師能詳細地掌握各種教學的要素。

三、觀課的實施與教學上的應用

觀課是確保教師教學活動達成目標，以及達到專業程度的主要方法之一，透過觀課的實施，可以將教師的教學活動專業化，同時可以將教師的教學活動優缺利弊，透過專業對話的方式，形成專業化的成效。

(一)觀課的意義

觀課在過去的學校教育中，稱之為「教學觀摩」。教學觀摩的實施，一般是在各中小學學期當中，為了提供教師在教學活動中相互觀摩學習的機會而設置。傳統的學校教育中，都會請「專家教師」或「新進教師」擔任一場例行性的教學觀摩，前者主要的用意在於提供優質效能教師的教學示範，後者在於針對新進教師的教學，進行優缺點的檢討與反思。因此，傳統的教學觀摩對教師教學專業成長的意義不大，除非在教學觀摩中採用系統化的步驟，提供觀課教師教學評鑑表，並且配合教師專業發展的實施，否則容易流於形式化。

在佐藤學（2013）的「學習共同體」理念中提到，學習場域應該要有「公共性、民主、追求卓越」等三項特質，只要有心想觀課的人都可以進教室觀課，全體師生每個人都是學校的一分子，享有同樣的學習權利，亦即無論是授課者、觀課者，他們的目的其實都是相同的——追求卓越。

(二)**觀課的階段**

一般而言，公開觀課的實施，需要有完整的計畫。透過計畫的擬定，將公開觀課的流程、步驟、方法等，做詳細的規範。公開觀課的實施，包括三個重要的步驟：

1. **課前說課**

公開觀課的第一個階段，就是「課前說課」。說課的主要用意，在於讓擔任教學的教師說明，這一節課的單元（課）內容有哪些？教導哪些重要的學科知識？教學理論和方法有哪些？教學目標與教學評量怎麼結合？學生的學習狀況情形？學生如何進行學習？讓觀課者能在短時間之內，掌握這一節課的精華和內容。

2. **教學觀課**

教學觀課是在教師說課之後，觀課者進入實際教學的教室中，觀察教師一節課的教學活動。在教學觀課中，觀察者可以針對教師提供的教案，對應在教室中的教學活動，了解教師是否真正將教學設計，落實在教室的實際教學中。一般而言，教學觀課包括二個重要的部分：(1) 教師的教學活動；(2) 學生的學習活動。

3. **課後議課**

在教學活動結束之後，就進行課後議課的階段，這個階段主要的用意，在於透過同儕互動的方式，針對教師的教學活動，提出專業上的建議。這個階段的進行，應該避免針對教師個人做評論，而是針對課的實施結果，提出具體有效的建議，透過團體共同分享與腦力激盪的方式，針對課的教學實施提出專業的意見。如此，教學者得到改善課的機會，參與者也可以得到共同成長。

(三)**觀課的建議**

觀課的實施需要和正常的教學活動結合，才不至於增加教師教學上的負擔。一般的觀課，需要遵守的原則和建議如下：

1. 以自願為原則

學校觀課的實施，要以自願為原則，不可以有過多的強迫或勉強的情形，否則，不僅僅形成教師的教學負擔，也容易形成教師的負面觀感。如果被強迫的教師，可能因為礙於面子問題，而花過多的時間和心力在教學設計上，容易失去教學的眞實面貌。學校教學觀課的實施，要能說服教師主動參與，以自願為原則，才能在教師的教學中，觀察到教學的實際樣貌，這樣的觀課才能收到預期的效果。

2. 具備基本素養

在學校實施觀課時，應該要求觀課與被觀課者，具備各種基本素養。觀課者必須了解觀課的眞實意義，避免在觀課中打擾教師的教學與學生的學習；被觀課者，應該了解被觀課的實際意義，做好各種觀課的準備，提供相關的素材給觀課者，了解單元（課）教學的內容和教學設計。

3. 結合平常教學

觀課的實施，應該要結合平常的教學活動，在正常的教室教學中進行。如果，刻意強調觀課的功能和作用，容易使教學活動失眞；另外，被觀課者應該要依據正常的教學進行準備，提供觀課者眞實的教學活動，作為觀察與評論的依據。

4. 規模不宜過大

觀課的實施，在剛開始時，規模不宜過大，應該以小規模的觀課為原則。一開始就實施大規模的觀課，無法收到觀課的效果，而且容易失去觀課的意義。學校如果想要實施觀課的話，應該要從小規模的觀課開始，採用漸進的方式，慢慢地再進行大規模的觀課。

5. 遵守觀課倫理

學校在實施觀課活動時，應該要訂定觀課倫理，要求所有觀課與被觀課者遵守。例如：在觀課期間以不打擾學生學習為原則、不可以影響教師的教學活動、避免製造噪音影響教學等等。

㈣ 觀課的倫理

觀課是維持或提升教學品質的重要方式，透過觀課的實施，有助於教師教學前充分的準備，教學後專業的檢討改進。在觀課過程中，需要參與者維持一定的觀課倫理，才能提升觀課的效果。一般觀課倫理，分成三個階段：

1. 觀課前

(1)在觀課前應該要取得教學者的同意，讓教學者了解有哪些人參與觀課；

(2)觀課參與人數不宜過多，以免影響教學品質，降低觀課的效果；

(3)觀課的相關規定，應該要提供參與的人員了解觀課的規範；

(4)通知家長觀課的實施作法，徵詢家長對觀課的意見（例如是否同意錄影等）；

(5)觀課參與者所有的動作，以不影響課程的進行為原則；

(6)觀課的文件應該適度的保密。

2. 觀課中

(1)觀課中應該遵守觀課的各種規範；

(2)參與者避免交談，如有需要應該要避免影響教師教學與學生學習；

(3)如需錄影或照相，避免影響正式課程的進行；

(4)觀課中，避免不必要的走動；

(5)觀課中，避免離開教室或是不斷來回走動。

3. 觀課後

(1)觀課所蒐集到的資料（或文件），如有需要使用（或引用），應徵得被觀課者的同意；

(2)觀課結束之後，如有任何疑慮應該當面請教被觀課教師；

(3)觀課結束之後，與被觀課教師建立專業發展的關係。

四、議課的實施與教學上的應用

學校教育實施「議課」主要的用意，在於參與觀課者，將觀課的所

見、所聞、所思等心得，提出來和參與者共同分享，透過分享改進教學，進而提升教學專業。

㈠ 議課的意義

在教師教學活動結束之後，接下來就是實施「議課」。透過議課的實施，可以讓參與觀課者，針對自己對於教學活動所觀察到的現象，結合自己的教學經驗，提出對於觀課之專業意見。

㈡ 議課的實施

議課的實施，主要是提供專業方面的意見，作為教師教學的改進參考。因此，議課的實施需要遵守下列原則：

1. 議課三原則

議課的三原則，包括：(1) 議課的實施以學習目標為原則，討論學生學習成功與困惑之處；(2) 議題所蒐集的資料，以學生的學習情形為主，配合教材的主要內容；(3) 參與者要分享自己從觀課中所學到的部分，避免談教師在教學中應該要注意的部分。

2. 議課三不原則

議課的實施，要尊重教學者對單元（課）的規劃，教學理論與方法的運用、教學氣氛與情境的設計、教學策略與材料的應用等，避免針對教師做不必要的評論。議課的三不原則，包括：(1) 不評論教師的教學；(2) 不評論個別學生的學習；(3) 主席不做結論。

㈢ 議課的分享

議課的分享，主要是提供參與者對課程教學實施的專業意見，進而和參與者一起成長。在議課的分享方面，包括下列幾項：

1. 以學生的具體學習表現為主；
2. 從單元學習目標（或教學目標），討論學生的學習情形；
3. 分享觀察者的觀察結果。

（四）**議課的紀錄**

一般而言，議課的紀錄包括教師回饋分享、教學演示教師分享、行政協助等。有關議課紀錄表，參見表 7-1：

表 7-1　○○市○○中小學卓越教學學習經驗共同議課紀錄表

老師回饋分享 1. 分享回饋 2. 問題討論	
教學演示教師分享 1. 教學回饋 2. 問題討論	
行政協助 1. 增能實習提出 2. 教學支持 3. 其他協助	

五、公開觀議課的實際作法

學校教育實施公開觀議課的作法，主要是將教師教學專業透明化，讓教師的教學思考與決定外顯化，提供同儕教師在教學專業上的相互學習成長。

（一）**公開觀課在教學上的應用**

說課、備課、觀課、議課等活動的實施，對於教師教學活動的改善，可以收到專業方面的效果。教師在教學生涯中，離開師資培育大學之後，進入教學現場，很容易將自己的教學活動，停留在師資培育的「專業課程與教學」的想像中，而不知道有效運用與轉化。

（二）**透過說課分享教學理念**

說課活動的實施，主要是讓教師將教學設計和教學規劃，用「說出思想」的方式，讓大家了解未來的教學活動，在教學目標、教學活動、教學理論、教學方法等項目的分配，並說明在教學活動中，教師在有關教學因

素上是如何分配的。

㈢透過備課擬定教學策略

教師教學前的備課活動，主要在於擬定教學計畫，同時依據教學活動的需要，擬定教學策略的類型，並且依據單元教學目標，決定運用哪些教學理論與方法，同時選擇增進教學效能的媒體（或教具）。

㈣透過觀課展現教學面貌

觀課的主要意義，在於了解教學的全部面貌，了解教師在教學設計與教學實施之間的差距，透過觀課提供教師教學活動的專業意見，作為教師教學結束之後，反思上的參考依據。

㈤透過議課分析教學得失

議課活動的進行，不在於針對教師的教學進行各種評論檢討，而是希望透過議題分析教學得與失方面的意見，能讓教師在未來的教學設計時，有所參考並加以修正。

六、公開觀議課實施流程與應用

學校實施公開觀議課時，應該提供一種系統性的流程，讓準備實施觀議課的教師，作為教學準備上的參考。一般而言，公開觀議課實施的流程，包括下列幾個重要的步驟：

㈠實施觀察前會談

在公開觀議課實施前，擔任教學工作的教師，應該邀請學校教師或同學年的教師，針對課程教學觀察前進行座談，並且形成書面紀錄（如表 7-2）。在觀察前會談時，內容包括單元學習目標（含核心素養、學習表現與學習內容）、學生經驗（含學生先備知識、起點行為、學生特性……）、教師教學預定流程與策略、學生學習策略或方法、教師採用的教學方法、教學評量方法等。

教學語錄 237：教學評量的精熟標準為 80%。

表 7-2　教學觀察（公開授課）──觀察前會談紀錄表

臺南市東區勝利國民小學 107 學年度公開觀議課實施紀錄

授課教師：　連舜華	任教年級：　二	任教領域／科目：　生活	
回饋人員：　胡美真	任教年級：　二	任教領域／科目：　導師	
備課社群：　胡美真　（選填）		教學單元：　CH2 奇妙的種子	
觀察前會談（備課）日期：108 年 3 月 4 日　地點：205 教室			
預定入班教學觀察（公開授課）日期：108 年 3 月 8 日　地點：205 教室			

一、學習目標（含核心素養、學習表現與學習內容）：

1. 核心素養：

生活-E-A1

悅納自己：透過自己與外界的連結，產生自我感知並能對自己有正向的看法，學習照顧與保護自己的方法。

生活-E-A2

探究事理：藉由各種媒介，探索人、事、物的特性與關係；學習各種探究人、事、物的方法並理解探究後所獲得的道理。

生活-E-A3

樂於學習：對生活事物充滿好奇與喜好探究之心，體會與感受學習的樂趣，並能主動發現問題及解決問題，持續學習。

生活-E-B1

表達想法與創新實踐：使用不同的表徵符號表達自己的想法，並進行創作、分享及實踐。

生活-E-B2

探究事理：運用適切的媒介及技能，對訊息做適切的處理。

生活-E-B3

感知與欣賞美的人、事、物：感受生活中人、事、物的美，欣賞美的多元形式與表現，體會生活的美好。

生活-E-C1

覺察自己、他人和環境的關係，體會生活禮儀與團體規範的意義，學習尊重他人、愛護生活環境及關懷生命，並於生活中實踐，同時能省思自己在團體中所應扮演的角色，在能力所及或與他人合作的情況下，為改善事情而努力或採取改進行動。

生活-E-C2

覺察自己的情緒與行為表現可能對他人和環境有所影響，用合宜的方式與人友善互動，願意共同完成工作任務，展現尊重、溝通以及合作的技巧。

2. 學習表現：

1-I-1 探索並分享對自己及相關人、事、物的感受與想法。

1-I-3 省思自我成長的歷程，體會其意義並知道自己進步的情形與努力的方向。

1-I-4 珍視自己並學習照顧自己的方法，且能適切、安全的行動。

2-I-1 以感官和知覺探索生活中的人、事、物，覺察事物及環境的特性。

2-I-2 觀察生活中人、事、物的變化，覺知變化的可能因素。

表 7-2（續）

2-I-3 探索生活中的人、事、物，並體會彼此之間會相互影響。
2-I-4 在發現及解決問題的歷程中，學習探索與探究人、事、物的方法。
2-I-5 運用各種探究事物的方法及技能，對訊息做適切的處理，並養成動手做的習慣。
2-I-6 透過探索與探究人、事、物的歷程，了解其中的道理。
3-I-1 願意參與各種學習活動，表現好奇與求知探究之心。
3-I-2 體認探究事理有各種方法，並且樂於應用。
3-I-3 體會學習的樂趣和成就感，主動學習新的事物。
4-I-1 利用各種生活的媒介與素材，進行表現與創作，喚起豐富的想像力。
5-I-1 覺知生活中人、事、物的豐富面貌，建立初步的美感經驗。
6-I-5 覺察人與環境的依存關係，進而珍惜資源，愛護環境、尊重生命。
7-I-1 以對方能理解的語彙或合宜的方式，表達對人、事、物的觀察與意見。
7-I-2 傾聽他人的想法，並嘗試用各種方法理解他人所表達的意見。
3. 學習內容：
A-I-1 生命成長現象的認識
A-I-2 事物變化現象的觀察。
B-I-1 自然環境之美的感受
B-I-3 環境的探索與愛護。
C-I-1 事物特性與現象的探究。
C-I-4 事理的應用與實踐。
C-I-5 知識與方法的運用、組合與創新。
D-I-3 聆聽與回應的表現
E-I-3 自我行為的檢視與調整。
F-I-2 不同解決問題方法或策略的提出與嘗試。
二、學生經驗（含學生先備知識、起點行為、學生特性等）：
1. 先備知識：已經初步認識一些植物的花和種子，並了解植物的種子在植物繁殖的過程中所扮演的角色。
2. 起點行為：已學會觀察周圍環境，認識學校的一些校園植物。
3. 學生特性：充滿好奇心、樂於追求知識、勇於發問與表達。
三、教師教學預定流程與策略：

學習目標	時間	教學歷程	教學資源	教學評量
透過校園觀察活動認識各種不同的花及種子，發現其特色。		(一)教師 1. 事先調查校園裡的植物種類和所在位置，並簡單加以記錄。 2. 花的圖卡、種子的圖卡、美麗的花和植物的種子教學VCD。 3. Google 搜尋引擎： http://kplant.biodiv.tw/123/psourse.htm ＜植物網站資源＞ http://taiwanplants.ndap.org.tw/ ＜發現臺灣植物＞ 4. 班級群組相簿：＜相簿：205 植物觀察相簿＞	短片取自 http://kplant.biodiv.tw/123/psourse.htm http://taiwanplants.ndap.org.tw/	

表 7-2（續）

學習目標	時間	教學歷程	教學資源	教學評量
透過觀察活動，認識校園以外的各種不同的花和種子。		㈡學生 課前須引導學生蒐集下列資料： 1. 分享自己最喜歡的植物的花及種子。 　觀察家的附近或學校裡有哪些常見植物。（例如：大花咸豐草、龍葵、榕樹、牽牛花等） 2. 分組並事先完成植物觀察紀錄，並請學生將所拍的植物的花和種子的照片傳到班級群組相簿。	植物觀察紀錄、群組相簿 植物觀察紀錄	
	5	一、引起動機 花和種子在哪裡？ 1. 播放美麗的花和植物的種子教學 VCD。 2. 引導學生透過課本舉例的花朵，思考在住家附近或校園裡，是否見過相同的花卉。	植物觀察紀錄	以口頭評量方式確認學生的學習成效
	25	二、發展活動 1. 請學生分組上臺分享自己曾經見過印象最深刻的植物的花和種子。（包含發現的時間、地點，以及植物的花和種子的顏色、大小、形狀等相關描述） 2. 請上臺分享的組別對臺下聆聽的組別，針對分享內容進行提問及進行搶答；再由臺下的組別對臺上分享的組別進行提問，請報告的組別負責回答。 3. 最後由教師協助學生做植物觀察紀錄的分享與總結。	分組競賽評分表 PPT 及 VCD 提問單	實作評量 口頭評量
透過探索植物成長遭遇的問題，養成解決問題的能力。	5	三、綜合活動 1. 花花世界的「形色」 (1) 請學生討論，如果在戶外看見不知名的植物，可以如何認識它們呢？ (2) 學生分組進行討論並發表。 　（如：詢問師長或父母；畫下來、用相機拍下來、用紙筆記錄植物特徵後，上網或到圖書館查詢） (3) 教師介紹「形色」app，並示範如何使用。 (4) 分享與總結。 　─請學生分享查詢植物時的心得。 　─引導學生比較各種方式的優缺點。 　─觀察植物後，宜指導學生養成洗手的好習慣。 　　（本節課結束）	PPT	以口頭評量確認學生養成解決問題的能力

四、學生學習策略或方法：

1. 以五官知覺探索生活，察覺事物及環境的特性與變化。

2. 透過各種媒材進行探索活動，喚起豐富的想像力，並體驗學習的樂趣。

3. 養成動手探究事物的習慣，並能正確、安全且有效地行動。

4. 能聽取團體成員的意見、遵守規則、一起工作，並完成任務。

五、教師採用的教學方法：討論教學法、小組討論法

六、教學評量方式（請呼應學習目標，說明使用的評量方式）：

1. 能夠觀察並說出校園和住家附近的植物。──口頭評量

2. 能夠完成植物觀察植物。──實作評量

3. 能夠針對植物觀察進行報告及提問，並回答問題。──口頭評量

4. 能夠運用各種方式查詢並認識植物。──口頭評量

表 7-2（續）

七、觀察工具（可複選）： □表 2-1、觀察紀錄表 □表 2-2、軼事紀錄表 □表 2-3、語言流動量化分析表 □表 2-4、在工作中量化分析表 □表 2-5、教師移動量化分析表 □表 2-6、佛蘭德斯（Flanders）互動分析法量化分析表 □其他：＿＿＿＿＿＿＿＿＿ 八、回饋會談日期與地點：（建議於教學觀察後三天內完成會談為佳） 日期：　108 年 3 月 8 日 地點：　205 教室

⟮二⟯ 提供觀察紀錄表並且形成記錄

擔任公開觀議課的教師，在實施觀察前會談並形成紀錄之後，應該針對自己的教學活動與設計，提供觀察紀錄表讓觀課的教師，可以在觀課過程中，將自己所見、所思、所得等記錄下來（如表 7-3）。在觀議課觀察紀錄表方面，學校通常會配合教師專業發展的實施辦法，針對學校對教師的評價項目，設計轉化成為觀議課紀錄表。

在觀議課紀錄的內容方面，包括基本資料、課程與教學設計層面、班級經營與輔導層面。在紀錄表中有量化的資料、質性的文字紀錄等；在紀錄層面方面，包括指標與檢核重點、事實摘要敘述（含教師教學行為、學生學習表現、師生互動與學生同儕互動之情形）、評量（包括優良、滿意、待成長）。

表 7-3　教師觀課觀察紀錄表

授課教師：　連舜華　　　任教年級：　二　　任教領域／科目：生活 回饋人員：　胡美真　　　任教年級：　二　（選填）任教領域／科目：　導師　（選填） 教學單元：　CH2 奇妙的種子　；教學節次：共 1 節，本次教學為第 1 節 觀察日期：　108 年 3 月 8 日

表 7-3（續）

層面	指標與檢核重點	事實摘要敘述（含教師教學行為、學生學習表現、師生互動與學生同儕互動之情形）	評量（請勾選）		
			優良	滿意	待成長
A 課程設計與教學	**A-2 掌握教材內容，實施教學活動，促進學生學習。**		√		
	A-2-1 有效連結學生的新舊知能或生活經驗，引發與維持學生學習動機。	1. 教師能將學校的校園植物融入教學，讓學生和生活環境相結合學以致用。 2. 教師能指導學生針對學習內容拍攝植物觀察相片，學生能認識更多生活環境中看到的植物。 3. 學習活動結束後，學生到校園中活動時，可以練習分辨校園中的植物，十分有趣，知識的取得與練習就在校園學習環境中。			
	A-2-2 清晰呈現教材內容，協助學生習得重要概念、原則或技能。				
	A-2-3 提供適當的練習或活動，以理解或熟練學習內容。				
	A-2-4 完成每個學習活動後，適時歸納或總結學習重點。				
	A-3 運用適切教學策略與溝通技巧，幫助學生學習。		√		
	A-3-1 運用適切的教學方法，引導學生思考、討論或實作。	1. 引導學生發表自身尋找植物的歷程和拍攝植物照片的體驗。 2. 對於發表的學生能馬上給予讚美。 3. 教師指導學生進行植物觀察紀錄的發表、提問及問題的回答，並指導學生問答進行時的溝通技巧，讓學生的學習能化被動為主動學習。			
	A-3-2 教學活動中融入學習策略的指導。				
	A-3-3 運用口語、非口語、教室走動等溝通技巧，幫助學生學習。				
	A-4 運用多元評量方式評估學生能力，提供學習回饋並調整教學。		√		
	A-4-1 運用多元評量方式，評估學生學習成效。	請文字敘述，至少條列三項具體事實摘要） 1. 指導學生進行植物觀察相簿的拍攝與建立，教師針對植物觀察相簿進行實作評量。 2. 學生可完成植物觀察紀錄並準備問題進行提問，教師進行實作與口頭評量隨時調整教學。 3. 學生透過一連串的主動學習，體驗深刻有助於學習與了解生活環境中植物的存在與生長情形。			
	A-4-2 分析評量結果，適時提供學生適切的學習回饋。				
	A-4-3 根據評量結果，調整教學。				
	A-4-4 運用評量結果，規劃實施充實或補強性課程。（選用）				

表 7-3（續）

B 班級經營與輔導	B-1 建立課堂規範，並適切回應學生的行為表現。		√		
	B-1-1 建立有助於學生學習的課堂規範。	教師讓學生發表植物觀察紀錄，當有的學生提問及回答不清楚時，老師會馬上鼓勵和引導。			
	B-1-2 適切引導或回應學生的行為表現。				
	B-2 安排學習情境，促進師生互動。		√		
	B-2-1 安排適切的教學環境與設施，促進師生互動與學生學習。	當學生發表不完整時，同儕會幫忙補充，老師也會統整和回饋。			
	B-2-2 營造溫暖的學習氣氛，促進師生之間的合作關係。	教師安排適切的教學環境以增進教師與學生的互動。			

㈢ 觀課之後進行議課並形成紀錄

在教師實施觀課結束之後，應該針對教師的教學活動，進行觀課之後議課並且形成紀錄，相關紀錄參見表 7-4。觀課之後的回饋會談紀錄表，在內容方面可分成基本資料、教與學之優點及特色（含教師教學行為、學生學習表現、師生互動與學生同儕互動之情形）、教與學待調整或改變之處（含教師教學行為、學生學習表現、師生互動與學生同儕互動之情形）、授課教師預定專業成長計畫、回饋人員的學習與收穫等層面。

表 7-4　教學觀察（公開授課）──觀察後回饋會談紀錄表

授課教師：　連舜華　 任教年級：　二　 任教領域／科目：　生活
回饋人員：　胡美真　 任教年級：　二　（選填）任教領域／科目：　導師　（選填）
教學單元：CH2 奇妙的種子 ；教學節次：共 1 節，本次教學為第 1 節
回饋會談日期：　108 年 3 月 8 日 地點：　205 教室
請依據觀察工具之紀錄分析內容，與授課教師討論後填寫：
一、教與學之優點及特色（含教師教學行為、學生學習表現、師生互動與學生同儕互動之情形）：
1. 學生會觀察校園植物並對植物有更進一步的認識。
2. 學生拍攝生活環境中的植物並上傳到班級相簿，讓教師適時了解學生的先備知識與經驗，並引起學生對此教學活動的興趣。
3. 讓學生上臺發表自己的植物觀察紀錄並提問，學生表現相當認真，將學習化為主動，學習成效更佳。
4. 班級學生認真聽取同學的發表及提問，學習更多植物的相關知識。

教學語錄 243：配合教學單元選擇不同的教學場所。

表 7-4（續）

二、教與學待調整或改變之處（含教師教學行為、學生學習表現、師生互動與學生同儕互動之情形）：
1. 投影機投影出的影像畫面較不清楚。
2. 學生拍攝的植物照片可以多加些植物的特寫。
3. 學生進行植物觀察紀錄的發表時，有時會害羞，較慢進入狀況的學生給予較多的指導。
4. 學生發表時，底下學生跟其他同學分享自身經驗，老師立即提醒學生要專心聽他人發表。
三、授課教師預定專業成長計畫（於回饋人員與授課教師討論後，由回饋人員填寫）：

成長指標 （下拉選單、其他）	成長方式 （下拉選單：研讀書籍、參加研習、觀看錄影帶、諮詢資深教師、參加學習社群、重新試驗教學、其他：請文字敘述）	內容概要說明	協助或合作人員	預計完成日期
觀察周遭環境	在日常生活中多與同事討論學校以及生活周遭環境的校園植物分布情形	精進對於課程教材教法的熟悉	胡美真老師	108 年
諮詢資深教師	利用時間與資深老師討論班級經營相關資訊	多與資深老師討論相關班級經營的經驗	胡美真老師	108 年

（備註：可依實際需要增列表格）

四、回饋人員的學習與收穫：
1. 對於此教學活動相當讚賞，因為與學生日常生活環境習習相關。
2. 教學者掌控教學流程很順暢。
3. 讓學生自己去發現生活中存在的植物，結合校園與住家附近的環境，使學生能更主動的學習。
4. 讓學生透過發表與提問的方式，學習並認識到更多的校園植物。

㈣ 整理公開授課實施書面資料

　　教師實施公開觀議課，主要是將自己的教學活動，透過觀議課的方式和同儕學習成長，從觀議課過程中，了解自己的教學優缺點及需要改進之處。因此，教師的觀議課活動結束之後，應該相關歷程和活動形成「書面檔案」或「教學專業檔案」，作為專業成長之參考。有關公開授課實施的書面資料，請參見表 7-5。

表 7-5　公開授課實施書面資料

學校名稱： 臺南　　縣（市）　　東區勝利國小　　　學校
授課教師： 連舜華　任教年級：　二　　任教領域／科目：生活
回饋人員： 胡美真
教學單元：　CH2 奇妙的種子

第一次 公開授課	觀察前會談（備課）日期：民國 108 年 3 月 4 日　地點：　205 教室 使用表件：■有（上傳）　□無 相關紀錄：（上傳） 
	入班教學觀察（觀課）日期：民國 108 年 3 月 8 日　地點：　205 教室 使用表件：■有（上傳）　□無 相關紀錄：（上傳） 
	觀察後回饋會談（議課）日期：民國 108 年 3 月 8 日　地點：　205 教室 使用表件：■有（上傳）　□無 相關紀錄：（上傳） 

備註：若公開授課不只一次，請依實際需求增列表格。

授課教師	學校主管審核
連舜華	

（上述觀議課書面資料由臺南市勝利國小連舜華老師提供，謹此致上謝意）

七、公開觀議課相關研究及應用

㈠共同備課方面的研究與應用

目前有關共同備課方面的研究，主要重點在於對教師專業方面的成長、對於教師在教學方面的改變等。在研究方法的採用方面，包括個案研究法、問卷調查法等，研究結論與應用，偏向教師的教學成長、學生的學習成長、學校發展的成長等，目前尚未將家長納入研究對象。有關共同備課的研究，參見表 7-6。

表 7-6 共同備課相關研究

作者年代	研究主題	方法	對象	研究結果
鄧鈺萍 2009	共同備課對教師專業成長影響之研究——以臺北市一所國小為例	個案研究	國小教師	1. 大部分以寒、暑假為主，少部分平日共備，備課國小主要於平日共備。 2. 發展歷程：關注的問題→共同備課→觀課→省思，形成不斷循環的教學歷程。 3. 共備能促進專業知識、技能、態度成長。
陳志坪 2016	線上合作共同備課平臺：開發與評估	問卷調查法	小學到大學教師	1. 現場教師對線上合作共同備課平臺的「知覺整體有用性」、「整體知覺易用性」、「知覺鷹架有用性」都有正向回饋。 2. 不同教學年資、教學年級的教師可能對於線上合作共同備課平臺會有不同的感知。
蔡秋季 2016	中小學教師參與臉書共備社群與教師專業成長之研究	網路問卷調查法	中小學教師	1. 參與動機以「增進自我的專業成長」及「增進教學能力」最強烈。 2. 參與現況以「閱讀實用教學資訊」及「搜尋教學相關資源」得分最高。 3. 參與態度不同的兩個主要差異因子為「任教各級學校」與「學校地區」。另「性別」亦會造成參與現況上的差異。 4. 「擔任職務」、「任教各級學校」與「學校地區」是造成專業成長情形不同的主要差異因子。另「年齡」及「學區位置」亦會造成部分差異。 5. 「參與動機」、「參與現況」與「參與意願」態度愈正向時，整體專業成長表現也愈良好，其中以「參與動機」與「參與意願」的預測力最高。

表 7-6（續）

作者年代	研究主題	方法	對象	研究結果
蔡宜蓁 2018	108 課綱教師共備社群之個案研究：以高雄市兩所高中為例	個案研究	高中教師	1. 以跨領域共備社群為主。 2. 參與社群產生教師、學生、學校三贏局面。 3. 組織結構與制度公平對共備社群發展有影響力。 4. 困境為共備時間難有交集與教師適應問題。

資料來源：陳昱靜（2019）。**澎湖縣國民小學實施公開授課現況、困境及因應策略之個案研究**。國立臺南大學教育學系課程與教學研究所碩士論文。

(二)觀課議課方面的研究與應用

　　國內目前有關觀課議課方面的研究，隨著教師觀議課的實施，累積相當數量的研究。研究重點在於觀議課對於教師教學效能的改變和影響，研究方法大部分採用問卷調查法與個案研究法，在研究結果的呈現方面，認為教師的觀議課對於教學專業成長，具有積極正面的意義。因此，建議教師應該積極參與觀議課的活動，給自己一個成長的機會，讓自己的教學活動攤在陽光下，透過同儕的分享與學習，改變自己的教學模式，修正自己的教學行為。

表 7-7　觀課、議課相關研究

作者年代	研究主題	方法	對象	研究結果
丁柔 2014	臺北市國民中學教室走察與教學效能之關係	問卷調查法	國民中學教師	1. 對於「教室走察」政策之覺知屬於良好程度。 2. 不同學校規模、歷史、所在區域、教師職務及是否參與走察計畫對「教室走察」覺知有顯著差異。 3. 教師普遍肯定教室走察有助提升教學效能。 4. 教室走察與教學效能具有中度正相關。 建議： 1. 教室走察政策宜明文訂正永續執行。 2. 配合專業學習社群，行政與教學同步成長。 3. 教室走察人員宜擴及全校，以發揮全面功能。 4. 落實教室走察理念，促進體現學習共同體。

表 7-7（續）

作者年代	研究主題	方法	對象	研究結果
				5. 校長走入班級，展現優質領導。 6. 教室走察學校本位化。 7. 鼓勵教師打開教室，積極參與，自我提升。 8. 教師合作對話，創造雙贏。
陳韋樺 2015	觀察表對國中數學教師課堂觀課之影響	個案研究法	國中教師	1. 觀察者可藉由觀察表改變對於教室觀察時的觀點轉變，亦可從中獲得不同的觀察觀點。 2. 研究結果可運用於未來師資培育，藉由謝氏觀察表，培養教師於教學過程增進學生所認知之理想教師該具備之教學項目。
張蕙芳 2015	臺北市五所前導國小實施學習共同體之現況研究	問卷調查法	前導國小	1. 五所學校實施現況不盡相同。 2. 五所學校推動方式有些差異。 3. 學校所在地區與學校文化不同之教師與同儕合作情形有顯著差異。 4. 不同學校、年齡、職務在觀議課認知有顯著差異。 5. 在班級教學發展因有主導性而有差異。 6. 教師知覺到學生學習有改變。 7. 實施學習共同體在同儕合作、觀課議課上、教學發展上，有相關性。 建議： 1. 推動時可建立共同原則，多給教師時間做討論及分享，以了解學生學習情形。 2. 同儕合作、觀課議課時，營造共同成長的氛圍，以提升意願。 3. 在學期中及學期末安排學生分享學習發現及成長。 4. 僅以學校教師為研究對象，未來可進一步以家長或社區為對象。
黃惠卿 2017	臺中市國民小學教師參與觀課之現況及影響觀課因素之研究	問卷調查法	國民小學教師	1. 教師參與觀課現況：經驗以 3 至 5 年、「總是」參與觀課前及課後會議比例最高。 2. 「觀察工具」以「觀察表勾選」比例最高。 3. 不同背景變項參與觀課現況部分變項有顯著差異。 4. 影響教師參與觀課因素最重要為「動機」。 5. 影響參與觀課因素在「性別、教學年資、學校是否參與教專、教師是否有過觀課經驗」等變項有顯著差異。

表 7-7（續）

作者 年代	研究主題	方法	對象	研究結果
				建議： 1. 對教育行政主管機關建議：推展教師觀課相關研習；強化對教師專業發展支持系統的宣導，讓現場教師能充分了解，願意加以配合觀課。 2. 對學校建議：學校應提供更多相關觀課資訊給科任教師、新手教師及未參加教專認證教師參與觀課，以利其能更進入狀況，進行觀課活動；學校應繼續鼓勵教師，踴躍參加教師專業發展支持系統。 3. 對教師建議：應積極參與教師專業發展支持系統；應多加理解學校行政的支持，並尊重政策的引導。

資料來源：陳昱靜（2019）。澎湖縣國民小學實施公開授課現況、困境及因應策略之個案研究。國立臺南大學教育學系課程與教學研究所碩士論文。

(三) 觀議課實施的困境與因應策略研究

目前中小學教師觀議課的實施，由於各種內外在環境的因素，面臨實施的困境瓶頸，需要教師與行政人員採取因應策略。在公開授課的困境方面，包括教師的接受度和抗拒、學校的組織文化和相關人員的排斥、觀課人員對課程教學的理解、同儕教師合作上的困難等等，上述公開授課的困境，需要教師運用專業智慧加以面對。有關觀議課的相關研究，請參見表 7-8。

表 7-8　各學者提出之公開授課困境及因應策略

作者 年代	文章主題	公開授課之困境	因應策略
王金國、 桂田愛 2014	「公開課」的省思與建議	1. 觀摩對象若不設限的開放，不見得每位老師都能接受； 2. 把公開課當成行政績效而失焦； 3. 若相關配套措施不足，要求與強制全校實施公開課，可能流於形式。	1. 同理教師的感受； 2. 發展適用於臺灣的公開課模式，尊重未準備好的人； 3. 結合授業研究力求專業成長； 4. 充實觀課與議課知能。

表 7-8（續）

作者 年代	文章主題	公開授課之困境	因應策略
劉世雄 2018	素養導向的教師共備觀議課	教師的接受度，受到以下幾點影響： 1. 學校的組織文化 2. 觀課目的的理解 3. 教師的同儕性 4. 教師個人效能	1. 先讓教師體會到公開授課的價值，而非理想化地評論學生學習與教師教學； 2. 以學生的表現來看待教學活動，而非以評鑑指標來評論教師的教學表現； 3. 學校行政單位需要先置作業，提供教師準備推動公開授課的相關事宜。
曾秀珠、 林惠文、 謝明貴、 曹曉文 2018	校長與教師公開授課如何有效進行？	1. 公開課夥伴難尋； 2. 不了解公開課意義與價值； 3. 無法敞開心胸討論； 4. 不熟悉工具和流程； 5. 對話無法聚焦，流於形式； 6. 校長公開課意涵不明確； 7. 大校公開課時間與班級安排困難。	1. 教師、家長理念宣導建立； 2. 確立備觀議課三部曲（教師專業發展模式、學習共同體模式）； 3. 形塑友善校園學習氛圍； 4. 提供典範學習機會（觀看影片、典範教學、校長以身作則、標竿參訪、專家指導）； 5. 建立公開授課平臺（行政提供支援、擬定公開授課計畫）； 6. 落實教學實踐（領域教學、議題教學、政策轉成教學、學校特色課題）。

資料來源：陳昱靜（2019）。澎湖縣國民小學實施公開授課現況、困境及因應策略之個案研究。國立臺南大學教育學系課程與教學研究所碩士論文。

八、校長觀議課的作法與影響

㈠校長觀議課的相關規範

　　由於教育改革的要求與呼籲，在 108 課課綱要中，對教師專業發展之規範，其法源依據之一為 108 課綱實施要點，除第五點明確訂定校長及每位教師每學年至少進行一次公開授課外，於第七點家長與民間參與層面，

也指出「學校應定期邀請家長參與教師公開授課或其他課程與教學相關活動（頁 35）」。說明公開授課的參與對象不同以往，不再侷限於教師之間，家長與社區民眾也可參與（陳昱靜，2019）。

　　換言之，國內中小學教師需要觀議課，校長也要加入觀議課的行列當中。校長的觀議課，除了是改革的重點，同時也有明文規範校長必須在學校每一學年，進行一次公開授課，以加強校長的專業能力。

(二) 校長觀議課的相關論述

　　國內中小學校長的養成教育，具有相當完整且系統化的制度，從初任教師到經驗教師、從中小教師到行政人員、從實際教學到擔任組長主任、從主任到擔任校長工作，除了明文規定之外，還有完整的培育制度。因此，擔任校長工作，除了在教學方面需有完整的歷練，在課程與教學領導方面，也需要經過多年的經驗累積。

1. 校長觀議課的需要和必要性

　　校長參與或擔任觀議課，為落實校長及教師實施公開授課，國教署訂有「國民中學與國民小學實施校長及教師公開授課參考原則」及「高級中等學校校長及教師公開授課實施原則」。因此，校長一定要參加觀議課，每一學年至少擔任一次的觀議課，以為中小學教師的表率。此一規範，不知道想要表彰校長的教學能力，或是想要透過觀議課羞辱校長，此種狀況目前尚未得知。

2. 校長觀議課能展現出專業嗎？

　　一般的研究和學理的探討，認為校長應該在學校教育當中，扮演行政領導、課程與教學領導、學校領導等角色。因此，要求校長擔任學科領域教學的觀議課時，需要考慮校長是否可以在觀議課中顯現出校長的專業能力，或是要求校長擔任觀議課的主要目的究竟如何定位，或是想要了解校長的哪些專業能力。

3. 校長在觀議課中扮演的角色

　　國內最近有關中小學校長角色的研究，倡導校長除了是一校之長，

擔任學校領導、行政領導外，更重要的是課程與教學的領導。因此，在校長觀議課的規範中，宜針對校長應該扮演的三種角色，進行觀議課實施的規劃設計，讓中小學校長的專業能力，能在溫馨、和諧、專業的環境之下開展，而不是希望將校長「拖下水」、「看校長的笑話」、「讓校長難堪」、「校長您行不行」的氛圍之下，讓校長進行觀議課。

4. 校長在觀議課中應該的作為

目前中小學實施教師教學觀議課，作爲提升教師專業能力的有效途徑。因此，校長在觀議課中應該針對學校特性、發展方向、社區需求等，提供教師在觀議課上的行政資源，例如改進教學設備、提供新穎的教學理念、了解教師教學的需求等等，讓教師可以在未來的觀議課當中，降低不必要的焦慮和挫折，可以放心地從觀議課學習成長。

(三) 校長觀議課的具體作法

近年來的校長角色研究，指出校長除了學校領導、行政領導之外，更應該要加強課程與教學領導的角色。因此，校長在學校經營當中，要具備豐富的課程教學知識，領導中小學教師進行課程與教學的改革工程，讓教師勇於接納課程改革的新理念，避免教師在改革工程中「缺席」，而在未來的改革中「勇於承擔」。

學校實施觀議課時，應該建議（或鼓勵）校長，向全校教師成員說明「課程與教學領導」的角色扮演、學校課程教學的未來發展、校長的課程與教學理念、這些理念如何落實、學校本位課程與教學的發展需要哪些協助等等，校長自己避免站在「教師的對立面」，也應該讓教師了解別站在「校長對立面」，透過專業的合作方式，共同爲學校教育未來努力。

本章討論與研究議題

1. 觀議課實施的必要性有哪些？對教師教學設計與實踐有什麼意義？
2. 公開觀議課的實施有哪些步驟？這些步驟如何實施？

教學語錄 252：教學技巧的運用要達到「人車合一」境界。

3. 公開觀議課的實施流程有哪些？需要建立哪些書面資料？
4. 校長觀議課的必要性有哪些？你對校長觀議課的看法爲何？

教學語錄 254：學生學不會很多時候是教學方法不對。

第八章

教師活化教學的
設計與實踐

推動教師活化教學的主要目的，不在於澈底改變教師的教學思維，也不在於推翻教師原有的教學設計，而是在透過教師教學心智生活的調整，教學構思的修正，以達到教學活化的目標。本節的主旨在於探討活化教學的策略與實踐，從學科教學與學科學習知識的視角，說明教師教學活動如何活化的問題，在內容方面包括活化教學的意涵與實踐、學科教學與學習知識的意涵與實踐、從學科教學與學科學習知識論述活化教學的實踐，進而提出活化教學的策略與實踐，作為教師教學活化與活化教學的處方性策略之用。

一、活化教學的發展與應用

活化教學的主要意義，在於希望教師教學多年以後，能夠利用時間針對自己的教學進行專業上的反思，檢討自己的教學方法、教學模式，是否有需要修正調整的地方，或是需要去舊迎新之處。透過活化教學的策略方法運用，能為教師的教學帶來新的契機、新的展望。

(一)活化教學的發展

活化教學與教學活化的主旨，不在於要求教師一定要改變教學的現況，而是希望教學活動實施多年以後，教師可以針對教學理論與方法的運用、教學模式與策略的採用、教學技巧與教學技術的選用，思考是否有需要改變教學模式的必要性，以配合學生的個別差異進行教學上的改變，實施學生學習上的修正，讓每個學生都可以成功地學習、順利地學習，進而提升教師的教學成效。因此，活化教學的發展包括教師的教學與學生的學習二個重要的層面。

在活化教學的政策制定與實踐方面，教育部為了達成十二年國教「提升中小學教育品質」、「厚植國家競爭力」兩大願景，並進而成就每一個孩子，自 101 學年度起推動國中「活化教學」，鼓勵學校教師運用多元教學策略，實施多元評量方式，活化教室學習活動，以提升學生學習成效（教育部，2013）。活化教學政策的制訂，希望教師針對學生的學習成效

所需，調整自己目前所擁有的教學模式，改變教學活動，更新教學策略。相對於部分老師習慣手持麥克風、抄寫黑板，側重於教師中心的講解式教學來說，「活化教學」讓許多教師重新思考早已習慣化的教學模式（王金國，2014）。因此，活化教學的實施，強調教師在教學思考與心智生活的改變，同時也強調學生學習思維的修正，進而提升教學與學習效能。

　　然而，想要教師改變教學方面的思維，是一件相當不容易的事。因為，要改變一般的教學活動，需要透過各種策略的運用，以改變教師在教學中的思考歷程，進而修正教學模式，實在是一件複雜的工程。教師的教學改變，和一般機構的權力改變一樣，需要所有人員與全體情境脈絡的配合修正，才能發揮實際的效果，只有教學相關的情境脈絡改變了，教學氛圍調整了，才能收到預期的效果。此種現象如同 Popkewitz（2003）提出發展性的權力觀，強調權力不是集中於某些團體，權力是無所不在的，它像血液一樣隨著微血管流遍全身一樣，在個體、團體或制度中到處流竄，而形成了「規訓的技術」，由此建構疆界，並展望可能性。如果權力的結構和脈絡沒有改變，要進行整體的改變或局部的改革，會是一件相當困難的工程。

㈡活化教學的應用

　　在教師教學活動的實施中，想要活化教學必須從教師教學型態做改變，才能收到教學活化的效果。教師教學型態的改變工程，需要一段漫長時間的積累。如同 Cuban（2016）指出，在過去的教學歲月中，五十年來雖然有部分的教師採用培養學生學科學習思維能力的「學生中心」教學；然而，對於大部分的教師而言，學校以「教師中心」的教學取向是沒有多大幅度的改變。主要的原因是學校教育的大環境沒有改變，學校的氣氛與機能結構改變幅度不大，仍舊採取年級、教學時數、教學科目等傳統的固定日常組織，教師的教學活動仍是關在自己的課堂內與他人分離，用教科書及考試來決定學生的成績，即使歷經了許多次的教育改革，教師在教學的光譜中仍多數偏向「教師中心」取向那一端，偶爾雖有些小組討論與安

教學語錄 257：教學要能運用各種方法改變學生。

排學生做探究的教學，但學習基本上仍然是以傳遞內容爲主的教學，而非啓發或學生主動探究思考的教學。這些傳統的教學型態，仍舊牢牢地縈繞在教師教學思考與心智生活中，成爲牢不可破或無法挑戰的教學信念。

活化教學需要教師改變自己的教學模式，從教學的思維歷程調整心智生活，透過教學信念與思考行動的修正，才能眞正收到教學活化的效果。有鑒於此，本文主旨在於從學科教學與學習知識的視角，分析活化教學的策略與實踐，在內容方面涵蓋活化教學的意涵與實踐、學科教學與學習知識的意涵與實踐、從學科教學與學習知識論述活化教學的實踐，進而提出活化教學的策略與實踐，作爲教學工作者實踐的參考。

(三)教師教學改變的意義

教師教學改變的工程，不僅僅是教學理論和策略運用的改變，同時也是一種深層內在教學思維的改變，包括教師教學模式、教學信念、教學行動的修正。因此，需要教師在思考與決定方面的反思，引進新的教學理念，調整教學模式。

1. 教學思維方面的改變

教師教學思維方面的改變，指的是教師教學前、中、後，教學心智生活的改變，透過教學心智生活的改變，澈底地修正教師的教學行爲，從平時的教室教學活動中，改變教學歷程中的各種因素。例如：已經習慣當「三板教師」，上課只看地板、黑板、天花板的老師，需要修正自己的教學，將焦點轉移到學生的學習行爲上。

2. 改變教師的教學模式

教師在教學設計與實踐歷程中，究竟適合採用「學科知識中心」的教學模式，或是「學科學習中心」的教學模式，對學生的學習比較有正面的幫助。想要教師改變自己的教學模式，這是一件很不容易的工程，因爲教師的教學模式建立，已經是經年累月所形成的現象（或模組）。在第一線擔任教學工作的教師，應該在教學經驗多年後，針對自己的教學模式做微調，或是針對教學模式進行改變，從教學設計中加入一些新的元素，或是

教學語錄 258：教學要透過科學方法達到藝術的境界。

將新的教學理念融入教學中。

3. 教師中心到學生中心

教師教學活動設計與實踐，剛開始進行教學時，比較容易偏向「教師中心」的教學，教學活動的設計與實施，主要是掌握在教師的手中，由教師主導教學活動的推展；在教學多年之後，教師察覺想要提升教學效能，必須將學生的納入教學設計實施中。因此，教學模式逐漸轉向「學生中心」的教學。教師在教學設計與實踐中，需要採取教師中心或學生中心的教學，由教師針對教學的特性和學生的特質，作爲選擇的參考標準。

4. 教學信念與思考轉變

教學信念與思考影響教師的教學行動與行爲，同時影響教師的教學品質。想要改變教師的外顯行爲，需要從內在的信念與思考調整。當教師在教學設計與實踐遇到困難時，想要改變教師的教學行爲，就需要了解：教師的教學信念爲何？教師的教學思考爲何？受到哪些因素的影響？這些影響因素究竟能改變多少？了解教師的教學信念與思考的轉變，對於教學設計與實踐的影響，就能透過教師教學活化的策略運用，改變教師的教學信念與思考。

5. 局部改變與整體改變

教師教學設計與實踐的轉變與改變，需要運用適當的策略方法，才能引導教師進行教學方面的改變。如果，一開始就要求教師進教學整體的改變，這是需要很大的勇氣，需要教師能全力配合等，才有改變的可能。因此，教師教學方面的改變，建議先進行局部的改變，例如鼓勵教師在教學方法的採用上，先進行部分的改變，慢慢地了解局部改變的效果，再進行系統性的改變。例如：一般教師習慣採用傳統的教學方法，如果教師可以慢慢將各種新的教學法，慢慢融入平日的教學中，評估新的教學方法在教學活動上的運用成效，再採用第二種新的教學方法，或是一次採用二種新的教學方法，了解對教學活動的影響，進而形成教學的整體改變。

教學語錄 259：針對學生的學習特性設計教學活動。

二、活化教學的意涵與實踐

　　活化教學的實踐，需要教師教學典範的轉移，同時需要教學觀念的轉變，透過教學典範的轉移，改變教師的教學思維。此種改變是一種教育上重大的工程，主要肇因於學校場域猶如社會的縮影，形形色色的教師都有，有些教師日益精進、有些老師終身奉獻、有些老師以校爲家、有些教師進修不落人後；但最令人擔心的是，仍有少數教師得過且過，仍存有「以不變應萬變」心態，漠視整個社會急遽變遷、科技高度發展，以及時代巨輪快速轉動，如此不願改變和不願創新，的確是推動活化教學的最大障礙（吳清山，2014a）。所以，探討活化教學的意涵與實踐，需要從教學與學習整體的概念著手，透過教學與學習互動及情境脈絡的理解與詮釋，才能掌握教學的全貌。如果活化教學的實施，僅從一般的教師教學活動改變，則無法收到預期的效果。

㈠活化教學的意涵

　　活化教學是一種教學典範的轉移，也是一種觀念的轉變（吳清山，2014a），所謂教學典範的轉移，指的是教師的教學從「教師中心思考典範」轉移到「學生中心思考典範」，從教學典範的轉移歷程，改變的不僅僅是教師的教學思維，同時也是一種教學的科學與藝術方面的轉變。此外，何慧群（2015）指出，活化教學包括下列意義：1. 多元學習模式；2. 活化教學與學習結果、動態學習具專業實踐關係；3. 活化教學宜防範爲趣味化而趣味化的遊戲學習。因此，活化教學的意義囊括教學與學習，以及影響教學的所有因素，是一種動態的概念，一種相互影響的概念；活化教學的實施需要從教學前的教學設計與規劃、教學互動的進行與掌握、教學評鑑的反省與修正著手，進行教學行動與動態上的改變。

　　教學活化的主要意義，在於將教學再概念化，努力將教學由產品改變爲實際或實踐，由名詞改爲動詞，將各種教學理論改變爲故事，敘說多元的教學時刻，此種改變，如同透過反省和覺醒產生教師自己的教學觀點，由教師自己決定什麼是好的、對的、道德的、良善的、需要的，能在教學

的去中心反省與反思歷程，產生新的教學設計與教學實施的專業力量。此種課程與教學實施，如同 Griffith（2007）宣稱為「假如」（as-ifing）的想像論述，如此活化教學的教與學經驗就能從教科書回到師生身上，就能從教學活動回歸到教師與學生，提供更寬敞的想像空間與實踐空間。

㈡活化教學的實踐經驗

面對教學者在多元差異的課堂教學情境時，活化教學策略與教學理論方法的更新等，證實對於學生的學習成長與成效是具有相當程度的效能。教師在教室中，改變自己的教學、活化自己的教學時，對於學生的學習動機、興趣、參與、成效等，具有正面積極的意義（林進材，2018a；Borich，2014）。

想要活化教師的教學活動，提升教師的教學品質，首先要讓教師知道活化教學有哪些方法，哪些因素及標準與教師的教學專業發展有密切的關係（Louden, 2000）。在改變教師的教學思維與情境時，需要了解教師面對教學情境時，教學實務現場複雜又呈現許多矛盾之處。許多現場教師想扮演促成改變、幫助學生及社會成長的角色，自認採取學生中心教學；但實際上，也想扮演維護社會穩定、傳遞重要價值的角色。以致，教師是由教師中心逐漸改變為中間偏學生中心的教學，形成一種混合式教學，其教學存在著許多矛盾現象（宋佩芬，2017）。這些矛盾的現象，形成教師在改變教學時的困惑，進而影響改革的意願。

活化教師教學需要從學校組織與班級生態中著眼，以教師的教學活動與學生的學習活動為主要的改變主軸。然而，Cuban（2016）認為學校是種動態保守的組織，其組織改革存在許多的問題，如政策錯誤會將學習低成就與經濟表現鏈結；經常忽略學校的日常結構對教師限制的影響；教師雖是實質上的政策制定者，教師仍在「教師中心取向」跟「學生中心取向」之間掙扎、取捨，教師必須面對如何在其中得到平衡的挑戰。教師的教學調整與面臨的挑戰，不僅僅是教學活動與設計的片面改變，同時還要考慮整體學校的教育組織與班級教學的氛圍。

三、學科教學知識的意涵與實踐

活化教學的理念落實，需要從學科教學與學習知識的意義，進行整體性的檢討與修正，才能真正收到教學活化的成效。如果，活化教學的改變工程，僅僅從教學的單一層面，進行教學活動方面的改變，忽略影響教學的所有內外在因素，容易導致改變過程中的失敗。教學活化的改變，需要從教師學科教學知識與學生學科學習知識層面，進行模式與流程、理念與實務的修改與調整。

㈠學科教學知識的意涵

活化教學的規劃與實施，需要第一現場教師的配合，而想要教師配合活化教學，則需要了解教師的知識是從何而來，包括哪些層面？這些層面對於教師教學的影響如何？等，進行教師教學模式方面的改進與調整。教師在教學歷程中，需要具備哪些專業的知識，Shulman（1987）將教師的基礎知識結合教師教學知識的理念，教學內容知識（pedagogical context knowledge, PCK）包括以下各項：

1. 學科知識：包括對學科的整體概念、學科教育的目的、學科內容知識、學科的本質、學科教學信念等；

2. 教學表徵知識：多指教學策略和技巧的知識；

3. 對學習和學習者的知識：包括對學生和學生知識的了解、預計學生在學習時可能出現的問題，對學習本質的了解等；

4. 課程知識：如課程架構、目標、課程計畫和組織，對課本和教材的理解，對課程改革的理解等；

5. 一般教學知識：如教學歷程中的知識；

6. 教學情境知識：如對教學情境變化的認知；

7. 教學理念、個人信念等；

8. 內容、教學法與個人實務知識的整合。

想要教師進行教學改變，或是進行教學活化的設計與實踐工程，教師就必須從上述的學科教學知識了解起，了解這些類型的知識內涵，思考這

些知識如何在教學中有效地運用，教師需要採用哪些方法將這些知識，轉化成為學生可以理解的方式，或是進而教給學生，讓學生可以了解這些知識的內容和重要性。

㈡學科教學知識的實踐

教師的教學實踐不僅僅是一種外在教學行為的表象而已，同時也是一種內在課程意識的寫照。在教師教學實踐的框架之下。教師應該將自己視為「轉化型知識分子」，充分將自己發展為積極、專業反省力的實踐者（Giroux, 1988）。換言之，教師應該在教學實踐內涵方面，針對教學前的準備、教材的運用，教學互動中的教學策略、師生互動，教學後的評量與補救教學等，重視教師教學行為的「行動—反省—行動—修正」的循環，以活化教學的實踐模式。

教師在教室中的教學活動，主要是受到教學實踐知識的影響，如同Shulman 提出的教師基礎知識，教師如果想要活化教學，就必須先從學科教學知識的改變做起，了解學科教學知識的內涵，以及對教學活動實施的影響，進而調整自己的教學設計與實施，改變既有的教學模式。缺乏對教師學科教學知識的理解與運用的覺知，則改變教學或活化教學行動，容易導致空洞而缺乏教學的要素。

四、學科學習知識的意涵與實踐

學科學習知識（learning context knowledge, LCK）的意涵和學科教學知識是相對應的概念，學科學習知識的內容和類型，主要是將教學知識轉化成為學生的學習知識。如果教師在教學設計與實踐歷程中，只關注學科教學知識而忽略學科學習知識的話，由容易導致教學與學習脫離的現象，降低教學效能與學習效果。

㈠學科學習知識的意涵

學科學習知識的主要意涵，是從學習者的立場探討在學科領域學習中，學生需要具備哪些基本的知識。以學習者為本位的教學改變，主要是

配合教學活動的改變，從學習者立場出發，關照所有影響教學的學習者因素，進而以學習者爲中心進行改革。「了解學生是如何學習」的議題，一直是教學研究中最容易受到忽略的一部分。傳統的教學研究，將教學窄化在教師的教學行爲，忽略學生的學習行爲。近年來教學研究發展趨勢之一，是從「以教學中心的研究典範」轉向「以學生爲中心的典範」。許多的高等教育教學中心，會透過研究的理論與實際分析，提出重要的教學要領與方法，幫助教師更深入了解學生的學習，或是引領教師從各個層面了解學生的學習思考，了解學生的學習風格。以學習者爲主體的教學革新，才能在研究與實務之間取得平衡，真正落實教學改革的成效。

(二)學科學習知識的實踐

Shulman（1987）研究指出，教師必須將學科知識，轉化成爲適合不同背景和學生能力的教學形式。知識本位師資培育的課程，除了將教師應有的教育知識，透過教師教育教導給職前教師，並透過評量的方式了解學生對於知識的學習，但是在知識的轉化歷程，則需要更加以教導，以協助職前教師進行知識的轉化。對於知識本位師資培育的課程，在知識的轉化上可包括以下內涵（林進材、林香河，2012）：1. 從形式課程到實質課程的轉化：課程內容知識傳遞至學習者，學習者經由經驗，加以創造，形成經驗的課程；2. 從教學目標到教學活動的轉化：以學生可以理解的方式，教給學生的專業歷程；3. 從抽象概念到實際經驗的轉化：教師的教學轉化過程中，要將各種抽象概念，轉化成爲實際的生活經驗，引導學生將生活經驗內化成爲思考方式的過程；4. 從教學知識到學習知識的轉化：在知識的轉化過程，需要教師的口語傳播、經驗傳承、案例講解等；5. 從教學活動到學習活動的轉化：透過教學理論與方法、策略與形式的運用，結合學生的學習理論、方法、策略與形式的結合，形成學習活動，達到預期的教學目標與學習目標。

一般而言，學科教學知識的研究發展，大部分關注在教師教學活動的實施上。學科學習知識的研究發展，焦點在於學生學習活動上。二者在論

述上，似有衝突之處，然而，教學活動的實施包括教師的教學與學生的學習，想要進行教學活化，需要從教學與學習層面，進行思維與模式的修正調整，才能澈底達到活化教學的效果。

五、從學科教學知識論述活化教學的實踐

學科教學知識與學習知識是教師教學中的核心，需要有清楚的知識系統與教學知識架構，才能讓教學成為專業行為。在活化教學的規劃設計中，需要從學科教學知識與學習知識著手，才能收到良好的效果。教師的教學活化工程，需要從學科教學知識與學科學習知識方面著手。

(一) 從學科教學知識論述活化教學的理念

在教學的實踐與轉化歷程中，教師的「教學意識」是不容忽視的關鍵影響因素。所謂的教師的教學意識，意即教師對於教學本質、學科內容知識的認識與掌握，以及教師的教學、學生的學習等方面的信念，其間涵蓋了教師對教學目標的擬定、教學內容的選擇、教學理論與方法的運用、教師與學生的角色、教學的活動流程與方法、學生的學習行為及學習成效的評估等。

學科知識與學科教學法知識的運用，可以影響教師的教學性質與品質，進而決定學生的學習品質與成效。因此，想要活化教師的教學，就需要從學科知識與學科教學法知識的更新做起，透過對教師學科知識方面的調整，讓教師的教學思維澈底更新，Grossman、Wilson 和 Shulman（1989）指出，學科知識影響教師學科教學法的成分：

1. 學科內容知識

內容指的是學科的材料，如事實知識、中心概念、原則等。

2. 學科實質結構知識（substantive structure of a discipline）

指的是學科的基本原則與原理的組織，包括理論、詮釋、架構、模式。

3. **學科章法結構知識**（syntactic structure of a discipline）

指的是學科中用來引導探究的方法、過程與標準。

4. **對學科的信念**（belief）

指教師對其任教內容的信念以及對學科的取向（orientation），這些信念會影響教師的教學內容與方法。

此外，學校重視學科知識，不是提供一些高級文化讓學生吸收或累積，也不是用來提高標準化測驗的成績，而是以他們作爲洞察和資訊的資源，作爲觀察周遭問題的視鏡，讓學生探討眞實的問題和爭議，解決生活的問題（歐用生，2009）。因此，從學科教學知識的層面論述活化教學的實施，需要考慮教師本身對於任教學科內容的信念，以及對任教學科知識的熟悉度，結合教師心智生活等方面的修正，才能在教學中進行活化教學的改變工程。

Borich（2014）在《有效教學法——以研究爲基礎的實務》（*Effective Teaching Methods: Research-based Practice*）一書中提及，有效教學可分爲五項關鍵行爲（key behaviors），包括：1. 講課清晰（lesson clarity）；2. 教學方式多樣化（instructional variety）；3. 將實質投入教學的時間增加（teacher task orientation）；4. 學生參與學習的時間增加（engagement in the learning process）；5. 學生有高的學習成功率（student success rate）。Borich 的觀點是從教師教學活動出發，從教師本身的教學表達、教學方式多樣化、教學時間運用的考慮、學生學習時間到高的學習效率等，考慮與教學有關的幾個因素。

㈡從學科教學知識論述活化教學的實踐

從上述有關學科教學知識的探討與分析，在教師教學活化歷程中，應該從教師的學科教學知識，考慮下列的要素：

1. 調整教學的難易度

教學難易度的分析與排列，是教師在執行教學計畫階段，教學互動階段時，需要特別注意的要項。教師想要提高教學效能，或是精進教學，就

需要了解教學內容的難易度，針對難易度進行教學活動方面的安排。

例如：當教師教學生「梯形面積的計算方式」時，需要了解學生的先備知識包括三角形面積的計算、四邊形面積的計算、長方形面積的計算、正方形面積的計算等，教師應該針對班級學生對單元知識的學習程度，調整教學的難易度，避免在同一個概念中，反覆地講解練習。

2. 安排不同的教學活動

教學活動的安排，影響教師教學成效，也影響學生的學習參與。在教學活動實施中，教師宜針對教學目標進行不同教學活動的安排，以期達到學生樂於參與、積極投入學習的成效目標。

例如：教師在教學設計階段，應該針對未來的教學活動，設計多種的教學活動，以方便在教學活動歷程中，針對教學實際的需要，以及學生的學習情形，調整或安排各種的教學活動，以提高學生的學習參與和學習動機。當教師在班級教學中，遇到教學活動過於艱難，或是學生的學習狀況不佳時，就需要隨時修正自己的教學活動，採用教學的變通方案。

3. 調整教學活動的順序

教學活動的實施，需要配合教學目標與學生的學習表現，才能收到預期的效果。教師在教學活動實施前，要先思考活動呈現的順序，運用活動實施的順序和先後，引導學生進行高效能的學習。

例如：當教師在教學活動實施中，遇到學生的學習反應不佳時，就需要調整原先設計的教學活動，調整教學活動的順序，以利學生的學習參與。這一方面包括教學活動順序的調整、教學策略方法的改變。

4. 調整教學步調和時間

教學步調的選擇與教學時間的分配，是教學活動進行的主軸，同時影響教師教學歷程的品質。教師在教學活動進行前，需要針對教學步調和時間的分配，進行專業上的考慮，才能在教學活動中做最有利與最有效的處理。

例如：在教學活動實施中，教師應該隨時監控自己的教學活動，作為調整教學步調和時間的參考，當學生學習效能不佳時，教師就需要多花一

些時間在學生「反覆練習」上，允許學生有更多的時間在概念的練習和應用之上。

5. 配合學生特質教學

學生特質的表現和差異，是教師在進行教學設計需要考慮的特性，例如學生的學習風格、學習表現等，只有掌握學生的學習特質，作爲教學設計的參考，才能在未來的教學活動中，因勢利導且配合學生的各種特質，進行高效能的教學活動。

例如：偏鄉小學的學生，由於內外在環境產生的學習不利情形，需要教師在教學設計與實踐階段。將學生的各種學習特質，做特別的考慮，提供學生更有利的「學習環境氛圍」，讓學生可以在教室中「慢慢地學習」、「成功地學習」、「快樂地學習」、「幸福地學習」。

6. 鼓勵學生多元的表達

教學實施的成效，需要靠學生外顯行爲的展現，才能了解教學目標達成的情形（如行爲目標）。因此，教師在教學活動進行時，需要鼓勵學生針對教師的教學內容，將自己的學習心得透過多元的表達方式，傳達對教學行爲的想法與對學習成效的觀點。

例如：有部分學生在筆試方面無法呈現出學習成效，教師可以改變其他的評量方式，讓學生有機會將學習成效表現出來。如藝術和美感的評鑑和表現，無法透過筆試方式呈現出來，教師可以採用「主題表演」、「作品展示」方式，讓學生有多元的表達機會。

7. 調整教學的組成方式

教學活動的進行，並無一致或固定的組成方式，教師在實際的教學進行時，可以針對教學現場的需要，或是學生的學習表現，調整教學的組成方式，以因應教學互動上的需要。換言之，教師的教學組成並非一成不變，而是需要隨著教學的步調，隨時調整教學的組成方式。

例如：小學教師的班級教學，通常是以「教學包班制」方式進行，教師擔任各主要學科的教學。因此，教師可以針對教學實際的需要，調整教學活動的組成方式。如，語文教學和數學教學進行統整教學，透過語文的

閱讀理解進行數學重要概念的理解，降低學生數學學習恐懼等等。

8. 調整教學風格與學習風格

　　教學風格與學習風格的型態，是影響教學成效的重要因素。教師在教學活動進行時，需要針對教學風格與學習風格的類型和差異，考慮在不同風格上的應用和分配，作爲教學流程與教學活動運用的參考。每一位教師的教學風格不同，同時也影響學生的學習風格，教師不應該固著於單一或固定的教學風格，而應該隨著教學現場修正自己的教學步驟，讓教學可以順暢進行。

　　例如：教師應該要在教學風格方面，具備多種多樣的教學風格，隨時在教學活動中修正自己的模式，才不至於將教學活動侷限於固定的風格中，降低教學效能與學習品質。習慣採用「視覺型教學」的教師，應該試著採用「聽覺型的教學」，讓學生有不一樣的學習感受，才能提升學生的學習動機，強化學生的學習參與。

9. 改變教學的模式與流程

　　教學活動的實施，主要關鍵在於教學模式和流程上的運用，高效能的教學需要教師將教學模式靈活運用，在流程上做實際上的考慮，避免因爲固守僵化的教學流程和模式，導致教學活動進行不順或影響教學品質。教師在教學多年之後，累積各種教學經驗，應該建立屬於自身特色的教學模式，形成自己的教學風格。如此，才能在班級實際教學中，隨時調整自己的步調，活化自己的教學實際。

　　例如：教師應該在每一學期（或每一學年）撰寫教學進度表時，考慮這個年度的教學想要做哪一種教學模式的試驗，這些教學模式的流程如何做改變，這些教學模式要在哪一個學科進行活化改變。當教師接到「教科書」時，在備課時就需要考慮教科書的內容，在教學設計與實踐時，是否需要調整教學流程？採用哪一種教學方法對學生學習比較有利？單元教學的順序是否需要改變？教學策略與學習方法如何對應？等問題。

六、從學科學習知識論述活化教學的實踐

從學科學習知識的觀點，論述活化教學的實踐，主要的概念源自於學科教學知識的闡釋，認為教師在進行教學時，必須針對學科性質的各種知識，作為教學轉化的底蘊。如 Shulman（1987）與 Wilson 等人（1987）的研究，教師在教學中運用多種知識類型，才能完成教學的任務。學生在學科學習歷程中，也需要運用多種的學習知識類型，才能完成學習的任務。

㈠ 從學科學習知識論述活化教學的理念

學科學習知識的內涵，是相對於學科教學知識的概念。這些學科學習的知識包括：

1. 學科學習知識

包括對學科學習的整體概念、學科學習的本質、學科學習信念等，例如學生對於數學領域學科、語文領域學科、自然與生活科技領與等學科的觀點和看法。

2. 學習表徵知識

指的是學習策略和技巧的知識，例如學生對於數學領域學科學習策略和方法的觀點和看法，如數學的學習需要反覆練習、反覆計算、邏輯推理等。

3. 課程學習知識

如課程架構、目標、對課本與學習教材的理解，例如學生對於教科書的看法和理解，教科書的內容知識哪些是重要的？哪些是不重要的？這些教科書的內容如何進行有效的學習？等等。

4. 一般學習知識

指的是學習歷程的知識，例如學生在學習過程中，最常使用的學習方法和策略，這些學習知識是如何建構出來的？學生在學習過程中如何運用學習知識？等等。

5. 學習情境知識

指的是對學習情境變化的認知，例如：平時的學習如何連結到重要的

學科考試？課堂中所學習到的知識，如何有效運用到平時生活中？等等。

6. 學習理念、個人信念

指的是個人對學習的觀點，這些觀點對學生有哪些影響？例如：語文的學習有哪些重要性？對平日生活的改變有哪些？學習的重要性在哪裡？等等。

7. 內容、學習法等知識

指的是在學科內容的學習方法之知識，如有效學習的方法、學科運用哪些策略與方法等方面的知識。

(二)從學科學習知識論述活化教學的實踐

從上述有關學科學習知識的探討與分析，在教師教學活化歷程中，需要考慮下列的要素，並且在教學設計與實踐中，將下列的理念與策略，融入教學規劃與實施中。

1. 調整學習的難易度

學生是教學活動的主體，決定教學成敗。所以，活化教學的首要關鍵，在於分析學習的難易度，作為教學設計與教學實施的參考。學習難易度的了解與分類，在教學設計階段就需要充分掌握。

例如：當教師拿到選擇的教科書版本時，教科書的內容編排與教學順序，和教師的教學想像與教學想法，常常有不一致或是有落差的現象。教師可以在備課時，針對實際的教學需要，進行教科書內容的改寫、教科書內容知識順序的「重新編排」，依據學生的學習程度進行學習難易度的調整，進而提高學生的學習成效。

2. 安排不同的學習策略

學習策略的運用，主要是配合教學活動與教學對象，透過教學對象在學習方面的反應情形，教師考慮學習策略的運用安排。如果學習策略的運用，沒有考慮到學生的學習情形，就會影響教學實施的成效。

例如：國內的中小學教學設計與實踐，最常被詬病的部分，在於教師的教學與學生的學習脫軌，導致教學成效不彰，學生的學習效能不佳。當

教師在進行教學設計規劃時,應該先分析學科教學知識的內容、類型,擬定可以採用的教學方法,再進一步分析學生需要採用的「學習策略」,這些學習策略在教學實施中,教師如何教給學生,或是教導學生如何運用這些學習策略。

3. 依據學習成效調整教學

學習成效是教學活動最終的目標,教師希望透過教學活動的實施、教學方法和策略的應用,提升學生的學習成效。因此,教學活動的設計與修正,需要從學生的學習成效評估,作為改變教學的依據。

例如:教師教學設計與實踐時,應該要將學生的「學習成效」,作為教學規劃的重點,依據學生在學科領域的學習成效,來規劃未來的教學活動。如城市和鄉村的學生,在學科學習方面的成效,具有相當程度的落差。所以,城市的教師教學活動與偏鄉的教師教學活動需要有所不同,且採用不同的策略。如此,才能真正回應到學生的學習成效上。

4. 關注學生的學習方法

學生學習成效的高低優劣,學習方法的應用是主要的關鍵。如果學習方法的運用不當,容易導致學習成效不彰,進而影響教學活動的實施。教師在教學活動設計與實施方面,應該隨時透過各種形式關注學生的學習方法運用情形,作為修正教學活動的依據。

例如:教師在進行教學設計與實施規劃時,除了擬定教學活動與教學方法之外,也應該先蒐集有關學生在該學科領域的學習方法,了解這些方法的運用成效,作為規劃設計之參考。教師在教學活動實施前,應該利用時間先教導學科領域比較適合採用的學習方法、這些方法在教學歷程中的運用方式,讓學生可以採用正確的學習法,進而提升學習動機和學習參與。

5. 配合學生的學習興趣

學習興趣是學生決定是否參與學習的關鍵,透過學習興趣的激發,才能提升學生在學習方面的動機。教師的教學活動設計,需要顧及學生在該學科的學習興趣,以及對該學科的學習態度。

例如：教師在進行數學領域的設計時，需要考慮怎樣在枯燥的數學學習中激發學生的學習興趣，透過哪些活動的實施才能讓學生主動參與，以及這些策略和方法如何融入教學當中。教學經驗豐富的教師，都了解在單元教學當中，哪些部分是學生感到興趣的，哪些是學生感到焦慮的；哪些是學生不用教師教學就會的，哪些是需要教師多次提醒的。有效將上述的訊息融入教學設計中，才能在教學活動中提高學生的學習參與。

6. 掌握學生的學習參與

教學活動的進行，教師教學行為的展現，需要學生的學習參與，才能收到教學預期的效果。缺乏學生的學習參與，教學容易導致單向的灌輸。教師想要改變教學、活化教學活動，主要在於掌握學生的學習參與情形，並依據學習參與，調整教學的實施步調。

例如：教師教學活動的進行，不能讓學生成為「陪讀者」的角色，而應該讓學生成為「學習的主人」，在教學活動中積極參與。因此，教師教學設計階段應該要先掌握學生未來的學習參與情形，透過各種活動的設計，讓每一位學生在教學中，都需要且必要學習參與，如採用「問題導向教學」方式，讓每一位學生針對主題問題進行資料蒐集、分析資料而且發表自己的意見。

7. 熟悉學生的學習態度

學習態度指的是學生對於學科學習所持的觀點或信念，影響學生在教師教學實施的參與度和積極度，學習態度不佳的氛圍之下，教師的教學活動無法收到高的效果。

教師教學設計與實踐，需要以學生的學習態度，作為規劃設計的參考依據。任何教學活動的實施，缺乏學生的積極學習態度，則教學成效容易降低。因此，教師的教學設計階段，要先預測學生未來的學習態度，究竟是正面積極或是負面消極，針對學科學習的難易度，將學生的學習態度納入教學設計當中。

8. 了解學生的學習思考歷程

學生學習思考歷程指的是在教學過程中，學生對於教師所提出來的概

念，在認知方面的改變情形。教師在教學設計與實施中，應該充分掌握學生的學習思考歷程，包括學習前、中、後的心智生活，以及對於學習所持的信念和態度等，才能在教學歷程中，隨時改變教學策略修正教學活動。

例如：教師在準備自然與生活科技領域的教學時，單元教學「酸鹼度」的檢測教學，需要先了解學生對於酸鹼度的想法，對檢測工具的認識與應用，學生究竟是怎麼想的，或是學生對於酸鹼度的認識爲何等。了解學生的學習思考歷程，就能針對學生的想法、態度等進行教學活動。

9. 改變學習的模式與流程

學習模式與流程，是學生在課堂中採用的學習策略與方法的立場，教師在教學活動實施中，需要針對學生的學習模式與流程，做充分的掌握並了解對教學成效的影響。活化教學的進行，需要針對學習模式與流程的掌握，並思考如何和教師的教學流程配合，或是相互修正調整。教師想要改變學生的學習模式與流程，必須花費相當大的心力，運用各種策略方法才能激發學生「改變的意願」。

例如：學生習慣於「講光抄」、「背多分」的學習方式，教師想要學生改變學習策略，採用「思與辯」的策略，則教師需一段比較長的時間，訓練學生在思與辯方法的運用，才能慢慢改變學習的模式與流程。學生學習策略與方法的改變，需要教師慢慢從教學方法與學習方法，做漸進式的調整讓學生獲得學習的成就感，才有可能改變學習的模式與流程。

七、以知識為中心的活化教學策略與實踐

以知識爲中心的活化教學，主要的理念是建立在教師教學活動，應該聚焦在於知識的教導，包括教學知識與學習知識方面。

㈠以知識爲中心的活化教學策略

以知識爲中心的教學活化策略與實踐，需要考慮的是，教師應該要教什麼？這些教學知識爲什麼是重要的？教師應該要如何架構這些知識，將這些知識有效地傳輸到學生的學習思考中，成爲學生有效學習的知識架

構？如同，Shulman（1987）指出的「教學理念化與行動模式」（A Model of Pedagogical Reasoning and Action），提供一個探索活化教學的思考參照。他指出，教師在課堂教學之前，需對教材進行充分的「理解」（comprehension），並依學習者的需要，進行適當的「轉化」（transformation）後，才能於課堂進行「教學」（instruction）；課堂結束後應當依據學生的評量結果與教師的教學過程進行「評鑑」（evaluation），以供教學者進行專業「反思」（reflection）；經過反思後，對課程、教材，甚至是學生的學習狀態，都會形成一個新的「理解」，進而啟動再一次的教學循環。

　　教師在教學上有必要隨著時代的變遷做出因應，教師必須承認改變的事實進而願意接受改變，不管是在教材的重新組織設計、教學活動的費心安排、成就評量的多元方式上，教師的教學專業挑戰愈來愈大，必須在教學過程中銳意革新、持續創新，善用創新教學方法（吳清山，2014b）

㈡以知識為中心的活化教學實踐

1. 了解教什麼與學什麼的教學議題

　　以知識為中心的活化教學，教師首先要了解教師的教學活動，主要是教什麼知識？這些知識的重要性在哪裡？學生為什麼要學這些知識？學會了這些知識對學生的日常生活會有哪些改變？教師的教學是如何將這些重要知識，透過經驗的組織與重建，傳達給學生成為學生的思考認知模式？因此，教師在教學設計階段，應該針對學科知識的轉化，進行各種理解、協商、傳達、設計、表達等，以學生「可以理解」的方式進行教學。

2. 從教學思考到學習思考歷程轉化

　　教學活動的展開從教師教學思考起，到學生學習思考止，是一個專業且系統化的歷程。教師的教學思考指的是教師對教學的信念與行為，教師在教學構思方面是怎麼想的？如何做專業的判斷與決定？學生的學習思考指的是學生在學習上的信念與行為，學生在學習方面是怎麼想的？如何做學習上的判斷與決定？

教學語錄 275：教學中要隨時肯定學生的表現。

3. 教學循環理念模式的建立與運用

教學循環的理念，指的是教師在課堂教學之前，需對教材進行充分的「理解」，並依學習者的需要，進行適當的「轉化」後，才能於課堂進行「教學」；課堂結束後應當依據學生的評量結果與教師的教學過程進行「評鑑」，以供教學者進行專業「反思」；經過反思後，對課程、教材，甚至是學生的學習狀態，都會形成一個新的「理解」，進而啟動再一次的教學循環。因此，想要活化教師教學活動，就必須從教學循環理念模式的建立，修正教師的教學行為，才能精進教師的教學活動。

4. 持續進行教學反思精進專業能力

教師教學活動的進行，除了教學循環理念模式的建立之外，也應該鼓勵教師系統性、持續性、經常性地反思自己的教學活動，檢討教學活動需要修正的部分、需要保留的部分，以及這些對於教學效能的影響，並進而精進教學專業能力。如果教師的教學活動，只是成為例行公事般地進行，沒有評鑑機制的監督，以及反思活動的檢視，則教學容易成為公式化的活動，缺乏專業方面的進步動力。

八、以學生為中心的活化教學策略與實踐

以學生為中心的的活化教學策略與實踐，主要的理念主張教學活動設計與實踐，應該以學生的學習為焦點，進行教學的設計與實施，而不只是將教學重點放在教師的教學之上。

㈠以學生為中心的活化教學策略

以學生為中心的教學活化策略與實踐，需要考慮的是學生有哪些、這些學生怎樣學習、學生為什麼要學習的問題。教師要如何將這些問題融入教學活動與實施中，成為活化教學的行動方案。相關的研究指出（林進材，2018a；李孟峰、連廷嘉，2010；Cuban, 1983）以「學生為中心」的教學取向，重視讓學生多表達、討論和問問題，學生能協助選擇與組織所要學習的內容，教師會依學生興趣運用不同的教學材料，同時教師教學也

比較以學生個體爲主，較有小組或個人化的教學。

(二)以學生爲中心的活化教學策略

以學生爲中心的活化教學行動，教師在班級教學中，會比較重視學生學習方面的個別差異，依據學生學習程度的不同，採用不同的教學策略和方法，以多元創新的教材，實施同儕討論等動態活動，來提高學生在學習方面的興趣；此外，教師在教學活動實施過程中，比傳統的教師而言，會以更多樣的教學方式，如花比較多的時間在關注學生學習，以不同教材教法改變教學步調，幫助學習弱勢或落後的學生，激發學習參與、學習動機、學習興趣及學習信心。

九、以評估為中心的活化教學策略與實踐

以評估爲中心的活化教學策略與實踐，主要的理念認爲活化教學的規劃設計，應該考慮學生的有效學習方面，透過評估的機制驗證學習上的學生「改變情形」，作爲教學設計與規劃的依據。

(一)以評估爲中心的活化教學策略

以評估爲中心的教學活化策略與實踐，需要考慮的是學生、教師、家長及相關人員（stakeholder）所關心的有效學習，究竟是利用什麼樣的實證和大資料，來驗證或考察學習的成效？這些考察的學習成效，用什麼樣的方式讓相關人員信服理解？教師在進行教學活化時，需要先透過評估中心爲學生進行學習成效上的測量，並提出學生學習成效方面的改變情形、學習成效方面的成長幅度、學習成效方面的變化情形等資料，作爲教師活化教學的參考。

(二)以評估爲中心的活化教學實踐

透過以評估爲中心的活化教學參考資料，可以提供教師在教學設計與實施方面的基準，作爲教師修正教學的依歸。以評估爲中心的活化教學策略與實踐，能夠深度掌握學生的學習成長情形，了解個別學生在學習方

面的變化，並進而針對個別學生的學習成效，調整不同的學習策略與方法。例如：Arends（2014）指出，教師在活化教學時，如果運用學生的學習分數作為強化學生的學習活動，應該可以考慮將學生的學習分數運用在負增強的效果會比較好。由上述的論點，教師在以評估為中心的活化教學策略，可以考慮運用各種評量策略與方法，結合學生在學習成效方面的情形，做有效的結合運用。

十、以班級學習社群為中心的活化教學策略與實踐

以班級學習社群為中心的活化教學策略與實踐，考慮的是教師的教學設計與實踐活動，究竟是在怎樣的課堂、學校情境和社群環境中實施，教學的情境脈絡是什麼等等。

㈠ 以班級學習社群為中心的活化教學策略

以班級學習社群為中心的活化教學策略與實踐，需要考慮的是未來的教學是在什麼樣的課堂、學校和社群環境進行教學活動，他們的情境脈絡是什麼？有什麼樣的意義？學習的主角是誰？學習的主體是什麼？等議題，教師如何將這些議題融入教學活化的行動方案中。教師在進行活化教學設計時，必須先從自身的反思做起，將自己的腦袋活化，因為活化教學的實施，是無法「一式多用」，或是「定型挪移」，必須在複雜的教學現場中，隨時依據教學上的需要，進行靈活式的修正。例如：教學活動進行時，教師引導學生公開討論議題，允許學生公開討論，並在相同主題的不同觀點間選擇自己可以接受的觀點。他們所強調的最後一種活動是調合（coordinating）所習得的知識，學生必須學習如何統合其理論和支持的證據或統合實務與理論間的差異，才能建構具有扎實基礎的科學論點。

㈡ 以班級學習社群為中心的活化教學實踐

透過這樣的活化教學方式，Hatano 和 Inagaki（1991）認為對學生產生三種好處：首先，學生往往可以產出獨自無法提出的想法或知識；其次，雖然以相同方式進行教學，但各組的學生所學各自不同；第三，即使

是同組的學生，所學到的知識也有相當差異。因此他們認為在這些透過互動建構知識的歷程中，主要涉及兩種機制：首先是受到團體互動的激勵，學生建構知識；其次，在互動中，以個人的方式將他人所提出的訊息加以同化。

　　學校教育改革的關鍵中，教師改變是重要的要件，想要活化教師的教學活動，首要在於改變教師教學的心智生活（mental lives），改變教師的心智生活，才能激發教師在教學設計與教學實施上的改變動機。雖然，心智模式是根深柢固於心中，影響我們如何了解這個世界，以及如何採取行動的許多假設、成見，甚至於圖像、印象。

　　然而，在教學現場的教師不想改變嗎？不是，許多教師在教學現場都在想辦法改變，改變自己的教學步調，改變自己的教學方法，改變自己的教學策略，甚至改變自己的教學思維歷程（teacher thought process），但是改變是件勞心又勞力的事情。如同，改變的歷程有點像習慣靠右邊開車的人，到了英國，突然要靠左邊開車，不但大腦要知道，手腳也要做到。想改變跟真的改變，之間還有很大的距離。我們所生活的社會結構、文化的意識型態就是最大的心智結構，要改變自己，要先反思我們自身所存在的心智結構。這些心智結構的改變，不只是部分的改變，而是整體的改變與修正，需要各種情境脈絡的配合改變，才能收到整體的成效。

　　教師在教學多年之後，由於時間和經驗的累積，導致教學設計與實施淪為固定的模式和流程，教師應該依據現實環境和班級教學情境的需要，改變固有的教學思考和流程，從教師心智生活調整，進而活化教學活動，透過以「教師為中心」的教學思維調整為「學生為中心」的教學思維，活化教學設計與教學實施，引導學生運用高效能的策略，提升學習成效，進而提升教師的教學效能。

（本章內容主要改寫自「活化教學的策略與實踐：學科教學與學科學習知識的視角」，刊登於課程與教學季刊，2019，2(1)。）

本章討論與研究議題

1. 請說明學科教學知識的意涵，對教師教學設計與實踐有什麼意義？
2. 請說明學科學習知識的意涵，對教師教學設計與實踐有什麼意義？
3. 以「學科教學知識為中心」的活化教學策略有哪些？對教師教學設計與實踐有什麼意義？
4. 以「學科學習知識為中心」的活化教學策略有哪些？對教師教學設計與實踐有什麼意義？
5. 以「知識為中心」的活化教學策略有哪些？對教師教學設計與實踐有什麼意義？
6. 以「學生為中心」的活化教學策略有哪些？對教師教學設計與實踐有什麼意義？
7. 以「評估為中心」的活化教學策略有哪些？對教師教學設計與實踐有什麼意義？

參考文獻

一、中文部分

方炳林（1976）。普通教學法。臺北：教育文物出版社。

王秀玲（1997）。主要教學方法。載於黃政傑主編，教學原理。臺北：師大書苑。

王金國（2014）。一起來活化教學。臺灣教育評論月刊，3(10)，73-74。

王政忠（2016）。我的草根翻轉 MAPS 教學法。臺北：親子天下。

丘愛玲（2014）。十二年國教課程與教學革新。高雄：麗文。

何慧群（2015）。活化教學，活潑教學？合作學習？教育標準化！臺灣教育評論月刊，4(10)，59-70。

何縕琪（2005）。文化回應教學：因應文化差異學生的課程設計與教學策略。國立編譯館館刊，33(4)，31-41。

余肇傑（2014）。淺談佐藤學「學習共同體」。臺灣評論月刊，3(5)，122-125。

吳清山（2014a）。善用活化教學提升學生學習效能。師友月刊，559，31-35。

吳清山（2014b）。差異化教學與學生學習。國家教育研究院電子報，38期。

宋佩芬（2017）。從美國歷史教學變遷看教育改革：評歷史教學的今昔：學校穩定與改變的故事。教育研究集刊，第 63 期，147-157。

李孟峰、連廷嘉（2010）。「攜手計畫─課後扶助方案」實施歷程與成效之研究。教育實踐與研究，第 23 卷，第 1 期，2010，115-144。

李瓊（2004）。小學數學教師的學科知識、教學內容知識及其與課堂教學的關係。香港：香港中文大學（未出版哲學博士論文）。

周健（2010）。探究高中中國語文科教師的教學內容知識——以教師處理教材為例。香港：香港中文大學（未出版教育博士論文）。

林生傳（1990）。新教學理論與策略。臺北：五南。

林佩璇（2019）。教學活化，活化教學：文化歷史活動理論觀。課程與教學，22(1)，17-38。

林思吟（2016）。淺談差異化教學。臺灣教育評論月刊，2016，5(3)，118-123。

林郁如、段曉林（2016）。4MAT 教學模組實施於小學自然與生活科技課程對學生之動機影響。臺灣第 22 屆科學教育學術研討會。

林彩岫主編（2012）。多元文化教育：新移民的原生文化與在地適應。臺北：五南。

林進材（2000）。有效教學的理論與實際。臺北：五南。

林進材（2006）。教學論。臺北：五南。

林進材（2008）。文化回應教學的意涵、策略及其在教學上的應用。教育學誌，20，201-230。

林進材（2013）。教學理論與方法。臺北：五南。

林進材（2015a）。教育的 50 個重要概念。臺北：五南。

林進材（2015b）。精進教師課堂教學的藝術與想像：教學與學習的寧靜革命。臺北：五南。

林進材（2018a）。教學原理。臺北：五南。

林進材（2018b）。個別差異的教學理念及其在課堂教學中的實踐。教育進展，8(3)，1-8。

林進材（2019）。活化教學的策略與實踐：學科教學與學科學習知識的視角。課程與教學，22(1)，1-16。

林進材、林香河（2012）。實施十二年國教的理想教學圖像。載於黃政傑主編，十二年國教：改革、問題與期許。臺北：五南。

林鈺文（2017）。教師的課程詮釋如何回饋到政策學習？以新北市多元活化課程為例。師資培育與教師專業，10 卷（3），119-146。

林寶山（1998）。**教學原理**。臺北：五南。

姚美蘭（2015）。**繪本教學對國小三年級學生多元文化素養之影響**。國立臺南大學教育學系課程與教學碩士班碩士論文（未出版）。

徐綺穗（2019）。自我調整學習與核心素養教學——以自主行動素養為例。**課程與教學**，**22**(1)，101-120。

高廣孚（1989）。**教學原理**。臺北：五南。

國立臺灣師範大學教育研究與評鑑中心（2013）。**差異化教學**。臺北：教育部。

國家教育研究院課程及教學研究中心（2014）。**十二年國民基本教育領域課程綱要：核心素養發展手冊**。臺北：教育部國家教育研究院。取自：file:///C:/Users/USER/Desktop/核心素養.pdf

常雅珍（2009）。記憶策略與心智繪圖。**師友月刊**，**503**，47-51。

張惠媚（2013）。**心智圖融入自然與生活科技學習領域教學對國小三年級低成就學童學習成就影響之研究**。國立臺南大學教育學系課程與教學碩士班碩士論文。臺南市。

張碧珠等譯（2018）。**能力混合班級的差異化教學**。臺北：五南。

張輝誠（2016）。**學思達**。臺北：親子天下。

教育部（2013）。**活化教學適性輔導～成就每一個孩子**。下載自：http://www.edu.tw/pages/detail.aspx?Node=1088&Page=19620&wid=ddc91d2b-ace4-4e00-9531-fc7f633647 19&Index=1

教育部（2014）。**十二年國民基本教育課程綱要總綱**。臺北：教育部。

許素甘（2004）。**展出你的創意：曼陀羅與心智繪圖的運用與教學**。臺北：心理。

郭玉霞（1997）。**教師的實務知識——一位國民小學初任教師的個案研究**。高雄：復文。

陳水香（2018）。**運用 MAPS 教學法提升八年級學生英語閱讀理解成效之行動研究**。國立臺南大學教育學系課程與教學研究所碩士論文（未出版）。臺南市。

陳昱靜（2019）。**澎湖縣國民小學實施公開授課現況、困境及因應策略之個案研究**。國立臺南大學教育學系課程與教學研究所碩士論文。

陳聖謨（2013）。教育政策與學校對策——偏鄉小學轉型優質計畫實施之個案研究。**教育研究學報**，**47**(1)，19-38。

黃光雄主編（1988）。**教學原理**。臺北：師大書苑。

黃政傑（1995）。多元文化教育的課程設計途徑。中國教育學主編：**多元文化教育**。臺北：臺灣書店。

黃政傑（2014）。翻轉教室的理念、問題與展望。**臺灣教育評論月刊**，**3**(12)，161-186。

黃政傑、林佩璇（2013）。**合作學習**。臺北：五南。

黃政傑、張嘉育（2010）。讓學生成功學習：適性課程與教學之理念與策略。**課程與教學**，**13**(3)，1-22。

黃盈瑜（2018）。**臺南市國小教師對翻轉教學認知與態度之調查研究**。國立臺南大學教育學系課程與教學碩士論文（未出版）。臺南市。

黃郁倫、鍾啓泉（2012）（譯）。**學習的革命：從教室出發的改革**。（原作者：佐藤學）。臺北：天下。

黃騰、歐用生（2009）。失去的信任能找回來嗎：一個關於教師與課程改革的故事。**課程與教學**，**12**(2)，161-192。

楊思偉、陳盛賢、江志正（2008）。日本建構十二年一貫課程相關做法之分析。**課程與教學**，**11**(3)，45-62。

甄曉蘭（2003）。教師的課程意識與教學實踐。**教育研究集刊**，**49**(1)，63-94。

劉美惠（2001）。文化回應教學：理論、研究與實踐。**課程與教學**，**4**(4)，143-151。

歐用生（2009）。學校本位課程評鑑的視野——雲林縣學校優質轉型經驗的省思。**課程與教學季刊**，**12**卷，1期。

歐用生（2012）。日本中小學「單元教學研究」分析。**教育資料集刊**，**54**：121-147。

歐用生（2013）。日本小學教學觀摩：教師專業成長之意義。**教育資料集刊，57**：55-75。

蔡清田（2008）。DeSeCo 能力三維論對我國十二年一貫課程改革的啓示。**課程與教學，11**(3)，1-16。

蔡清田（2014）。**國民核心素養：十二年國教課程改革的 DNA**。臺北：高等教育。

簡紅珠（2007）。教師專業發展與教學改善：借鑑於日本小學教師的學課研究。**教育研究月刊，158**：130-140。

龔心怡（2016）。因應差異化教學的評量方式：多元評量停、看、聽。**臺灣教育評論月刊，5**(1)，211-215。

二、英文部分

Arends, R. I. (2014). *Learning to teach*. New York: McGrow-Hill.

Beattie, M. (2007). *The art of learning to teach: Creating of professional narratives*. Upper Saddle River, N.J.: Perason Merrill Prentice Hall.

Borich, G. D. (2014). *Effective teaching methods: Research-based practice*. Boston: Pearson Education.

Buzan (2006). *The Mind Map Book*. New York, NY: Penguin.

Calderhead, J. & Miller, E. (1986). *The integration of subject matter knowledge in student teachers' classroom practice*. Research Monograph, School of Education, University of Lancaster.

Clandinin, D. J. & Connelly, F. M. (Eds.)(1995). *Teachers' professional knowledge landscapes*. Columbia University: Teachers College Press.

Crick (2014). Learning to learn: Acomplex systems perspective. In R. D. Crick, C. Stringher, & K. Ren (Eds.), *Learning to learn: International perspectives from theory to practive* (pp.66-86). New York, NY: Routledge.

Cuban, L. (1983). How did teachers teach, 1890-1980. *Theory into Practice, 22*(3), (19), pp. 159-165.

Cuban, L. (2016). *Teaching history then and now: A story of stability and change in schools.* Cambridge. MA: Harvard University.

Feiman-Nemser, S. (1990). Teacher preparation: Structural and conceptual alternative. In W. R. Houston (Ed.), *Handbook for research on teacher education* (pp. 212-233). New York: Macmillan.

Freire, P. (1972). *Pedagogy of the oppressed.* Translated by M. B. Ramos. New York: Herder and Herder.

Giroux, H. A. (1988). *Teacher as intellectuals: Toward a pedagogy of learning.* Granby, Mass: Bergin & Garvey.

Good, T. (1990). Building the knowledge base of teaching. In D. Dill (Ed.), *What teachers need to know: The knowledge, skills, and values essential to good teaching* (pp.17-75). Oxford: Jossey-Bass Publishers.

Goodlad, J. (1969). Curriculum: The state of the field. *Review of Educational Research, 39*(3), 367-375.

Goodlad, J. (1979). *Curriculum inquiry: The study of curriculum practice.* NY: McGraw-Hill.

Greene, M. (1974). Cognition, consciousness, and curriculum. In W. Pinar (Ed.), *Heightened consciousness, cultural revolution, andcurriculum theory* (pp.69-84). Berkeley, CA: McCutchan.

Griffith, B. (2007). *A philosophy of curriculum: The cautionary tale of simultaneous languages in a decentered world.* Rotterdom: Sense Publishers.

Grossman, P. L. & Richert, A. E. (1988). Unacknowledged knowledge growth: A reexamination of the influence of teacher education. *Teaching and teacher education, 4(*1), 53-62.

Grossman, P. L. (1988). *A study of contrast: Sources of pedagogical content knowledge for secondary English.* Doctoral dissertation, Stanford University.

Grossman, P. L. (1990). *The making of a teacher: Teacher knowledge and teacher education.* New York: Teachers College Press.

Grossman, P. L., Wilson, W. M., & Shulman, L. S. (1989). Teachers of substance: Subject matter knowledge for teaching. In M. Reynolds (Ed.), *Knowledge base for the beginning teacher* (pp. 23-36). New York: Pergamon Press.

Hatano, G. & Inagaki, K. (1991). Sharing cognition through collective comprehension acticity. In L. B. Resnick, J. M. Levine, & S. D. Teasley (Eds.), *Perspectives on socially shared cognition* (pp.331-348). Washington, DC: American Psychological Association.

Hill, H. C., Schilling, S. G., & Ball, D. L. (2004). Developing measures of teachers' mathematics knowledge for teaching. *The Elementary School Journal, 105*(1), 11-30.

Johnson, D. W. & Johnson, R. T. (1998). *Cooperative Learnin And Social Interdependence Theory* [online]. Retrieved October 9, 2004, from http://www.co-operation.org/pages/SIT.html

Keller & Sherman (1974). *The Keller lan handbook*. Menlo Park, CA:W.A. Benjamin, Inc.

Keller, J. M. (1983). Motivational design of instruction. *Instructional design theories and models: An overview of their current status* (pp.383-434). News Jersey, NJ: Lawrence Erlbaum Associates.

Kennedy, K. J. & Lee, J. C. K. (2010). *The changing role of schools in Asian societies: Schools for the knoeledge society* (oaoerback version). London; New York: Routledge.

Louden, W. (2000). Standards for standards: The development of Aistralian profess-Ional standards for teaching. *Auatralian Journal of Education, 44*(2), 118-134.

Mayer, D. (1994). *Teacher practical knowledge: obtaining and using knowledge of student.* (ERIC Document Reproductions Service No, ED377154)

OECD (2017). *The OECD handbook for innovative learning enviornments*. Paris, France: OECD. Retrived from http://dx.doi.org/9789264277274-en

Petković, K. (2008). Interpretive policy analysis and deliberative democracy: Should we politicize analysis? *Croatian Political Science Journal, 45*(2), 27-53.

Popkewitz, T. S. (2003). Governing the child and pedagogicalization of the parent: A Historical excursus into the present. In M. N. Bloch, K. Holmlund, I. Moqvist, & T. S. Popkewidz (Eds.), *Governing children, families and education* (pp.35-61). Macmillan: Palgrave.

Romiszowski, A. J. (1982). A new look at instruction design: Part II Instruction: integrating ones' approach. *Britist Journal of Educational Technology, 13,* 15-28.

Senge, P. M. (1990). *The Fifth Discipline.* New York: Currency Doubleday.

Servilio, K. L. (2009). You get to choose! Motivating students to read through differentiated instruction. *TEACHING Exceptional Children Plus, 5*(5). Retrieved from http://escholarship.bc.edu/education/tecplus/vol5/iss5/art5

Shulman, L. S. (1986a). Paragidms and researcher programs in the study of teaching: A comtemporary perspective. In M. C. Wittrock (Ed.), *Handbook of on teaching* (3rd ed) (pp.3-36). New York: Macmillan.

Shulman, L. S. (1986b). Those who understand: Knowledge growth in teaching. *Educational Researcher, 15*(2), 4-14.

Shulman, L. S. (1987). Knowledge and teaching: Foundations of the new reform. *Harvard Educational Review, 57*(1), 1-22.

Tkatchov, O. & Pollnow, S. (2008). *High expectations and fifferentation equal academic* Success. Retrieved December 20, 2009, from http://www.articlesbase.com/k-12-Education-articles/high-expectations-and-differentiation-equal-academic-success-500211.html

Wilson, S. M., Shulman, L. S., & Richart, A. E. (1987). 150 different ways of knowing: representations of knowledge in teaching. In J. Calderhead (Ed.), *Exploring teachers' thinking.* London: Cassell.

附錄

翻轉教室──PPT game
單字九宮格教案設計

設計者：陳水香（臺南市興國中學教師）

一、設計理念

英文單字記憶對大部分學生而言，總是因為缺乏學習動機與興趣，淪為死背的苦差事，多數學生最大的困擾為英文單字與中文意思無法搭配，美國神經生理學家 Roger Sperry 深入研究大腦皮質架構，發現左右半腦專司不同心智功能，左腦掌管文字、邏輯、數字、線性；右腦掌管曲線、顏色、創造力、圖像、空間。左腦管理學科知識，一旦儲存容量滿載，需釋出部分記憶，才能吸收新知；右腦藉由圖像學習，沒有記憶上限，知識能轉移成長期記憶。有鑒於此，本課程設計理念以單字圖像的刺激，提升大腦記憶為理論，結合單字形音義的聯想增進字義理解，跳脫傳統教師製作或找出現成資訊科技融入教材，讓學生自己動手實作，運用隨手可得的 Office 軟體──PowerPoint，藉由投影片的動畫功能，設計遊戲「單字九宮格」，藉以增進學生記憶單字記憶的興趣，引起學習動機。

二、教學對象

教學對象為臺南市興國高中八年六班，是水香導師班學生，全班計 42 人，女生 15 人，男生 27 人，為教育局常態分班，自七年級入學起，英語課為異質性分組合作學習，分為十組，4 人有八組，5 人有二組，運用同儕鷹架模式小組共學。

教學語錄 289：運用「現在─夢想─努力─未來」教學模式。

三、本次資訊科技融入英語教學時間

1. 因應學期末，期末考測驗範圍：南一版國中英語 B3 全，融入資訊科技，提升學生記憶單字的動機與興趣，進行單字大彙整。

2. 每週一堂，分三週實施（11/22、11/29、12/6，週三第五節）。

3. 共計 3 節課，每堂 45 分鐘，學生必須於課程實施前（11/22 前）先觀看製作 PPT game 的教學影片。

四、課程實施流程

課程設計以「翻轉教室」（flipped classroom）為出發點，水香先拍攝 PPT game 製作教學影片，上傳至 Google Classroom，學生上課前須完成觀看教學影片的任務。第一堂課程中，教師藉由提問方式，複習製作遊戲流程並解答學生對影片中的相關疑惑，確認大家對遊戲製作流程無虞後，進行小組單字分配，組長帶領討論九宮格中單字的聯想與提示。第二堂為實作課程，分組進行電腦遊戲實作，過程中小組溝通協調，完成 PPT 單字遊戲。第三堂為成果驗收，各組體驗他組所製作的 PPT game，利用遊戲方式，激發小組合作及爭取榮譽，鼓勵英語程度不佳的學生回答，並利用 Google 表單填寫自評、他評表與課程回饋問卷。課程流程圖如下：

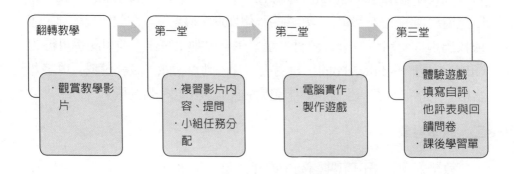

翻轉教學 → 第一堂 → 第二堂 → 第三堂

- 翻轉教學：・觀賞教學影片
- 第一堂：・複習影片內容、提問　・小組任務分配
- 第二堂：・電腦實作　・製作遊戲
- 第三堂：・體驗遊戲　・填寫自評、他評表與回饋問卷　・課後學習單

五、教材分析

　　「單字九宮格」教材規範以南一版第三冊單字為依據，各組挑選五個單字，經教師協調，單字皆未重複，計有十組，共 50 個單字，單字涵蓋層面多元，除主題不同外，亦包含名詞、形容詞、動詞等詞性，不會偏向特定詞性單字。

六、能力指標

聽	1-1-3	能聽辨課堂中所習得的詞彙
說	2-1-3	能說出課堂中所習得的詞彙
	2-1-11	能以所習得的英語看圖說話
	2-2-2	能以簡易的英語參與課堂上老師引導的討論
	2-2-5	能依人、事、時、地、物作提問和回答
讀	3-1-2	能辨識課堂中習得的詞彙
	3-1-9	能藉圖畫、標題、書名，猜測或推論主題
	3-2-7	能從圖畫、圖示或上下文，猜測字義或推論文意
寫	4-1-3	能臨摹抄寫課堂中習得的詞彙
	4-1-6	能依圖畫、圖示填寫重要字詞
聽說讀寫綜合能力	5-1-7	能依文字或口語提示寫出重要字詞
學習英語興趣與方法	6-1-1	樂於參與各種課堂練習活動
	6-1-2	樂於回答老師或同學所提的問題
	6-1-11	運用已學過字詞之聯想以學習新的字詞

七、師生任務

教師：1. 拍攝並製作教學影片。

　　　2. 設計自評、他評表、課程回饋問卷及單字學習單。

　　　3. 將教學相關資源上傳 Google Classroom，並掌控學生自學狀況。

　　　4. 檢核學生學習成果，並給予回饋。

學生：1. 於課前觀看教學影片。

　　　2. 實作 PPT game 一單字九宮格，以小組為單位，將作品 email 老師彙整。

　　　3. 填寫自評、他評表及課程回饋問卷，並完成單字學習單。

八、教案內容

(一)課前預備

錄製 PPT game 製作教學影片，上傳至 Google Classroom，學生於第一堂上課前觀賞完畢。

(二)資訊科技融入英語教學第一堂課教案設計—11/22 (三)第五節

教學活動	教學目標	教學時間	資訊科技融入	設備需求
1. 針對影片內容提問，並複習製作流程 2. 解答影片內容疑問並提醒重點 3. 各組協調單字，小組討論單字提示、任務分配	認知： 1. 能聽辨課堂中所習得的詞彙 2. 能說出課堂中所習得的詞彙 情意： 1. 能主動觀賞教學影片 2. 樂於參與各種課堂練習活動 3. 樂於回答老師或同學所提的問題 動作技能： 1. 能以英語進行簡易的口語溝通	15 mins 10 mins 20 mins	教學影片	電腦、投影機

(三)資訊科技融入英語教學第二堂課教案設計—11/29 (三)第五節

教學活動	教學目標	教學時間	資訊科技融入	設備需求
1. warm up - 快速複習 PPT game 製作流程及本堂課程說明 2. 個人實作 3. 小組檔案彙整，email 至教師信箱 4. 教師回饋小組作品，錯誤部分要求修正後重傳	認知： 1. 能以簡易的英語參與課堂上老師引導的討論 2. 能辨識課堂中習得的詞彙 情意： 1. 能認真完成教師交待的作業 2. 樂於參與各種課堂練習活動 動作技能： 1. 能以英語進行簡易的口語溝通 2. 能運用 PPT 功能製作單字遊戲	10 mins 25 mins 10 mins	利用 PPT 動畫功能，製作單字九宮格遊戲	電腦

㈣資訊科技融入英語教學第三堂課教案設計－12/6 ㈢第五節

教學活動	教學目標	教學時間	資訊科技融入	設備需求
1. warm up - 說明本堂課程流程及單字九宮格遊戲方式 2. 各組單字競賽 3. 線上填寫自評、他評表及課程回饋問卷 4. 作業：單字學習單翌日於英文課堂中檢討並繳交 5. 教師將各組作品上傳至 Google Classroom 供所有學生下載運用	認知： 1. 能以所習得的英語看圖說話 2. 能依人、事、時、地、物作提問和回答 3. 能辨識課堂中習得的詞彙 4. 能藉圖畫、標題、書名，猜測或推論主題 5. 能從圖畫、圖示或上下文，猜測字義或推論文意 6. 能依圖畫、圖示填寫重要字詞 7. 能依文字或口語提示寫出重要字詞 情意： 1. 樂於參與各種課堂練習活動 2. 樂於回答老師或同學所提的問題 動作技能： 1. 能以英語進行簡易的口語溝通 2. 能運用已學過字詞之聯想以學習新的字詞	5 mins 25 mins 15 mins	1. PPT game 遊戲實作驗收 2. 線上表單填寫	電腦、wifi 網路

九、教學省思

1. 教學影片時間 12 分鐘，略長，可壓縮在 10 分鐘以內，九宮格動畫製作部分可再精簡。

2. 學生投影片製作能力比想像中好，下次可再挑戰更高層次的遊戲製作。

3. 少數學生家中電腦並未安裝 Office 軟體或 PowerPoint 程式老舊，看完教學影片後無法實際練習，僅能利用課堂將投影片快速製作完成，或利用假日到同學家中實作。

   補救方式：

   a. 利用午休時間至電腦教室練習或完成作業。

   b. 可研究除了 PPT 具有動畫功能外，還有何種軟體具相同功能，可免費取得。

4. 學生表示藉由遊戲製作過程，可找到許多同義字與單字形音義的聯想，能激發學習興趣，以此課程設計爲框架，日後可延伸爲文法或句型練習部分。

5. 將翻轉教室的觀念帶入課堂，可省去教師講述時間，讓學生有更多時間提問或討論，學生在實作過程發現問題，可重複觀看影片，自行找到答案，多餘時間教師可進行差異化教學。

6. 同儕鷹架的合作學習，可培養學生領導能力，並協助低成就學生盡速達到學習目標。

7. 資訊科技融入教學，能引發學生學習動機，每個學生都有實作機會，看著自己作品順利完成，讓學生擁有成就感。

8. 製作成品透過遊戲競賽方式，激發小組好勝心，提升參與程度，爲鼓勵低成就學生答題，下次計分可依不同程度學生加不同分數。

9. 運用 Google 表單製作自評、他評表及課程回饋問卷，可即時得知學生想法並給予回饋，免於耗時的收取及紙張資源的浪費，表單

部分可加入時間限制，如此會更有效率。

a. 自評他評表優點：評分方式多元客觀，教師可得知學生分工合作情況。

b. 課程回饋問卷優點：即時得知學生想法並給予回饋，作為修正課程設計的依據。

10.若時間允許，可讓小組間輪流互玩，或學生可至 Google Classroom 下載在家自己測驗。

附錄－學習單

南一版 國中英語 B3 單字點點名

Class: ＿＿＿＿＿＿＿ Name: ＿＿＿＿＿＿＿ No.: ＿＿＿＿＿＿＿

一、字圖對對碰，請依圖示填入適當的單字代號

a) spaghetti	b) pumpkin	c) hamburger	d) medicine	e) snorkeling
f) mountain	g) dark	h) hospital	i) crazy	j) volunteer
k) shake	l) dessert	m) Thanksgiving	n) schedule	o) shining
p) message	q) Moon Festival	r) Christmas	s) dodge ball	t) roller-skate

1.
＿＿＿＿＿＿＿

2.
＿＿＿＿＿＿＿

3.
＿＿＿＿＿＿＿

4.
＿＿＿＿＿＿＿

5.
＿＿＿＿＿＿＿

6.
＿＿＿＿＿＿＿

7.
＿＿＿＿＿＿＿

8.
＿＿＿＿＿＿＿

9.
＿＿＿＿＿＿＿

10.
＿＿＿＿＿＿＿

二、字義連連看，請將相同的單字與字義相連

remember ◆　　　　　◎ ways of behaving for ages without changing

shout ◆　　　　　◎ narrow sticks used for eating

traditional ◆　　　　　◎ not forget

avoid ◆　　　　　◎ speak with a loud voice

chopsticks ◆　　　　　◎ not allow someone to do something

< your performance >

Excellent 15 correct answers	Good 12~14 correct answers	Not bad 9~11 correct answers	Can be better 6~8 correct answers	Don't give up. Try again. 0~5 correct answers

Teacher ___Tracy___　Date _____

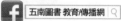

國家圖書館出版品預行編目資料

核心素養下的教師教學設計與實踐／林進材
著. -- 初版. -- 臺北市：五南，2019.11
　面；　公分
　ISBN 978-957-763-713-0（平裝）

1.教學設計　2.課程規劃設計　3.中小學教
育　4.文集

523.307　　　　　　　　　　108016754

1I2J

核心素養下的教師教學設計與實踐

作　　者 — 林進材（134.1）

發 行 人 — 楊榮川

總 經 理 — 楊士清

總 編 輯 — 楊秀麗

副總編輯 — 黃文瓊

責任編輯 — 郭雲周　李敏華

封面設計 — 王麗娟

出 版 者 — 五南圖書出版股份有限公司

地　　址：106台北市大安區和平東路二段339號4樓

電　　話：(02)2705-5066　傳　　真：(02)2706-6100

網　　址：http://www.wunan.com.tw

電子郵件：wunan@wunan.com.tw

劃撥帳號：01068953

戶　　名：五南圖書出版股份有限公司

法律顧問　林勝安律師事務所　林勝安律師

出版日期　2019年11月初版一刷

定　　價　新臺幣380元

經典永恆・名著常在

五十週年的獻禮——經典名著文庫

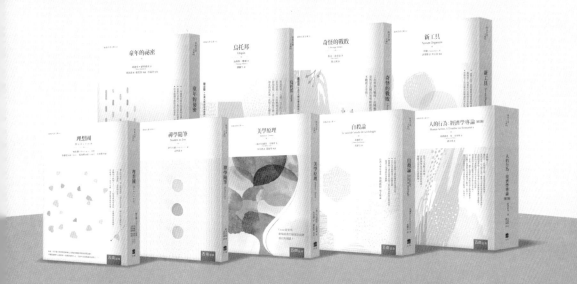

五南，五十年了，半個世紀，人生旅程的一大半，走過來了。
思索著，邁向百年的未來歷程，能為知識界、文化學術界作些什麼？
在速食文化的生態下，有什麼值得讓人雋永品味的？

歷代經典・當今名著，經過時間的洗禮，千錘百鍊，流傳至今，光芒耀人；
不僅使我們能領悟前人的智慧，同時也增深加廣我們思考的深度與視野。
我們決心投入巨資，有計畫的系統梳選，成立「經典名著文庫」，
希望收入古今中外思想性的、充滿睿智與獨見的經典、名著。
這是一項理想性的、永續性的巨大出版工程。
不在意讀者的眾寡，只考慮它的學術價值，力求完整展現先哲思想的軌跡；
為知識界開啟一片智慧之窗，營造一座百花綻放的世界文明公園，
任君遨遊、取菁吸蜜、嘉惠學子！